Rainer Otte
Selber denken

Rainer Otte

Selber denken

Philosophie im Alltag

Humanities Online

Bibliografische Information der Deutschen Nationalbibliothek
Die Deutsche Nationalbibliothek verzeichnet diese Publikation in der Deutschen Nationalbibliografie; detaillierte bibliografische Daten sind im Internet über http://dnb.ddb.de abrufbar.

Frankfurt am Main, Germany
www.humanities-online.de
info@humanities-online.de

Erste Auflage 2023
ISBN 978-3-941743-30-4

Umschlaggestaltung: Uwe Adam, www.adam-grafik.de
Covermotiv: © Rainer Otte

Printed in Germany
Gedruckt auf FSC-MIX® TUEV-COC-000146 zertifiziertem Papier

Dieses Buch ist auch als E-Book (PDF) erhältlich:
https://humanities.verlags-shop.de/

Inhalt

Abheben mit Rundblick

... der Philosoph muss die Dinge nicht bloß erkennen, er muss sie vor allem erleben.

Ludwig Feuerbach[1]

Warum macht man das überhaupt – philosophieren? Was erlebt man da und was soll das Ganze? Wird man ein bisschen weise – oder ein bisschen hochmütig? Versteht man die Welt besser? Oder wird sie, wie der Philosophierende möglicherweise selbst, nur komplizierter, sprich unverständlicher? Andere denken, als Philosoph denkt man anders. Man wird ihnen dann schnell absonderlich. Also: Wer sich nicht kopflos in die Philosophie stürzen will, darf gewisse Fragen und Bedenken haben. Sie haben ihre gute Tradition.

Epiktet begann als Sklave. Er hatte Glück und kam frei. Er hatte Geist und lehrte, wie andere sich von Abhängigkeiten befreien können. Dumme Denkzwänge, quälende Leidenschaften, Obsessionen aller Art – Philosophie hilft! Eine Gratis-Psychotherapie war mit dabei, noch war die Psychologie als eigene Disziplin nicht erfunden. Mit seiner Philosophenschule legte Epiktet in Rom eine steile Karriere hin. In den besseren Kreisen war es angesagt, ein Philosoph zu sein. Das sicherte dem Philosophen Epiktet eine üppige Kundschaft. Und machte ihm Kopfzerbrechen. Seine Warnungen sind bis heute Legion: Auch wenn du etwas verstanden hast: Erwecke bloß nicht den Anschein, du hättest etwas verstanden! Glaubst du das wirklich, dann misstraue dir selbst, und zwar gründlich.[2] Es reicht, wenn du Philosoph bist. Du musst anderen nicht so erscheinen wollen.[3]

Denn das Wichtigste bei allem Philosophieren war keine Kleinigkeit und darum selten: die Anwendung im Alltag. Philosophen argumentieren eindrucksvoll, man solle nicht lügen. Jeder klatscht, die Einsicht ist gut. Damit lassen sie es dann gut sein und lügen Tag für Tag weiter.[4] Aus Epiktets warnenden Worten spricht viel Erfahrung. Es geht in der Philosophie nicht darum, dass angesagte Sprüche in den Kopf kommen. Wie lässt sich eine Wahrheit erkennen und sagen, die das Leben trägt oder verändert? Ein Leben, in dem der Kopf und nicht die Dummheit den Ton angibt? Michel Foucault hat es in seinen letzten Vorlesungen am *Collège de France* herausgestellt, dass die Philosophen mit dem Anspruch auftraten, die Wahrheit zu sagen. Und eine Existenz zu wählen, die das eigene Leben zum Zeugnis dieser Wahrheit macht.[5] Was ist davon übrig geblieben?

Im universitären Fächer-*ABC* residiert die Philosophie heute irgendwo zwischen Politikwissenschaft, Physik und Psychiatrie. Sie ist eine normale Disziplin. Man philosophiert für die Seminarscheine und den Abschluss. Anderen kommt außerhalb der *Alma Mater* ein Buch in die Quere. *Simsalabim* ist der Kopf voller philosophischer Gedanken. Menschen gibt es, die denken schon immer ein wenig eigenwilliger. Die Philosophie hilft dabei enorm und bietet sich als Verbündete an. Eine beherzte Schar wehrt sich gegen die wachsende Herrschaft der Allesversimplifizierer. Jede Schützenhilfe gegen die Propheten medialer Meinungsblasen und deren Follower ist ihnen höchst willkommen. Das ist auch wirklich eine wahre Wohltat, mit spitzen philosophischen Argumenten zu sticheln, bis endlich die Blase platzt!

Das Luftablassen ist mehr als ein unverbindlicher Spaß. Die Philosophie gibt ein bewährtes Prüfkästlein an die Hand, um Argumente auseinanderzuschrauben, sie zu untersuchen und gegebenenfalls (aus-) zu sortieren. Am Ende geht es zum Stress- und Belastungstest; die guten Argumente kommen ins Töpfchen, die anderen ins Kröpfchen. Seit der Epoche der Aufklärung ist die Philosophie mit der Kritik verheiratet. In revolutionären Jahren liebt sie barsche Töne. Zu Zeiten geistiger Funkstille weiß sie die Aufmerksamkeit der Schläfrigen mit sanfteren Weisen anzulocken. In denkfaulen Jahren bleibt ihr wundersamer Weise der Geruch von fernem Pulverdampf erhalten. Selbst wenn Philosophen wie dicke Kater auf Plüschsofas schnurren, wenn sie sich vor Fernsehkameras in kommode Gedanken einmummeln, steckt in jeder Philosophie etwas Unberechenbares. Ob einige insgeheim hoffen, man müsse die Argumente nur frei kombinieren und etwas durchschütteln, schon werden neue Mischungen die alten explosiven Kräfte freisetzen?

Philosophie ist laut oder leise, kommt akademisch grau oder knallbunt daher. Sie führt heute über Schlaglochpisten voller Fremd- und Fachwörter. Auf der anderen Straßenseite schmeichelt sie sich mit blumigen oder betörenden Gedankenspielen ein. Marketingspezialisten könnten die Produktdiversifizierung als vorbildlich beklatschen. Kein Kunde verlässt den Saal ohne passendes Produkt. Für jeden Geschmack ist etwas dabei, Geschmackloses inklusive. Passt das alles unter dieses eine griechische Wort, das ursprünglich die Liebe zur Weisheit bedeutet? Vielleicht mausert sich die Philosophie derzeit zum Universalchamäleon. Ihre Anpassungsfähigkeit ist enorm, das Label *Philosophie* ist flexibel. Ist die Philosophie ein unverbindliches Diskursspiel geworden? Einen falschen Doktorhut darf sich niemand rechtens aufsetzen. Beim zweifelhaften philosophischen Mäntelchen fragt niemand nach. Es kleidet ja auch so ansehnlich. Passt es doch nicht, hängt das nächste Modell zur Anprobe bereit.

Philosophie kann zur billigen Selbsttäuschung, zur garantierten Rechthaberei oder zum angesagten Luxus werden. Dann braucht sie wirklich keiner, dem am eigenen Denken gelegen ist. Wer philosophiert, will kein angeschwemmtes Treibgut im Kopf sammeln – bis eines Tages niemand mehr zu unterscheiden weiß, was dem eigenen Denken entstammt und was eben nicht. Wer philosophiert, denkt selber und will wissen, wo ihm oder ihr der eigene Kopf steht. Nimmt man sich denn vor, beliebige philosophische Gedanken im Kopf zu züchten? Oder denkt man einfach das, was *en vogue* ist? Philosophie wird dringend gebraucht, weil offene Fragen vor aller Augen liegen. Sie beschäftigen uns, sie machen im Denken nachhaltige Probleme. Man müsste sich schon das Denken verbieten, wenn man sie links liegen lässt.

Frieden ist in Europa nicht mehr selbstverständlich. Der Kompass sozialer und *globaler Gerechtigkeit* lässt seine Nadel nervös pendeln. *Das Gute* aus dem Labor kann das Fatale für den Planeten Erde bedeuten. *Das Schöne* kommt in Zeiten der Wellness-Kultur mit Payback-Garantie daher, sollte das Angebot missfallen. *Die Wahrheit* ist nicht mehr auf das letzte Wort abonniert, das erst nach gewissenhaften Prüfungen eine Streitfrage ad acta legt. Fake News und alternative Fakten sind zu beängstigend erfolgreichen Konkurrenten geworden. Die Aversion gegen das *kritische Denken* der *Aufklärung* wächst auch in Teilen der akademischen Öffentlichkeit, entsprechend nimmt die Aversion gegen Propaganda und suggestive Meinungsmache deutlich ab.

Man reibt sich die Augen: Unsere Gegenwart ist mit den leuchtenden Worten der philosophischen Tradition kaum mehr zu verstehen. Das Schöne, Wahre und Gute hat Konjunktur, nur ist diese weit entfernt von den Gedanken der philosophischen Tradition. Was sagen wir wirklich, wenn wir von Freiheit, Gleichheit, Brüder- und Schwesterlichkeit reden? Ein Wort wie Solidarität, dessen Aushöhlung Jürgen Habermas und andere seit Jahren beklagen, hat seine Strahlkraft nicht eingebüßt.

Nur droht es heute, aus dem Alltag zu verschwinden. Zu besonderen Anlässen wird es wiederbelebt, wenn Flüchtlinge aufgenommen werden oder in Tagen des Streiks.

Die Bedeutungswelten dieser Worte mit dem philosophischen Klang rücken uns fern. Wir nutzen sie bei Bedarf. Kommt eine Nachfrage, hat irgendein Kant, Marx oder Adorno ein knackiges Zitat vorrätig, das leicht zu googeln ist und uns aus der Zwickmühle hilft. Wir leben aus dem philosophischen Pfandhaus. Dort ist die Konkursmasse früherer großer Denkzeiten eingelagert. Für kurze Zeit lösen wir billig aus, was wir für ein philosophisch aufgepepptes Statement benötigen. Den Rest bringen wir alsbald zurück. Unser kleiner Erfolg wird unter der Hand zum nachhaltigen Verlust. Unsere Positionen werden durch halb verdaute Worte hohl und sinnlos. Philosophie und Bauchreden schließen sich ebenso aus wie eigenes Denken und Nachplappern.

Akademische Gepflogenheiten schätzen einen anderen, einen respektablen, einen fachlichen Dialog. Wer redet da mit wem? Positionen werden gern typisiert und Ideen werden Stereotypen zugeschlagen. Da streitet ein „Empiriker“ mit einem „Rationalisten“, über beide lachen die „Transzendentalisten“ oder die „sprachanalytischen Philosophen“. Wo ein „Dogmatiker“ auftritt, ist der „Skeptiker“ nicht weit. „Marxisten“ müssten froh darüber sein, dass es „Neoliberale“ gibt und umgekehrt – sie sind wechselseitig die Feuerwehr, die den Brand löscht, den die andere Fraktion legt. Es streiten sich sogar Haus- und Bundesgenossen im gemeinsamen Tempel, wenn einer sagt, ihre gemeinsame These sei ein „starkes“ Argument, während der Opponent sie nur als „schwaches“ gelten lässt. In der Regel dringt wenig Klärendes nach außen, falls es auf diese Weise überhaupt zustande kommt.

Wir sind geübte Salon- und Diskursspieler, die bedenkenlos reden, als hätten wir uns vorher alles genau überlegt. Wir greifen beherzt ins Leere, denn trotz vollem Kopf haben wir wenig in der Hand. Eigentlich sind wir geistig bettelarm, fühlen uns aber wie die Made im Speck. Unsere nicht eingestandene Armut ist ein Skandal. Geht es auch anders? Wer seine Erfahrung und sein eigenes Denken befragt, will sich und andere nicht vergessen. Wir leben und denken dann aufmerksamer. Wir haben ein existenzielles Interesse an Begriffen wie Freiheit, Solidarität, Verantwortung. Sie bündeln, was wir für uns selbst und für andere sind und sein wollen. Sie sind eminent individuell wie auch politisch. Wer mit eigenem Kopf und Herzen nicht mehr von Freiheit reden mag, hat sie verloren. Es geht nicht darum, sich in Definitionsübungen zu verzetteln. Wer ist denn nicht in der Lage, Unfreiheit sogar körperlich zu spüren? Ein schreckliches, ein beklemmendes Gefühl, das die Luft zum Atmen raubt, Arme und Beine lähmt, den Magen umdreht, das mitmenschliche Klima vergiftet und auch instinktiv nach Auswegen suchen lässt. Das darf und muss den Kopf nicht kalt lassen.

Es scheint gleichgültig, ob wir so mir nichts dir nichts in existenzbedrohende Krisen der Menschheit hineinrutschen oder mit dem Fuß auf dem Gaspedal auf sie zurasen: Wir wissen in beiden Fällen, was wir machen. Wir denken und wollen alle etwas Besseres. Was geschieht wirklich? Jeden Tag tun und erleben wir, was wir weder wollen noch akzeptieren. Irgendetwas vermasselt uns ständig die Tour. Beste Absichten scheitern wie die Vorsätze zu Silvester. Die großen Worte der Philosophie bleiben trotzdem griffbereit im Köcher. Wir können ja über alles reden. Was hilft das?

Viele Diskurse tragen die Farben der Saison: hübsche, grelle, auch abstoßende; demnächst werden es wieder andere sein. *You'll never think alone*. Philosophie surft in Diskurswelten. *Denken light* fordert nicht viel von uns. Welche Konsequenzen drohen schon, wenn wir uns ein wenig als zu gut, zu klug, zu verantwortungsbewusst präsentieren? Für die alltägliche Lebensführung bedeutet diese stromlinienförmige Philosophie: eine smarte Präsentation und viel Action bei wenig Veränderungsdruck. Die Unkosten bleiben überschaubar. Am besten funktioniert dieses Spiel, wenn wir die ungeteilte Aufmerksamkeit für unser Denken und unsere Umgebung möglichst gering halten. Dann merken und denken wir zwar weniger, können uns aber besser auf unser Erscheinungsbild fokussieren und vor dem Spiegel unsere Auftritte einüben. Die Aufmerksamkeit, die wir hierfür benötigen, ist erheblich unproblematischer. Sie weiß, was sie sehen und übersehen will. Mit dieser kontrollierenden Aufmerksamkeit entgehen wir der Gefahr, verstörende Szenen aus dem wirklichen Leben in unser inneres Kino einzuspielen, in denen wir als Hauptdarsteller überhaupt keine gute Figur machen. Diese eigensinnige Aufmerksamkeit kritisiert scharf. Sie lässt „der Gesellschaft" nichts durchgehen, uns selbst aber schon. Dem strengen Richter entgeht kein Verstoß, während er Immunität genießt.

Eine philosophische reflektierte Lebensweise kommt so nicht in Sicht. Wir denken und wir denken ständig um. Wir tun etwas und wir lassen es bald wieder. *Unterwegs zum Nächsten!* ist ein Motto, dem viele folgen, ohne dass sie es je gewählt hätten. Ist Denken so rückstandsfrei, dass nur das neue Spiel das brandneue Glück bringt? Der ganze Zyklus der Gedanken wäre bedeutsam: Von der Wiege bis zur Bahre, von den ersten Gehversuchen mit vielen blauen Flecken zur souveränen Wanderung durch unwegsames Gelände, vom Gehen am Stock bis zur Eröffnung des Testaments. Als Lebensbegleiterin muss die Philosophie eine Verwandlungskünstlerin sein. Das kann sie sein, wenn sie aufmerksam auf die ferne Melodie wird, die alle Veränderungen durchzieht und deren Refrain jedes Mal einen ganz eigenen Ton besitzt.

Dieses Buch bietet beileibe keine der klassischen Einführungen in die Philosophie. Ein solches Werk hieß vor zwei Generationen etwa: „Kleine Schule des Philosophischen Denkens“.[6] Für Karl Jaspers ist die Philosophie nicht Wissen noch Bekenntnis, sondern eigenständiges existenzielles Denken im Angesicht einer bedrohenden und bedrohten Welt. Jaspers’ Titel lässt es sich nicht nehmen, die Leser auf die Schulbank zu setzen. Es ist eine kleine Schule für die, deren philosophischer Impuls erwacht ist und die jetzt von der Philosophie wissen wollen, was daraus möglicherweise werden kann. Das Buch, das Sie gerade in den Händen halten, ist überhaupt keine Schule, nicht einmal eine kleine. Keineswegs nimmt sich der Autor heraus, Wege in die Philosophie zur Nachahmung anzupreisen, die einige Philosophen oder auch er selbst gegangen sind. Jedes Kapitel soll mit einer neuen Perspektive zeigen, wie es, oft aufgrund von minimalen Anlässen, zu der Faszination des philosophischen Denkens kommt. Das soll und wird nicht für alle passen. Auf diesem Feld steht jede und jeder in eigenen Stiefeln oder ist, je nach Laune, barfuß unterwegs. Und es darf auch gelacht werden.

Der blitzgescheite Ludwig Marcuse hat vor sechzig Jahren sein Einstiegsbuch in die Philosophie herausgebracht, das er *Aus den Papieren eines bejahrten Philosophie-Studenten* betitelte. Es ist eine beherzt unakademische Geschichte der Philosophie; dieser alte welterfahrene Student legt geistreiche und amüsante Essays vor, mit denen er durch jedes pingelige Examen gefallen wäre. Er will es ja nicht jedem recht machen, nur jeden zum Mitdenken einladen. Gleich zu Anfang plädiert er für eine wundersame Gleichmacherei: „Wer philosophiert? Etwas mehr oder etwas weniger: jeder. An der Bar, im Wald, vor dem Einschlafen im Bett, am häufigsten, wenn er es am bittersten nötig hat: vor Enttäuschungen und Gräbern und gesellschaftlichen Katastrophen.

Aber nicht jeder wird vor den Büchern des Aristoteles, Spinoza oder Hegel auf die Idee kommen, dass er sich Ähnlichem hingibt. Und tatsächlich verhält sich sein Ansatz zu ihrer Vollendung wie der Trampel, der sich in Sehnsucht tollpatschig dreht, zur Pawlowa (*Anna Pawlowna Pawlowa, die russische Meistertänzerin, 1881–1931; R.O.*); doch ist, was jeden und den Philosophen treibt, derselbe Trieb."[7] So trampelig geht es im eigenen Denken gar nicht zu, wie die folgenden Kapitel zeigen werden. Und wenn schon: lieber etwas trampeln als dumm auf der Stelle treten!

Heute legt die akademisch gegründete Philosophie keine welterklärenden Systeme mehr vor, die Mensch, Gesellschaft und Kosmos restlos und sinnfällig erklären. Sie interpretiert und revidiert eigene Traditionsbestände; von dort aus wagt sie sich auf Expeditionen in die Aktualität. Begriffsgoldwaagen pendeln im Dauerbetrieb. Die Philosophie kocht historische Debatten auf, weil alte Papiere einfach nicht vergilben und deren Autoren bis auf weiteres unsterblich sind. Ständig kommen neue hinzu, Platz ist bald Mangelware und so tritt jeder Philosoph wenigstens zwei anderen auf die Füße. Das philosophische Universum leidet an einer gewissen Überbevölkerung. Sollte nun jemand, der außerhalb dieser Prozeduren denkt, auf die wüste und verwegene Idee kommen, sie oder er hätte trotz alledem etwas Philosophisches zu sagen, vielleicht sogar etwas Substanzielles und Folgenreiches, würde das innerhalb des Systems Philosophie wenig Neugier auslösen. Wer einfach denkt, setzt sich dem Verdacht aus, leichtfertig drauflos zu philosophieren. Da würden bloß Ideen ungeprüft aneinandergereiht. Kommt überhaupt etwas dabei heraus, dann bestenfalls bunte Knaller und Sonderangebote für den Ideenbasar. Wer solche Faschingsartikel in angesehenen Bibliotheken einlagern will, sinnt auf akademischen Hausfriedensbruch.

Es bleibt die alte Frage im aktuellen Gewand: Warum philosophieren wir? Wer sind wir, wenn wir philosophieren? Bei der Suche nach Antworten wäre es angebracht, bescheiden zu zeigen, wie mit der Philosophie alles anfing. Nicht in grauer griechischer, chinesischer oder indischer Vorzeit, sondern in den Lebensgeschichten von Menschen, die sich heute die Bezeichnung „Philosoph" freiwillig zulegen oder die sie stoisch ertragen. Was steht denn am Beginn – eine Entdeckung? Eine Entscheidung? Eine Faszination, ein Staunen, ein lästiges Grübeln? Ein Gefühl, im philosophischen Denken beheimatet zu sein? Wie ging es dann im Laufe des Denkens und des Lebens weiter und was lässt sich aus all dem lernen? Das Wörtchen „Aufmerksamkeit“ wird in jeder einzelnen Antwort seinen Platz finden.

Ist jeder Mensch ein Künstler – wie Joseph Beuys sagte? Es kommt darauf an, was wir unter der Kunst verstehen. Geht es um ein vorzeigbares Werk, fiele die Bilanz mager aus: Wer hat schon seine Werke im Museum oder in Ausstellungen hängen? Jeder Mensch ist ein Philosoph. Daran gibt es überhaupt nichts zu deuteln. Warum? Das Denken ist unvermeidlich wie das Atmen. Fischt man am Ende des Tags heraus, was man gedacht hat, zappeln mit Sicherheit so einige philosophische Gedanken im Netz (Probieren Sie es aus! Am besten geht das mit einem Büchlein für emsige Notizen). Wenn sie uns zuvor nicht aufgefallen sind, hat das einen simplen und blamablen Grund: Wir sind für unsere eigenen Gedanken ein jämmerlich schlechtes Publikum. Wir gehen nicht in unsere eigenen Ausstellungen und geizen mit unserer Aufmerksamkeit, wenn es um eigene Gedanken geht. Das sollten wir ändern. Davon handeln die vierzehn Spaziergänge dieses Buches.

Geht es darum, die Welt mit Spitzfindigkeiten zu beeindrucken? Kein Recycling wohlklingender Ladenhüter steht auf dem Programm, wohl aber das blanke Gegenteil: *Philosoph ist, wer selber denkt.* Selber zu denken verändert die Philosophie. Es werden keine altbackenen Sinnbestände aufgehübscht oder Sicherheiten herbeizitiert. Wer wirklich liest, denkt und philosophiert, fügt der Philosophie, ihren Büchern und ihren Sätzen eine unwiederbringliche Farbe und eigene Einsichten hinzu. Niemand kann andere für sich philosophisch denken lassen. Philosophische Gedanken eignen sich weder für standardisierte Serienproduktionen noch zum Konservieren in Formaldehyd. Ein Gedanke, der nicht neu, nicht frisch und dadurch immer wieder anders gedacht werden kann, ist eigentlich kein lebendiger philosophischer Gedanke mehr. Ohne Aufmerksamkeit lernen wir dieses philosophische Denken nie kennen.

Dieses Buch folgt Spuren, die zeigen, wie philosophische Ideen in der Aufmerksamkeit geboren werden. Das Merken und das Denken verbinden und verdichten sich in Gedanken. Inmitten der Erfahrung des Augenblicks entstehen sie in der Regel spontan und wie beiläufig. Manchmal steht ein aufgeschnapptes Wort, eine zufällige Begegnung oder ein Einfall am Beginn. Wir denken in Begegnungen oder mit herbeigeschneiten Worten in einem Café, auf einer Parkbank oder in einem Bahnabteil: Unvermutet setzt eine Kette von Assoziationen ein, eine Reflexion oder eine Unterhaltung, die den Faden weiterspinnt.

Die akribische Lektüre philosophischer Werke oder fachlich versierte Diskussionen können uns ebenfalls auf eigene Ideen aufmerksam machen. Die reproduzieren nicht einfach das Gebotene, sondern bringen in diesem Kontext etwas Neues hervor. Philosophieren bedeutet nicht, passiv zu wiederholen, was ein anderer gesagt oder geschrieben hat, sondern es aktiv im selbstständigen Denken zu verstehen. Trotz unterschiedlichster Vorgeschichte stellen sich unsere Ideen stets gratis und oft überraschend ein; bestellen kann man sie nirgends. Das Philosophieren am Leitfaden der Aufmerksamkeit zeigt, dass sie aus einer dialogischen Situation hervorgehen und in sie einmünden wollen. Ideen entstehen nicht in einer mentalen Extrasphäre, die von den Erfahrungen der Welt und von anderen Menschen abgekoppelt wäre. Sie suchen Klärung und Kommunikation; beides verbindet sie mit der Philosophie.

Nicht wenige dieser Gedanken ziehen so schnell vorbei wie die Wolken im Wind. Im nächsten Moment haben wir vergessen, was uns eben durch den Kopf ging. Den eigenen philosophischen Gedanken widmen wir recht wenig Aufmerksamkeit. Warum? Gelten sie uns nichts? Sind sie zu persönlich oder zu vage, zu fragil oder zu sehr wie der Einfall im Vorübergehen? Antworten sie zu sensibel oder zu frech auf die Situation? Wir denken viel und oft sehr ambitioniert; von dieser fluiden Philosophie im eigenen Kopf wollen wir zumeist wenig wissen. Den Spuren dieses subtilen Denkens folgen wir selten. Wir lassen diese Gedanken passieren wie Leute auf dem Bürgersteig, die nach Feierabend zur U-Bahn hetzen. Vielleicht sind wir es ja, die dort hetzen und keine Zeit aufbringen wollen für das, was im Kopf leise vor sich geht. Es lässt sich leicht überhören. Aufmerksamkeit stellt den Kontakt wieder her. Sie ist das beste Hörgerät.

Je stummer eigene Ideen bleiben, desto gehemmter das Denken. Die Philosophie rückt dann, trotz allen Interesses, das wir an ihr haben, in eine merkwürdige Distanz. Ideen, die wir in Büchern eindrucksvoll formuliert finden, versehen mit tragfähigen logischen Gerüsten, werden bei aller Zustimmung nie die Ideen vertreten können, bei deren Geburt wir der einzige Zeuge waren. Jedes Philosophieren beginnt damit, selber zu denken und den Austausch mit anderen und der Welt zu suchen. Ideen aus Büchern werden für uns erst dann zur Philosophie, wenn sie zur eigenen Einsicht werden und Folgen haben. Ohne die entsprechende Aufmerksamkeit werden wir diese Augenblicke ein ums andere Mal verpassen.

1. Kapitel
Wie man im Café zum Philosophen wird

Wer zwei der berühmtesten Sätze der Philosophie von einer ganz anderen Seite kennenlernen will, braucht sich nur in ein Café zu setzen und auf einen Freund zu warten, und ein wenig seiner Aufmerksamkeit zu folgen. Am Ende steht es klar vor Augen: Die Philosophie ist weder eine hochgebildete Zitatenschlacht in trockener Bibliotheksluft, noch nötigt sie, hier und jetzt mit den Großen der Branche um den großen Sinn zu ringen. Philosophie steckt im Detail. Sie wird im Moment geboren. Zuerst ganz unscheinbar, kann sie schnell zu erheblicher Statur anwachsen.

Ich lade Sie auf ein Kännchen in einem gemütlichen Café ein. Setzen Sie sich mit Blick auf Tür und Fenster. Wir warten auf einen alten Freund, der bestimmt gleich kommen wird. Die Wiener Kaffeehausmischung ist vorzüglich, das verkürzt die Wartezeit. Die Aufmerksamkeit weht hin und her. Ein Stückchen Schwarzwälder Kirsch landet auf dem Nebentisch – wann hatten Sie Ihr letztes? Gäste gibt es, die machen aus dem Absetzen ihrer Baskenmütze oder dem Parken des Regenschirms eine richtige Zeremonie. Schließlich kreist die Aufmerksamkeit um den Menschen, den Sie erwarten und eine ganze Weile aus den Augen verloren hatten. Sie haben und lassen sich Zeit, schnappen Gesprächsfetzen auf, sehen bald hierhin und dahin.

Ihre Aufmerksamkeit wandert vom Blick auf die Tür zum Nachbartisch, sie heftet sich an die Bedienung und landet im eigenen Kopf, sobald Sie über irgendetwas ins Grübeln kommen. Die Reihe der schwankenden und bunten Wahrnehmungen oder Gedanken hat manchmal etwas Irreales. Man wartet nicht einfach auf einen Freund im Café und beobachtet, ob er nun endlich kommt. Man spürt sich warten und achtet vielleicht darauf, sich nicht ablenken zu lassen. Wer den Moment des Eintreffens verpasst, hat sich um das Schönste des Wartens, die jeweilige Überraschung seiner Erfüllung, gebracht.

Die Chancen, den Moment nicht zu verpassen, stehen besser, je weniger man abgelenkt wird und je ruhiger man wahrnimmt. Wartet man mit bewusster und kontrollierter Aufmerksamkeit auf jemanden, dann konzentriert man seine Gedanken und fokussiert die Wahrnehmungen.

Nur *ein* Mensch interessiert, nämlich der, auf den man wartet; alle anderen darf und wird man übersehen. Das hilft, die Aufmerksamkeit länger aufrecht zu erhalten. Wir, die Wartenden, passen nicht nur unsere Umgebung, wir passen uns selber an die Art unseres Wartens an.

Menschen flanieren vor dem Café, andere Gäste kommen hinein. Sie alle werden nach einem schnellen, schematischen Blick ignoriert werden. Man lebt in einer sehr simplen Realität und vergisst die Welt, die allen anderen sehr präsent vor Augen steht. Hat der, auf den man wartet, in der Regel einen Hut auf, so hat sie die besten Chancen, als Anhaltspunkt unseres rastlosen Spähens zu dienen. Wir basteln uns intuitiv solche visuelle Erkennungszeichen. Je einfacher sie sind, desto ungestörter und länger gelingt es, aufmerksam zu warten.

Diese Aufmerksamkeit ermöglicht uns einen merkwürdigen Spagat. Wir sind hellwach, bekommen aber von allem wenig mit, das nichts mit dem Objekt unserer Aufmerksamkeit zu tun hat. Wir weigern uns, das meiste überhaupt zu registrieren. Unsere Aufmerksamkeit agiert in einer Leere, die allein der Erwartete durch sein Kommen auffüllen soll. Je länger das dauert, desto höher wird der Preis, den der Wartende zahlt. Seine anfängliche Euphorie, es werde bestimmt nicht lange dauern, verfliegt schnell. Diese Form der Aufmerksamkeit ist nicht beliebig über eine unbestimmte Zeit durchzuhalten, auch wenn wir es uns so einfach wie möglich machen und unser Blick auf eine Art von Mustererkennung reduzieren. Uns entgeht, welche Gesichter vorbeiziehen, nicht aber, dass das Erwartete eben nicht darunter ist.

Alles dauert zu lange. Irgendwann fühlt man sich wie in einem Niemandsland. Wie absichtslos streift ein kurzer Blick die Uhr. Das Vorrücken des Sekundenzeigers fällt doch stärker auf als üblich. Der Blick auf das Ziffernblatt wird sich häufen und die träge dahin fließende Wartezeit des Öfteren unterbrechen. Man leistet sich Wiederholungen und die Abstände werden kürzer. Für eine Sekunde erlöst das von der Langeweile. Den fragenden Blicken anderer Gäste setzt dieses Ritual etwas entgegen, als antworte man stumm: Nein, ich bin hier nicht allein! Ich weiß schon etwas mit mir anzufangen. Dummerweise lässt man mich hier warten. Die Dame in der Ecke schaut so schnippisch herüber; bestimmt denkt die, mein *Date* wäre soeben geplatzt.

Der Erwartete bleibt nicht einfach nur abwesend. Er wird zum Urheber eines leisen Ärgers. Die schnöde Wirklichkeit scheint unsere Erwartung zu dementieren und uns vor aller Augen zu blamieren. Mitunter trifft das bis ins Mark. Geduldig harrt der Wartende auf seinem Posten aus. Er hat alles getan, es lag nicht an ihm. Ob das wohl der falsche Posten war? War er wirklich hier und jetzt verabredet? Wie ein guter Neurotiker prüft er im Kopf alles nach, was sich um Termin und Ort dreht. Gerade fertig, fängt das mit der Prüfung gleich wieder von vorn an. Der Blick geht nach innen, er löst sich von der Tür und von der Uhr. Aus der Position aufmerksamen Wartens ist dieser Mensch im Café längst herausgefallen.

Der Enttäuschte wird auf die ganze unglückliche Konstellation aufmerksam. Er sieht sich als den Unglücksraben in einem Warteraum, als schaue er auf die ganze kleine Szene wie in eine Guckkasten. Ist es so weit gekommen, gelingt manchmal nur unter größten Schwierigkeiten, die gutgläubige Beobachtungsposition erneut einzunehmen. Einfach aufmerksam weiter zu warten, ohne dass kritische oder selbstkritische Ideen dazwischenfunken, wird zur unmöglichen Kunst. Die Situation hat sich völlig verändert. Kein gutgläubiger Vorsatz stellt das unbedarfte Abwarten wieder her, das einfach schaut, ob der Hut gleich zur Tür hereinkommt,

Unter der Hand pendeln wir zwischen zwei recht verschiedenen Formen der Aufmerksamkeit hin und her. Die gelenkte konzentriert sich auf den Hut, gleitet aber immer wieder in eine andere, eine zweite Form ab. Die ist nicht bewusst auf etwas ausgerichtet, das wir erwarten und dessen Eintreffen wir beobachten oder kontrollieren wollen. Diese Aufmerksamkeit ist stiller. Sie lässt Wahrnehmungen und Gedanken eher zu als das sie ausschließt. Man könnte sagen, sie wüsste nicht ganz genau, worauf sie eigentlich warte. Deshalb fokussiert sie den Blick nicht auf eine simple Erwartung; sie lässt sich auf Spiele ein. Ihre Kohärenz besteht dabei aber nicht darin, lediglich in einem einzigen Spiel zu bleiben. Sie lässt sich gern durch mehrere treiben und das mit einer spürbaren Lust.

Dem Tunnelblick der Konzentration antwortet diese fließende Form mit der Vergrößerung des Feldes. Der Hut kommt nicht ins Café und das eine, erwartete Gesicht bleibt aus, dafür kommen andere. Sie lohnen den Blick. Dem, der auf diese Weise still und aufmerksam wartet, entgeht nicht, dass der Heizkörper neben seinem Tisch leise gluckert und dass sich der Frühling im Vogelgesang ankündigt, der zart durchs Fenster dringt. Er lässt erheblich mehr zu, entdeckt einiges, urteilt weniger und schon gar nicht im Schnellverfahren.

Welche Form der Aufmerksamkeit löst besser ein, was das Wort verspricht, nämlich dass der Mensch bewusst etwas merkt und eben nicht darüber hinweggeht, was er merken könnte? Beide Formen der Aufmerksamkeit bewegen sich in unterschiedlichen Welten. Keiner gelingt es allerdings, sich in der zu ihr passenden Wirklichkeit mit unbeschränkter Dauer zu beheimaten. Konzentrierte Aufmerksamkeit setzt voraus, dass die beobachtete Situation im Kopf strukturiert und soweit vereinfacht wird, dass es Zeichen und Kriterien für den Erfolg der Beobachtung gibt. Sie erfordert eine klare Intention und eine gewisse Willensstärke, um die Art und Position der Beobachtung möglichst lange und störungsfrei aufrecht zu erhalten. Diese Form der Aufmerksamkeit setzt darauf, der Aufmerksamkeit Zügel, manchmal sogar Scheuklappen anzulegen. Dennoch bleibt auch sie nicht ewig bei der Sache,

Sie driftet ab: einmal ist es der Blick auf die Uhr, dazu gesellt sich dies und das, das plötzlich auffällt und eine andere Form der Aufmerksamkeit auf sich zieht. In diesen Momenten hört die Aufmerksamkeit nicht auf, Aufmerksamkeit zu sein, stellt aber auf eine völlig andere „Optik" um. Sie kreist nicht mehr um den einen definierten Punkt, sondern folgt Assoziationen oder lässt sich auf andere Wahrnehmungen ein. Man könnte ihr dann ankreiden, nicht zu wissen, was sie wolle und umso leichter verführbar zu sein. Eine andere Perspektive leuchtet auf, sobald sich diese variabel agierende Aufmerksamkeit auf das Verfolgen von Spuren einlässt. Hat sie eine gute Nase, entdeckt sie auf ihren Fährten Neues. Folgt sie ihnen, so will sie wissen, ob im Gebüsch wirklich ein Hase sitzt. Steht sie davor, kann es passieren, dass der Marienkäfer auf dem Blatt noch interessanter ist.

Diese fluide Aufmerksamkeit startet gern zu Irrläufen und landet oft in Sackgassen, aus denen sie atemberaubend schnell den Ausweg findet. Mühelos spinnt sich der Faden neuer Assoziationen und Wahrnehmungen fort und ergibt stets wieder andere Knäuel. Nicht immer kommt so ein identifizierbares Gewebe zustande und nicht jeder Knoten scheint auflösbar. Assoziationen überlassen sich dem mäandernden Fortgang. Was hält diese Ketten von Gedanken und Wahrnehmungen, von Gefühlen und Intuitionen, von Erinnerungen und Vorhaben zusammen? Warum fällt uns gerade jetzt ein, was uns in dieser Sekunde einfällt? Wir sitzen im Café und warten. Die Reise mag durch gelegentliche Einsichten oder angenehme Träumereien entschädigen. Sie könnten allesamt belanglos sein, wenn wir es wirklich darauf anlegen würden, überall ein schnelles Fazit zu ziehen und die Erträge zu berechnen.

Solange sie unterwegs ist, legt die ungerichtet driftende Aufmerksamkeit, anders als ihr konzentriertes Pendant, kaum verlässliche Kriterien an, die Sinn und Unsinn von vornherein trennen. Dennoch teilt sie mit der konzentrativ-gerichteten Form einen entscheidenden Grundzug. Beide setzen sich als ein gegenwärtiges, punktuelles Geschehen. Die eine achtet innerhalb eines deutlich reduzierten Ausschnittes der Umwelt, ob der erwartete Mensch kommt. Die andere lässt sich mittreiben und achtet darauf, was sie im Fluss der Wahrnehmungen und Gedanken bemerkt. Beide Formen der Aufmerksamkeit scheinen wie ein Punkt zu sein, um den sich zwar alles dreht, der aber kaum klar bewusst vor Augen steht. Der Aufmerksame ist kein Akteur vor dem Spiegel.

Alles fing damit an, dass wir gewartet hatten; nun sitzen wir im Café, versunken in Assoziationen, Wahrnehmungen und Gedanken. Manchmal tauchen wir aus langen Ketten von Assoziationen auf, kommen zu uns, scheinen geradezu aufzuwachen. Eingeschlafen waren wir nicht, wir waren nur irgendwo anderswo.

Der Aufmerksamste entgeht nicht der Gefahr, sich selbst und seine Welt ungewollt aus den Augen zu verlieren. Es ist unerheblich, ob es sich um die konzentrierte Form der Aufmerksamkeit oder um die stille, frei fließende handelt. Stets erwartet und belagert uns ein Umschwenken der Aufmerksamkeit. Es handelt sich um ein Umschalten, um einen Wechsel der Aufmerksamkeit selber. Außerordentlich schwierig, vielleicht sogar unmöglich ist es, die Kipppunkte bewusst wahrzunehmen, um später die Richtungsänderungen der Aufmerksamkeit nachvollziehbar zu machen. Selbst abrupte Volten zu völlig neuen Inhalten scheinen mitunter völlig undramatisch abzulaufen. Im Rückblick fällt es nicht leicht, die Abzweigung zu bestimmen, an dem die Aufmerksamkeit einen anderen Weg eingeschlagen hat. Reizvoll ist es allemal.

Man wüsste es gern und beginnt, Anhaltspunkte zu sammeln. Die Situation erinnert an das Vorhaben, einen halb vergessenen Traum ins Bewusstsein zurückrufen zu wollen. Bruchstücke mögen noch gegenwärtig sein. Wir fügen sie zusammen und suchen fehlende Teile und Verbindungsstücke zu einem Puzzle. Die fluide Aufmerksamkeit folgt Assoziationen und versucht, Wege rückwärts zu gehen. So gut es geht, will sie sich in die Situation des Träumenden hineinversetzen, um die Traumbilder wiederholt, aber diesmal bewusster zu erleben. Die konzentrativ-gerichtete Aufmerksamkeit präferiert das Erstellen eines Modells, das erleichtert, innere Wege zu rekonstruieren. Das Modell setzt sich als Maß der nicht mehr verfügbaren Wirklichkeit. Es macht sie zum Prüffall, indem es die wenigen Anhaltspunkte organisiert und in eine Gestalt integriert. Das Modell schafft eine Struktur, in der es Ursachen und Wirkungen gibt, ein nachvollziehbares Vorher und ein Nachher. Das ideale Ergebnis wäre eine klare Registratur. Im Falle des Wartenden bestünde das finale Urteil in einem möglichst eindeutigen Ja oder Nein: Ist der Hut nun zur Tür hineingekommen oder nicht?

Unsere Aufmerksamkeit verwandelt sich unter der Hand. Sie differenziert sich und wird vielfältiger. Wie Episoden wechseln sich ihre Inhalte und Formen ab, die sich zudem durchdringen können. Der Moment des Wechsels der Aufmerksamkeit tritt nicht selten wie ein Aufwachen ins Bewusstsein. Wir registrieren nicht nur, dass der Hut noch nicht da ist oder dass wir uns in Gedankenflüsse verloren haben. Wir werden aufmerksam auf unsere Aufmerksamkeit. In diesem Moment scheinen wir aus den bislang beschriebenen Formen der Aufmerksamkeit auszusteigen – eine neue tritt in den Vordergrund. Trotzdem handelt es sich um eine fortgesetzte Geschichte unserer Aufmerksamkeit.

Das Gefühl der Gegenwärtigkeit verbindet ihre so unterschiedlichen Formen. Aufmerksamkeit bedeutet immer eine sehr einfach und spontan erscheinende grundlegende Simultanität. Der Moment des Jetzt hat einen eigenen Geschmack oder Grundton, die auch der zu ihm passenden Welt eigen ist. Er führt keine komplexe, ausformulierte Stellungnahme zu allem und jedem mit sich, unterscheidet aber durchaus, nimmt das Eine an oder weist anderes spontan ab. Später lassen sich dafür gewiss Gründe finden oder zurecht biegen. Der eigene Geschmack bleibt, ohne definierte Kriterien zu benötigen, unverwechselbar. Er lässt sich gern auf alles in der Welt ein, was ein passendes Aroma verspricht.

Unsere philosophischen Exkurse kürzen das Warten ab. Wir haben nun schon einige Zeit nicht mehr auf die Uhr geschaut. Der Kaffee ist vorzüglich und die Atmosphäre ist heimelig. Wir warten immer noch, aber anders, denn erstaunlicherweise hat sich etwas im Kopf verändert. Platon und Aristoteles lassen die Philosophie mit dem Staunen beginnen. Wer staunt, hat längst nicht abgeschätzt oder verstanden, worüber er staunt. *Ad hoc* steht kein also geistiges Modell zur Verfügung und das ist auch gut so. Wäre es anders, hätte das philosophische Staunen keine positiven Konnotationen; es wäre bloß eine momentane Verlegenheit.

Staunen bedeutet, nicht wirklich zu wissen, worüber man staunt. Man kennt sich nicht aus und merkt doch, dass da etwas zum eigenen Leben und Denken gehört. Staunen ist eine unvorhergesehene Episode. Es scheint unmöglich, bei ihr lange zu verweilen. Sie lässt sich weder ausdehnen noch konservieren. Ein scheues Reh steht urplötzlich vor uns; es ergreift die Flucht, sobald wir die kleinste ungeschickte Bewegung machen. Das erfordert eine gewisse Vorsicht und braucht ein wenig Ruhe. Nur sie erlauben uns, mit der Fragilität des erstaunlichen Moments im Bunde zu bleiben.

Laut tönende Begriffe könnten unser Reh verscheuchen. Die Sensibilität des Merkens scheint einen intimeren Kontakt zu suchen. Diese Auf-Merksamkeit betreibt keine Registratur. Wenn wir mit Platon und Aristoteles über etwas staunen, lohnt es sich, bei ihnen nach dem zeitgenössischen Pendant des Wörtchens *Aufmerksamkeit* zu suchen. Mit dem Begriff der *con-scientia* war in der Antike ein Wort geläufig, dessen doppelte Nachwirkungen im Begriff des Bewusstseins (frz.: *conscience*, engl.: *consciousness*) und des Gewissens (frz.: *conscience*, engl.: *conscience*) das europäische Denken wie kein zweites prägen sollten. Wir machen trotzdem einen vorsichtigen Bogen um das moderne Konzept des Bewusstseins – weil *Aufmerksamkeit* und *Bewusstsein* etwas anderes sagen. *Conscientia* steht in der Antike der Aufmerksamkeit nahe. Sie meint vor allem das Mit-Wissen um das, was in uns passiert, was wir denken, erleben und tun. Sie kann auch bedeuten, einen anderen ins Vertrauen zu ziehen. Das Mit-Wissen bleibt immer in der Situation dessen verankert, der erlebt, handelt und denkt. Kurz gesagt: Es ist eine existenzielle Größe, die nur existiert, weil sie Anteil nimmt und Anteil hat. Sonst käme ihr das Merken abhanden, das im Wort Aufmerksamkeit exemplarisch anklingt.

Der frühe Begriff der *conscientia* meint vor allem ein bewusstes Spüren und Aufmerken, das die Handlungen, Wahrnehmungen und Gedanken begleitet. Er lässt sich nicht einfach mit den uns geläufigen Worten „Wissen“ oder „Bewusstsein“ übersetzen. Diese Nuance macht mitunter einen Unterschied ums Ganze aus, wie der Philosoph Gernot Böhme an der Übersetzung des wohl bekanntesten Spruchs der antiken Philosophie zeigt. Hat Sokrates wirklich gesagt: „„Denn von mir selbst wusste ich, dass ich gar nichts weiß, um es geradeheraus zu sagen“ (Apologie 22, c, d). Wo Schleiermacher „Ich bin mir bewusst“ oder „Ich weiß von mir“ übersetzt, steht im Griechischen [...] wörtlich ‚ich weiß mit mir' oder ‚ich bin Zeuge für mich selbst'."[1] Der allseits zitierfähige Satz „ich weiß, dass ich nichts weiß" gerät urplötzlich in ein anderes Licht, wenn wir ihn aus der Perspektive der Aufmerksamkeit verstehen.

Wer aufmerksam denkt und etwas weiß, der „weiß es mit sich". Im plötzlichen Aufmerken oder im spontan einfallenden Gedanken mag ein eigener Geschmack, eine eigene Tönung, eine nur uns zugängliche Atmosphäre bestanden haben. Wir haben sie erlebt, wissen aber zumeist beklagenswert wenig drüber zu sagen. Wen sollten wir fragen, wenn nicht uns selbst? Das Erlebte und Gedachte gehört zu uns, angeeignet haben wir es damit noch lange nicht. Was vor dem inneren Auge steht, wird so zum Fall der philosophischen Rede.

Darum muss sich philosophisches Denken für den philosophisch Denkenden interessieren, der sich nicht immer oder nur zu einem Teil transparent sein wird. Dieser „Teil" lässt sich durch Aufmerksamkeit, durch Reflexion und durch Dialoge erheblich erweitern und vertiefen. Fügen sie unseren Wahrnehmungen, Gedanken und Gefühlen etwas hinzu, das nach beliebiger Neuerfindung riecht, nach vagen Konstruktionen oder nach dem Übermut hochtrabender Worte? In Platons Philosophie wollen und erreichen sie das Gegenteil. Philosophie richtet sich gegen das Vergessen. Das Wissen, das sie anstrebt, sogar in der höchsten Form des Platonischen „Wissens" um die Ideen, ist wesentlich Erinnerung. Der philosophische Tätigkeit wird zum Gipfelpunkt der Aufmerksamkeit.

Die Zeit läuft im Café weiter, da rettet kein Ausflug in die Antike. Wir warten, aber in zunehmend ironischer Distanz. Soll er doch kommen, wann immer er kommt. Wir nehmen es gelassen, aber das ändert wenig an dem Zeitspiel, in das uns die Aufmerksamkeit verstrickt. Welche Wege haben wir, hier auf dem bequemen Stuhl am gedeckten Tisch, inzwischen zurückgelegt? Sind wir bei irgendeinem Ziel angekommen? Die Aufmerksamkeit ist wandelbar und bereit, zu den Aufgaben, die wir ihr stellen, nach Lust und Laune neue hinzu zu erfinden. Wie lange können wir wirklich intensiv sehen, ungestört beobachten oder mit ganzem Ohr zuhören? Wie lange halten wir in einem Gedankengeflecht die zuvor gewählte Richtung ein? Die Grenzen unserer Fähigkeiten sind blamabel eng. Das lässt uns eine trotzige konzentrative Haltung annehmen, die verkrampft wirkt. Wir inszenieren unser Denken wie vor einem imaginären Beobachter, den wir mit neurotischen Kunststücken unserer Konzentrationsfähigkeit beeindrucken wollen.

Wann wären wir denn freie Wesen? Wenn wir abschweifen können, den Geist also ohne Leine laufen lassen? Oder wenn wir ihn an die kurze Leine nehmen? Gerade der Wechsel der Aufmerksamkeit, der so unwillkürlich geschehen kann, ist mit einem zentralen Aspekt unserer Freiheit verbunden. Wir sind nicht festgelegt. Wählen wir ansonsten denn nicht mit guten Gründen, wo wir uns zu- und wo wir uns abwenden? Es gibt keine Selbstbestimmung ohne eine entsprechende Aufmerksamkeit für sich, für andere und die gemeinsame Welt.

Unsere Aufmerksamkeit ist eng mit unserem Selbst- und Weltbild verbunden. So vertraut sie uns im Alltag erscheint, so rätselhaft wird sie, sobald wir ihr nur die kleinste Frage stellen. Was weiß ich überhaupt über die Verwandlungskünste meiner Aufmerksamkeit und wie könnte ich mehr darüber wissen? Lässt sich das alles einfach beobachten, wäre es aus meinen Gedanken und Wahrnehmungen zu erschließen? Könnte man es nicht, auf etwas faulerem Wege, aus gesichertem Wissen deduzieren? Wie leicht man sich da den Kopf einrennt. Unser Auge sieht sich nicht selbst: punktum! Wollen wir dem blinden Fleck in unserer Wahrnehmung wirklich das Sehen beibringen? Viel Spaß dabei!

Ich denke, aber was weiß ich da von mir selbst, der ich gerade denke? „Ich denke, also bin ich“, lautet der Satz, der wie kein zweiter die Wende zur modernen Philosophie dokumentiert. René Descartes hat ihn im 17. Jahrhundert notiert; heute zählt er zur Wundertüte philosophischer Allerweltsweisheiten. Kaum vorstellbar, dass um diesen Satz und seine Verfechter wahre Schlachten geschlagen wurden. Spielen wir ein wenig mit diesen Worten. Ich denke, also bin ich! Und wenn ich gerade nicht denke – bin ich dann nicht? Was passiert, wenn meine Aufmerksamkeit gerade anderweitig unterwegs ist und ich mich in alle mögliche Gedankengänge verliere? Bin ich dann irgendwo anders, während ein Stellvertreter die Stellung hält? Bleibt etwas von mir zurück im Café, wenn ich an das letzte Jahr in der Bretagne denke? Armes Etwas! Es wäre in eine doppelte Warteposition eingespannt. Einmal würde es auf unseren Freund warten, und dann wiederum auf mich selbst, der ich für einen Moment an der bretonischen Küste abhandengekommen war.

Ich denke, also bin ich: Klingt Descartes' Satz nicht etwas solider und zuverlässiger als unsere lockeren Gedankengänge über die zeitweilige Aufmerksamkeit und Geistesabwesenheit? Stochern wir hier nur im Nebel oder im Kaffeesatz herum, während Descartes, eben ein echter Philosoph, Gewichtiges zu sagen hat? Wir sollten spaßeshalber seine

Grundtexte der Philosophie kurz zu Rate ziehen. Da erfahren wir zu unserem größten Erstaunen, dass der Herr Descartes nicht einfach mehr wusste als wir, etwa weil er der gefeierte Entdecker des Cogito („ich denke") war. Er meinte, recht bescheiden, er wäre darauf aufmerksam geworden. Er hätte da gar nichts erschlossen, es ginge in seinem „cogito, ergo sum" überhaupt nicht um etwas Erdachtes. Er reiche, sich „gewahr zu werden", man erkenne das einfach in einer aufmerksamen Anschauung.[2]

Nun gut, aber was geschieht mit dem *Cogito*, wenn die Aufmerksamkeit irgendwo anders auf abwegige Reise geht? Descartes wäre nicht überrascht. Jeder Denkakt hätte seine Zeit. Keine dauere allzu lange. Ein menschlicher Gedanke umfasse daher nicht alles.[3] Man denkt nur in der Gegenwart. Sie fällt uns in der Aufmerksamkeit zu und verlischt mit ihr, sie geht mit der Aufmerksamkeit auf Wanderschaft, selbst in die Regionen des Schlafes und des Traumes.

Descartes spricht nicht von schwierigen Gedankenkonstruktionen. Er meint die ganz alltägliche und jedem vertraute Situation, die im Moment „ein so müheloses und deutlich bestimmtes Begreifen des reinen und aufmerksamen Geistes" sei.[4] Der Philosoph steigt vom Podest der großen Wahrheiten. Auf dem Terrain der Philosophie hat er allen anderen Menschen nichts mehr voraus: „So kann jeder intuitiv mit dem Verstande sehen, dass er existiert, dass er denkt"[5], auch wenn sich Descartes die Freiheit nimmt, das Wort „Intuition" etwas freier als seine philosophierenden Zeitgenossen zu verstehen. Er rückt es an die Spontaneität heran, in der ein wacher Mensch erkennt. Descartes preist ein einfaches Zusammenspiel: „Unter all diesem ist nichts, was nicht vermöge des natürlichen Lichtes augenscheinlich wäre, wenn ich nur sorgfältig darauf achte [...]."[6] Das natürliche Licht ist in Descartes Philosophie eine wohltätige Gabe, mit der Gott den Geist und die Natur auf freundschaftliche Tuchfühlung bringt; die Tuchfühlung selbst aber kommt ohne Aufmerksamkeit nicht zustande.

So ist die Aufmerksamkeit nicht allein im sokratischen Denken ein Wendepunkt, durch den aus einem angeblich „Wissenden seines Nichtwissens" ein achtsamer „Zeuge seines Wissens und Nichtwissens" wird. Für Descartes steht die Aufmerksamkeit im Zentrum der Philosophie. Er rät, es mit den hochtrabenden Vorschlägen der Begriffsschuster und der Dialektiker lieber sein zu lassen. Sie versprechen, die Vernunft zu zügeln und in den Bahnen fester Formen lenken zu können, für die sie

Patentrezepte anbieten. Das fördere nur faules Denken, vor allem aber lähme es die Aufmerksamkeit. Mit dieser althergebrachten Art frischt man gern Ladenhüter der Erkenntnis auf, erfährt aber nichts Neues. Descartes Gegenvorschlag ist einfach. Er lautet, „lieber alle Hilfsmittel ausfindig zu machen, durch die unser Denken in der Aufmerksamkeit festgehalten wird [...].“[7]

Etwas verwirrend bleibt dennoch, wenn die eine Form der Aufmerksamkeit der anderen ein Bein stellt. Was geschieht, wenn sich die Aufmerksamkeit gegen die Aufmerksamkeit richtet, wenn eine der anderen das Wasser abgräbt? Gerade Philosophen sind nicht dagegen gefeit, begann doch die Philosophie mit einem folgenschweren Reinfall. Thales von Milet, Leuchte der frühesten Natur- und Geisteswissenschaft, wandelte des Nachts unter dem Sternenzelt, das er einer thrakischen Magd erklären wollte. Den Blick an das Firmament geheftet, fiel er in einen Brunnen. Das schallende Lachen der Magd glauben wir noch heute bei unterschiedlichsten philosophischen Anlässen zu hören.

Philosophisches Denken mag Probleme lösen und wiederum andere im Gefolge haben. Wir werden zu Zeugen, dass wir immer mehr wissen und im selben Moment unser Unwissen wachsen spüren; die Aufmerksamkeit gilt beidem. Was aber, wenn wir ernste Dinge im Kopf bewegen wollen und irgendein Scherzkeks legt es darauf an, uns partout zum Lachen zu bringen? Es kostet Anstrengung, ernst zu bleiben, klappt in den meisten Fällen aber doch. Wir sperren uns und entziehen dem Kitzel unsere Aufmerksamkeit. Dieses Verfahren wenden wir ständig an, indem wir uns bewusst aus einer Situation herauslösen, mit der wir nichts zu tun haben wollen. Wir abstrahieren von dem, was uns konkret begegnet.

Dafür benötigen wir, sagt Immanuel Kant, keine besondere Form der Aufmerksamkeit, aber eine andere Richtung: Man könne die Abstraktion geradezu eine „negative Aufmerksamkeit nennen“.[8] Es geht nicht um simples passives Wegducken. Kant versteht die negative Aufmerksamkeit als eine Tätigkeit, „das ist, ein wahrhaftes Tun und Handeln, welches derjenigen Handlung, wodurch die Vorstellung klar wird, entgegengesetzt ist.“[9] Also lachen wir nicht und bleiben bei ernsten Dingen im Kopf. Wir bringen es so weit, bis die Vorstellung, von der wir gerade nichts wissen wollen, im Dunkeln verschwindet und uns nicht weiter belästigt. Die Aufmerksamkeit auf das eine lässt das andere im Nichts versinken – Kant nennt es Zero.

„Hallo!?" Unser erwarteter Freund ist an den Tisch getreten, ohne dass wir sein Kommen registriert hätten. Einen Moment lang sind wir etwas erschrocken und verdutzt. Um unseren leicht abwesenden Blick zu erklären, stammeln wie vielleicht: „Schön, dass du da bist. Sorry, war gerade in Gedanken. Ich glaub, ich hab irgendetwas philosophiert."

Philosophie ist ja, dem griechischen Wortsinn nach, nicht der Besitz der Weisheit, sondern die Liebe zur Weisheit. Für sie gibt es keinen Trauschein. Sie ist eine Liebe, die überhaupt nicht bockig reagiert oder eifersüchtig wird, wenn sie auch andere Menschen erreicht und in ihren immer größeren Kreis einschließt. Hätten nun beide im Café Lust auf ein wahrhaft philosophisches Gespräch? Die Denkerfahrungen beim Warten böten Stoff und Anlass für unendliche Entdeckungsreisen. Wer alles für sich behalten will – bitteschön! Der eigene Kopf kann eine verschwiegene Welt, eine abgründige Geheimkammer, eine veritable Lasterhöhle für sich sein. Sollte es uns aber doch jucken, den Gedankengang mitzuteilen und ihn sogar aufzuschreiben, wäre es doch äußerst aufmerksam, mitzuteilen, wo die Sätze nachzulesen sind, die im Café sich mir nichts dir nichts am inneren Gespräch über die Aufmerksamkeit beteiligt haben – worum sich der Autor im Nachhinein redlich bemüht hat.

2. Kapitel
Darf ich Sie mal etwas fragen?

Kann es überhaupt Philosophen geben, die keine Fragen haben? Fragen werden ihnen überall zugestanden – verbunden mit der Mutmaßung, sie stünden nicht dumm da, sie wüssten bestimmt schon eine Antwort, und sei es auch nur eine kleine. Sind das wirkliche Fragen, die gestellt werden, weil von ihrer Beantwortung Leib und Leben abhängen? Oder treten wir ein in das Theater der rhetorischen Fragen und des Schattenboxens? Das interessierte Publikum erwartet, dass die Frage nicht das letzte Wort sein wird. Mag sein, dass die Philosophie von Fragen lebt; die Philosophen indes werden durch Antworten bekannt und sogar berühmt, sobald die die große Runde machen.

Immanuel Kant gelang es, die wesentlichen Punkte seiner Philosophie in vier Fragen zu bündeln; die eine letzte sollte sogar die Quintessenz der vorhergehenden sein:

Was kann ich wissen?
Was soll ich tun?
Was darf ich hoffen?
Was ist der Mensch?[1]

Eine unsinnige Frage, etwa wie viele Engel auf eine Kirchturmspitze passen, lässt sich nicht beantworten. Eine philosophische Frage ist keineswegs unsinnig, lässt sich aber nicht so mir nichts dir nichts durch eine bündige Antwort endgültig zum Verschwinden bringen. Die Würde der Fragen Kants beruht darauf, dass sie beantwortet werden wollen, ohne dass etwas in Sichtweite wäre, das wie des Rätsels Lösung daherkommt. Allein solche Fragen zu stellen bedeutet bereits, in einen philosophischen Prozess einzusteigen – es sei denn, es geht dabei nur um hohles Wortgeklingel.

Philosophische Fragen nehmen etwas in den Blick, was noch nicht gedacht wurde. Wäre es anders, so ginge es nicht um philosophische Fragen, sondern um die Steigbügelhalter der Antworten, die fertig sind und nur darauf warten, losgaloppieren zu können. Fragen der Art, die wir hier im Sinn haben, sind anders als solche nach dem Weg oder der

Uhrzeit. Sie verschwinden nicht einfach mit der Antwort – denn sie haben keine definitive.

Da wird die Frage erlaubt sein: Was soll das? Was wollen wir mit diesen endlosen Frage- und Antwortrunden? Lassen wir uns etwas Zeit. Vor allem aber: Probieren wie es doch einfach aus. Hätten Sie Lust, mitzumachen? (Sie müssen natürlich nicht, das wäre aber schade!)

Was könnten Sie nicht sein?
Was waren Sie niemals?
Woher wissen Sie das?

***

Können Sie sicher sagen, was zu Ihnen gehört?
Entscheiden Sie selber, welche Gedanken Ihnen einfallen?
Woher kommen Ihre Gedanken?
Haben Sie jemals verfolgen können, wie sie entstehen?
Passen Ihnen alle Gedanken, die sich spontan einstellen?

***

Haben Sie jetzt, in diesem Augenblick, Geheimnisse?
Sind Sie sicher?
Können Sie sich vorstellen, mit Ihren Geheimnissen zu spielen?
Wie geht das?
Würde es Sie beunruhigen, wenn die Psychologie eine menschliche Fähigkeit entdeckt, die Geheimnisse eines Anderen zu „riechen“?
Was werden Sie nie sagen?

***

Gibt es mehrere, vielleicht auch ganz unterschiedliche Leben, zu denen Sie jeweils „mein Leben“ sagen?
Wenn ja: Kennen Sie alle gleich gut?
Was wissen Ihre verschiedenen Leben voneinander?
Kommunizieren sie miteinander?
Welches Leben könnten Sie heute nicht mehr führen?
Wie kommen Sie darauf?

***

Kann man Sie in ihrer Art, in Ihren Gefühlen und Ihren Gedanken kopieren?
Wenn ja: Was denn? Und was nicht?
Wenn nein: Warum nicht?
Welcher Versuch würde am ehesten missraten?
Was würden Sie empfinden, wenn jemand Sie genial gut kopieren könnte?
Welches Stück würde er wahrscheinlich aufführen?
Könnten Sie immer genau sagen, was an dieser Nachahmung richtig oder falsch ist?
Was tun Sie, wenn der Imitator aus der Rolle ausbricht und sich für Sie ausgibt?
An welchem Punkt würden Sie eingreifen?

***

Was ist Ihnen im Laufe Ihres Lebens abhandengekommen?
Haben Sie es verloren?
Haben Sie es irgendwo vergessen?
Wurde es Ihnen weggenommen?
Haben Sie es vermisst?
Wie erginge es Ihnen, wenn das Vermisste plötzlich wieder vor Ihnen stünde?

***

Erinnern Sie sich noch genau an die Augenblicke, in denen Ihnen plötzlich etwas klar wurde?
Was ist da passiert?
Wie fühlte sich das an?
Musste dieser Augenblick gerade so und gerade zu dieser Zeit kommen?
Hat er in Ihnen oder Ihrem Leben wirklich etwas verändert?
Wird so etwas wieder passieren?
Warum die Wahrheit sagen?

Manche Menschen sagen vor Gericht die Wahrheit, obwohl sie sich damit schaden. Was halten Sie davon?

***

Wenn Sie sich etwas fragen – wie machen Sie das?
Existiert eine formulierte Frage in Ihrem Kopf?
Stellen Sie sie einmal – oder müssen Sie sie über eine längere Zeit wiederholen
Wissen Sie, mit welcher Antwort Sie zufrieden sein könnten?
Beantworten Sie Ihre Frage gleich?
Fragen Sie in der Erwartung, Sie selbst geben sich die Antwort?
Hat Sie jemals eine Antwort, die Sie sich selbst gegeben haben, überrascht?
Oder tief getroffen?

***

Sie gehen spazieren, Gedanken kommen Ihnen in den Sinn. Macht es einen Unterschied, wenn Sie langsamer gehen?
Lassen Sie sich im Denken Zeit?
Was bedeutet Ihnen, sich Zeit zu lassen?
Können Sie einen Gedankengang über Jahre verfolgen?

***

Was war Ihr erster Gedanke, an den Sie sich noch klar erinnern können?
Wissen Sie das genau oder haben andere ihnen davon erzählt?
Existiert in Ihrem Leben etwas Definitives, das niemand auswechseln könnte?
Falls ja: Ab wann hatten Sie dieses Gefühl?
Waren Sie schon einmal klüger als Sie heute sind?
Wer waren Sie da?
Ist es selbstverständlich, heute mehr zu wissen als früher?
Sie haben eine Zeitmaschine für eine Stunde gemietet. Damit reisen in Ihre Vergangenheit und in Ihre Zukunft. Dann steigen Sie aus und wissen, woher sie kommen und was Sie erwartet. Stellen Sie sich vor,

Sie dürfen einen Brief an sich selbst schreiben –
nur einen einzigen. An wen schicken Sie den:
An den, der Sie jetzt sind?
An den, der sie früher gewesen sind?
An den, der Sie in Zukunft sein werden?

***

Es gibt Fragen, die werden abgearbeitet wie ein Stapel auf dem Schreibtisch. Oder alles wird vertagt und der Stapel wandert auf einen anderen Tisch in eine ungewisse Zukunft. Vielleicht fällt ein kurzer Blick auf einige Blätter. Ein paar Fragen zu beantworten reicht aus, um die Fitness fürs Ganze unter Beweis zu stellen. Vielleicht werden die Fragen als unsinnig empfunden und werden zu Kandidaten für den Papierkorb. Philosophische Fragen müssen so sein. Weder kann es einen Zwang geben, sie zu beantworten, noch eine Regel, nach der das zu geschehen hätte. Gute Ratschläge gibt es aber doch. Einen zentralen schrieb Ludwig Wittgenstein 1949 in sein Notizheft: „Der Gruß der Philosophen unter einander sollte sein: „Laß Dir Zeit!“[2]

Philosophische Gedanken können in einem Moment entstehen und eruptiv hervorbrechen. Hier aber fragen wir nach denen, die mitunter sehr viel Zeit beanspruchen und dadurch sogar zu einer Art von stillem Lebensbegleiter werden. Eines Morgens, der Junge war gerade zehn Jahre alt, hantierte der Lehrer in der Mathematikstunde mit einem Geodreieck herum. Er fragte, wo es in der Natur überhaupt etwas gibt, das wirklich gerade ist? „Eine Wasseroberfläche ist gerade“, meldete sich der Junge, „aber nur, wenn sie ganz ruhig ist und keine Strömung geht. Es darf auch kein Wind sein.“ Dem Lehrer gefiel die Antwort nicht. Vielleicht war sie ihm zu kompliziert. Da keine weiteren Wortmeldungen kamen, machte der Lehrer kurzen Prozess und antwortete selbst: „Ein gespannter Faden ist von Natur aus gerade.“

Dem Jungen gelang es die ganze Stunde nicht mehr, dem Unterricht zu folgen. Gibt es denn „in der Natur“ überhaupt einen Faden? Menschen machen Fäden. Sie spannen Fäden und haben dabei Fragen im Kopf. Diese Menschen beschäftigen sich dann eigentlich mit ihrer eigenen Welt, nicht mit der Natur. Soll wirklich alles natürlich sein, müssten sie es völlig anders machen. Vor allem müssten sie ruhig beobachten. Wirbeln ihre Hände das Wasser auf, wird es keine gerade Oberfläche geben. Vielleicht fehlte ihnen die Geduld. Dann greifen sie zum Faden und wollen mit den Fragen ganz schnell fertig werden.

Das Karussell im Kopf des Schülers rotierte und legte noch an Tempo zu. Bald kam ihm ein schlimmer Verdacht: Wusste der Lehrer nicht, dass die Natur und die Welt, die die Menschen in ihrem Kopf und mit ihren Händen bauen, etwas ganz anderes ist? Das musste daran liegen, dass er das Geodreieck in der Hand hielt. Die Natur und der stille See waren dem Lehrer anscheinend egal. Er wollte nur, dass jeder mit dem Geodreieck dasselbe tut wie er.

Soll man das nun für Philosophie halten, was den Jungen aus der Unterrichtsbahn katapultiert hatte? Der Kleine ist gewachsen, hat später einiges studiert, die Welt gesehen und ist diese Fragen niemals losgeworden. Jedes Mal, wenn sie ihm in den Sinn kamen, erschufen sie ein ganz eigenes Klima. Zeitlebens saß er ab und an gern an stillen Seen und konnte nicht genug „in der Natur" herumwandern. Manchmal stößt sein schweifender Blick noch heute auf eine gerade Abbruchkante im Fels oder auf eine Muschel am Strand, die so gerade und polierte Flächen aufweisen, als stammten sie aus industrieller Massenproduktion. Es fällt ihm auf und das geschieht nicht aus blindem Zufall. Seine alten, vagen Gedanken sind mit der Zeit in Argumente eingegangen, haben aber etwas Frisches, ja Unbeherrschtes nie verloren. Sie öffnen ihm noch immer die Augen. Diese merkwürdigen Denkerfahrungen lassen Weltsichten deutlicher hervortreten, die er ohne diese lebenslange Geschichte nicht bemerkt hätte.

Ohne die Episode philosophisch auswringen zu wollen, finden sich Anklänge ähnlicher Geschichten in vielen Biographien. Paul Valéry, aufgewachsen an der französischen Mittelmeerküste, empfand sich nie als ein „Philosoph". Er wollte nicht das das große philosophische Wort führen, bittet aber seine Leser um Mithilfe: „Legen Sie sich doch einmal die Frage vor, wie ein philosophischer Gedanke entstehen mag. Was mich betrifft, so kann ich, wenn ich mir die Frage stelle, nicht umhin, mich im Geiste sogleich in den Küstensaum irgendeines wunderhellen Meeres zu versetzen. Dort sind die sinnenhaften Bestandteile [...], in deren Schoß der allgemeine Gedanke, die umfassendste Frage keimt [...]."[3]

Bevor wir mit Paul Valéry an der zauberhaften Küste endlos spazieren und diesem Buch verloren gehen, würde ich Sie gern noch etwas fragen. Ich möchte Ihnen Fragen über Fragen stellen.

***

Waren die Fragen auf den vorangegangenen Seiten die richtigen Fragen für Sie?
Hatten Sie Lust, diese Fragen nicht sich, sondern anderen zu stellen?
Wem denn?
Sucht man sich die richtigen Fragen selbst aus?
Können andere besser die Fragen finden, die Sie überraschen?
Hätten Sie Lust, solche Fragen überhaupt zu beantworten?

***

3. Kapitel
Theorie als Scheuklappe und Sehhilfe

Unser Denken kann die ganze Welt in die Tasche stecken. Das geht ganz einfach: Voller Kopf sieht nicht gut. Er denkt die Welt förmlich weg. Der Geist ist dann zufrieden wie der vollgefressene Löwe, den keine Gazelle vor seiner Nase aus der wohligen Lethargie reißt. Die Sinne mögen sich noch so emsig ums Gegenteil bemühen, der Kopf ist und bleibt besetzt. Was ihm zugetragen wird, lässt er faul ins Leere laufen. Der Mensch, bei dem das geschieht, ist gerade anderswo oder wenig bis gar nicht interessiert. Anderswo sein, das ist die ursprüngliche Bedeutung des Wortes *Alibi*. Der Mensch ist abwesend und eben nicht dort, wo andere ihn vermuten oder gerne hätten. Wo ist dieser Mensch eigentlich, wenn ihm sein voller Kopf kein Quäntchen Aufmerksamkeit für die Umwelt übrig lässt, die er mit anderen teilen könnte?

Der Vergleich des übergewichtigen Denkens mit Narkotika oder mit Drogen einer etwas milderen Art ist alt und abgegriffen. Er trifft nur bedingt den Kern. Der volle Kopf ist nämlich erheblich näher an der Welt, als diese ahnt. Ihm gelingt es erstaunlich gut, sich die Welt zurecht zu machen und die Ausschnitte festzulegen, die ihm überhaupt in die Quere kommen dürfen. Übung macht hier den Meister. Passende Brillen und praxisgängige Philosophien helfen ein wenig nach, schon wird die Welt zu „unserer“ Welt. Sie wird, ungeachtet aller tatsächlichen Größenverhältnisse, in unsere persönliche Sichtweise eingemeindet. Vom zweifelhaften Glück, in diesen Dunstkreis unserer Erwartungen, Erklärungen und Inbesitznahmen aufgenommen zu sein, ahnen weder die Welt noch deren Bewohner in der Regel viel.

So kommt es, dass die Welt in unserem Kopf manchmal schlechte Karten hat. Ihr bleibt da wenig anderes übrig, als sich unserem Spiel zu fügen, das auf Verlässlichkeit und Berechenbarkeit aus ist. Wir richten „unsere“ Welt ein. Das tun wir einzeln wie auch kollektiv. Die Produkte unseres Denkens offenbaren sehr anschaulich, dass die menschliche Welt eine durch und durch gemachte Welt ist. Schauen Sie sich um: Was sehen Sie vor sich, das nicht durch den planvollen Eingriff des Menschen hergestellt wurde oder fundamental geprägt ist? Falls Sie einen Baum vor dem Fenster erblicken (Glückwunsch!): Glauben Sie, reine Natur zu sehen, weil sie die Hand des Gärtners, der ihn gepflanzt hat und im Notfall versorgt, nicht im Blick haben?

Würde uns diese banale, aber selten präsente Einsicht daran hindern, mit voller Brust der Überzeugung zu sein, wir lebten in „der Welt", die völlig unabhängig von uns ihre Bahnen zieht? Sie sei eben unser garantiertes Erbteil als Lebewesen und als Mensch. Vielleicht verstehen wir sie nicht völlig, aber in wesentlichen Fragen doch und für Alltagsbelange reiche das doch allemal. Wir sind zufrieden. Irgendwie funktioniert ja alles. Der Strom kommt aus der Steckdose und die Flugzeuge fallen nicht vom Himmel. Die Fortschritte der Wissenschaft und der Technik belegen, wie erfolgreich unsere Theorien die Welträtsel bewältigt haben. Was sich in der Praxis so eindrucksvoll bewährt, kann in der dahinter stehenden „Philosophie" so falsch nicht sein. Scheitert eine unserer wissenschaftlichen Theorien, modifizieren wir sie – die neue steht schon in den Startlöchern. Sie schaltet die erkannte Fehlerquelle aus, bis dann die nächste Runde eingeläutet wird.

Die kommende Theorie wird auch eine mit kurzer Lebensdauer sein. Das zukünftige Scheitern ist für den *Newcomer* ebenso wahrscheinlich wie sie für die gerade abtretende Theorie aktenkundig geworden ist. Wir irren uns immer, aber immer intelligenter. Nicht alle Beteiligten werden Trost aus den Worten Karl Raimund Poppers ziehen: Das ließe sich durchaus verkraften. Der Fortschritt sei so. Besser, Theorien gehen unter als Menschen oder ihre Welten, weil niemand aus Schaden klug werden will. Popper forderte von jeder wissenschaftlich relevanten Aussage, dass sie falsifizierbar ist. Eine Aussage, die man in der Wissenschaft nicht nachprüfen kann, mag eine interessante Anregung sein, mehr ist sie nicht.[1] Eine Theorie, die durch Kritik und Falsifikation gar nicht scheitern kann, stellte seiner Ansicht nach eine Mischung aus Vorurteil, Augenwischerei und Verführung dar.

Welche unserer Alltagstheorien, mit denen wir durchs Leben gehen und die wir gern mit philosophischen Sentenzen unterfüttern, ließe sich jemals „falsifizieren"? Der Versuch hätte Ähnlichkeit mit dem unsinnigen Plan, Sprichwörter auf den philosophischen Seziertisch zu legen. Freut sich wirklich immer der Dritte, wenn zwei sich streiten? Hat Morgenstund Gold im Mund und das Handwerk einen ebensolchen Boden? Solche klingenden Versatzstücke sprudeln aus unzähligen Mündern. Nachdenklichkeit benötigen sie nicht. Eine ausgefuchste Theorie steckt nicht dahinter, obgleich wir gern so reden, als hätten wir eine in petto.

Sind wir, die Kommentatoren des Glücks und Unglücks anderer, nicht stolz darauf, aus überlegener Erfahrung zu reden, ohne bei irgendeinem Schwätzer nachgeblättert zu haben? Unsere Worte sprudeln spontan und klingen sehr verbindlich. Wir sind kompetent und ansprechbar. Die volle Lebenserfahrung ist mit uns und wir sind deshalb in der Lage, anderen ganz leicht Orientierung und Rat zu geben. Müssen wir überhaupt so genau wissen, was eigentlich der Fall ist? Meist reicht eine simple Mustererkennung aus, und wir wissen, um welchen Typ Problem es sich gerade handeln dürfte. Daraufhin teilen wir Sinn aus, als schöpften wir aus dem Vollen.

Mit fünfzig Jahren geht ein Mann ins Krankenhaus, Verdacht auf Krebs. „Fünfzig ist doch kein Alter", so klingt es unter Nachbarn vor seinem Haus. Was will das sagen? Dass das Karzinom sich an Altersgrenzen zu halten hat, die den so weise Daherredenden geläufig sind? Dass eine geheime Ordnung existiert, die vom Schicksal und dessen molekularen Bundesgenossen einzuhalten ist? Läuft alles mit dem armen Kranken schief, hat es die Stimme vom Bürgersteig natürlich ganz anders gemeint. Der Satz „Fünfzig ist doch kein Alter" war schon der Auftakt zu einer Trauerrede, die die Ungerechtigkeit des frühen Todes zu einem Zeitpunkt beklagte, an dem andere Nachbarn noch so naiv waren, an die baldige Genesung zu denken. Wer dem Unheil zuerst furchtlos ins Auge gesehen hat, darf sich später eine besondere Einsicht zugutehalten. Der einzige Bundesgenosse, den er braucht, besteht aus einem universal einsetzbaren Satz, der genug Flexibilität im Gebrauch erlaubt.

Theorien sind solche Wortspiele beileibe nicht. Widerspruchsvolle Erfahrungen können auf diese Weise locker in alles integriert werden, was einfach dahergesagt wird. Notfalls helfen ein tiefer Seufzer und der schweigende Blick in die Ferne, die Karten neu zu mischen und ein anderes Spiel zu eröffnen. Konfrontiert haben wir uns auf diese Weise mit nichts, obwohl unser Kopf nicht einmal sehr voll war. Ist das ein Kennzeichen der „Theorien", mit denen wir in unserem Alltag unterwegs sind? Sie ordnen die Welt schön übersichtlich. Wir stellen Ruhe her, im Inneren wie im Äußeren, Wir schaffen Überblick, Verlässlichkeit, auch Sicherheit. Schnell gehen wir wieder unserer gewohnten Wege, denn wir besitzen ein geheimes Sinnpolster. Das funktioniert wie ein Puffer, der uns drängende Fragen und drohende Sinnkrisen vom Leibe hält. Womit dieses Poster ausgestopft ist, wissen wir selten anzugeben. Dass es Schläge abhält und beruhigend wirkt, wissen wir aus Erfahrung. In unserem Alltag sind wir unterwegs wie Autofahrer, die jeden Tag dieselbe Strecke fahren. Abends können wir uns beim besten Willen nicht vergegenwärtigen, was wir auf der Stecke eigentlich gesehen haben. Wozu sollten wir auch? Der routinierte Alltag rückt alles in eine merkwürdige Distanz. Er packt unsere Erfahrungen in Watte ein. Wie Traumwandler agieren wir in Szenen, die allesamt zu Kandidaten für das schnelle Vergessen werden. Das vergrößert unser ungelebtes, halb verschlafenes Leben – Tag für Tag, Jahr für Jahr.

Dieser Haltung entsorgt uns und die Welt im Nebel. Steht eine „Theorie" dahinter? In der Regel haben wir kaum Interesse daran, abzugrenzen oder umsichtig zu bestimmen, mit welchen Erwartungen, Annahmen oder Verständnismustern wir im Alltag unterwegs sind. Unterbricht kein Konflikt unsere Fahrt oder erzwingt kein Hindernis einen Richtungswechsel, fahren wir auf Sicht weiter. Wir sind im Kopf ganz woanders oder schon halb am Ziel. Seltener schauen wir in den Rückspiegel. Ist gerade Geburtstag oder werden wir zu irgendeinem Kassensturz genötigt, setzen Rituale des Rückblicks ein. Wir blättern zurück und können uns auch hier auf unsere Routine verlassen. Die Bilder, die wir sehen werden, kennen wir schon. Wahrscheinlich haben wir den passenden Spruch dazu schon im Hinterkopf. Die Geschichte, die uns scheinbar spontan einfällt und die wir dann liebend gern erzählen, ist eine gute alte Bekannte. Mit ihr gingen wir schon oft hausieren.

Was soll da Philosophie? Philosophie, um die es uns hier geht, ist die Kunst, sehen und denken zu lernen. Das ist möglich, erfordert aber einige grundlegende Änderungen. Über alles gehen wir schnell hinweg, wenn wir glauben, etwas bereits zu wissen. Wissen erteilt Dispens: Wer weiß, muss nicht mehr hinschauen. Weitere Neugier lässt sich guten Gewissens sparen. Ein zweiter Blick ist überflüssig, die Sache ist abgeschlossen. In diesem Sinne verhindert voreiliges Wissen das Denken, das die Philosophie erst richtig in Gang bringt. „Theorien sind gewöhnlich Übereilungen eines ungeduldigen Verstandes, der die Phänomene gern los sein möchte; und an ihrer Stelle deswegen Bilder, Begriffe, ja oft nur Worte einschiebt."[2] Johann Wolfgang Goethe schrieb das, sehr zum Ärger vieler Philosophen – der nicht ganz unberechtigt war. Bei unseren Bemühungen um die Chancen und Abgründe der Alltagsphilosophie trifft Goethes Satz ins Schwarze. Die Frage ist: Geht es auch anders? Öffnen uns „Theorien" womöglich auch die Augen? Immerhin sagt ein

Sprichwort, das fälschlicherweise Goethe zugeschrieben wird, man sehe nur, was man weiß.

Wissen müsste demnach die Sehfähigkeit auch bedeutend steigern können. Wir gehen erstmals in unseren neuen Schuhen, fahren mit dem neuen Fahrrad, haben zum ersten Mal den neuen Rucksack auf dem Rücken. Schon sehen wir diese Schuhe, dieses Fahrrad und diesen Rucksack an jeder Ecke. Unzählige Menschen sind damit unterwegs; früher wären sie uns gar nicht aufgefallen. Das Phänomen heißt selektive Wahrnehmung. Sie ist ein deutlicher Hinweis darauf, wie leicht sich unsere Sehfähigkeit steigern und intensivieren lässt. Schon ein recht banaler Bezug zu uns selbst bewirkt, dass Menschen und Dinge unsere Aufmerksamkeit stärker anziehen. Philosophisches Denken könnte uns in erheblich weitreichenderem Maße die Augen öffnen. Es intensiviert und verbreitert die Beziehungen zwischen uns und der Welt.

Das ist leicht vorstellbar. Spinnen wir uns im Kopf eine Philosophie aus, in der die Farbe Blau eine so große Rolle spielt wie die blaue Blume für die Romantik. Es steht zu erwarten, dass wir, wären wir soeben mit dieser Philosophie beschäftigt, kein blaues Auto auf der Straße ungesehen passieren lassen. Das ist aufschlussreich, stellt aber noch keine Philosophie dar. Eine Philosophie, die auch im Alltag ihren Namen verdient, müsste mehr im Schilde führen: Wir beobachten die Welt nicht einfach gemäß unserer Vorgaben oder Vorlieben. Wir entdecken mehr und wir entdecken Unerwartetes, das der Philosophie wiederum Farben, Inhalte und Konkretionen zufügt, die sie zuvor nicht hatte. Erst durch diese Aktivität beweist sie ihre Relevanz als Denk- und Sehhilfe. Eine solch Philosophie ist natürlich mit keiner akademischen Übung vergleichbar, noch ist sie das Produkt einer Stimmung, die wie eine Sektlaune über die Welt hinwegperlt. Im Alltag wird sie keine Ferien vom Ich an blauen Wellness-Lagunen anbieten wollen.

Alltägliche Philosophie ist aus einem schlichten Grund weit davon entfernt, ein beliebiges Denken zu sein: Es geht um etwas. Geht es uns im Kopf herum, fordert es uns heraus. Kommt ein Gedanke, sucht er unser Verständnis und damit den nächsten Gedanken, der ihn wirklich fortsetzt. Steht eine Frage im Raum, muss irgendwo eine Antwort möglich sein. Werden wir nachdenklich, hallt etwas in uns nach und wir lauschen sensibel seinem Echo. Kritisieren wir etwas, wollen wir etwas anderes anstelle des Gebotenen sehen. Äußern wir uns, wollen wir gehört werden und erleben, dass Worte Wirkungen haben. Legen wir unsere Gedanken zurecht, möchten wir gern wissen, ob sich daraus wirklich eine Figur, ein Gegenstand, ein Thema ergibt. Sinnen wir nach, glauben wir, dass irgendwo eine Antwort warten könnte, vielleicht sogar nebenan. Suchen wir Worte, ahnen oder wissen wir, dass die alten doch nicht passen. Finden wir Worte, sind sie neu, aber manchmal haben wir sie seit langer Zeit erwartet. Staunen wir, dann wissen wir in dem einen klaren Moment wenig und schauen im nächsten umso besser hin.

Kurzum: Diese Philosophie sucht die Aufmerksamkeit für das, was uns in der Regel entgeht. Man könnte sie als einen Protest gegen die Licht- und Schattenführung im Alltag verstehen. Wir heben etwas hervor und anderes verschwindet dadurch in der Versenkung. Wir tun etwas und lassen notgedrungen etwas anderes liegen. Was übersehen wir, wenn wir sehen? Was löschen wir aus, ohne es jemals bewusst gewollt zu haben? Welche Gedanken verscheucht unser alltägliches Denken geradezu? Das wollen wir durchschauen. Wir wollen es nicht einfach wissen in dem Sinne, dass am Ende zwei oder drei erklärende Sätze dastehen, wir zufrieden nicken und alles weitere abhaken. Solche Abstraktionen werden schnell fahl und blass, wenn es um unser eigenes Leben geht, das jeden Tag eine andere Geschichte schreibt. Etwas macht uns unruhig. Wir fühlen ein Unbehagen, das wir nicht einfach der Kultur oder der Zivilisation als ewige Frage in die Schuhe schieben wollen.[3] Der gewohnte Spagat zwischen Sehen und Übersehen, zwischen Denken und Wegdenken, zwischen unseren Ideen und unserer Alltagspraxis lässt den aufrechten Gang torkeln. Plötzlich bemerken wir es. Wir suchen etwas anderes. Weil wir es suchen, entsteht die hintergründige Hoffnung, dass es auch zu finden sein könnte.

Ist das selektive Wahrnehmung? Falls ja, so hat sie die oben erwähnten Spielregeln des Produktlebens ins blanke Gegenteil verkehrt. Sie lässt uns sehen, was zu uns gehört, üblicherweise aber aus dem Kreis des Sichtbaren ausgeschlossen bleibt. Wir werden aufmerksam auf die Differenzen, die wir tagtäglich produzieren: Zwischen unseren offen verkündeten Absichten und den tatsächlichen Handlungen, zwischen unserem herausgestellten Selbstbild und dem ganz anderen Bild, das uns Fremde immer wieder widerspiegeln. Wir generieren Diskrepanzen.[4] Unsere politische Willensbildung deckt sich selten mit unserer Lebenspraxis. Wir setzen auf Verlässlichkeit und fliehen doch das Immergleiche. Gern sind wir organisiert, ungern lassen wir zu, dass andere das von uns erwarten und der Hauch des Pedantentums auf uns fällt.

Ständig erzählen wir dieselben Narrative über uns, über unser Leben und unsere Gedanken, spüren insgeheim aber, dass wir andere erzählen sollten. Wir passen wunderbar in unsere Rollen, mögen andere aber nicht, die einfach wunderbar in ihre Rollen passen. Wir hören nur mit halbem Ohr zu und hoffen, dass andere uns mit anderthalb Ohren lauschen, um die vielfältigen Zwischentöne in unseren Narrativen mitzubekommen. Wir halten uns für normal, manchmal auch für verrückt, je nachdem, was gerade gut ankommt, glauben aber, dass wir am Ende selber entscheiden, was zutrifft.

Am Ende der Zickzackkurse werden wir doch skeptisch. Das ist ein guter Beginn der philosophischen Reflexion. Skepsis ist allerdings kein Wunschbegleiter durch den Alltag. Sie macht vieles schwerer und sieht Probleme, wo vorher keine waren. Doch erleichtert sie auch, Schatten zu sehen oder zu erahnen, wenn die Beleuchtung blendet und wir uns kaum mehr aussuchen, wohin unser Blick wandert. Nicht aus bloßer Lust am Widerspruch geschieht dies. Es geht um eine fundamentale Einsicht, ob der zerrissene Lauf unserer Dinge die Macht hat, uns zu depressiver geistiger Starre, zur Flucht ins Schweigen, zum simplen Ausagieren unserer Spannungen oder zur Anpassung an ihre Drift zu verführen. Es sind gerade die stumm geschalteten und abgeschobenen Inhalte unserer Erfahrung und unseres Denkens, die hier nicht klein beigeben wollen. Durch sie wird die Philosophie im Alltag ein Aufstand gegen das Vergessen, gegen das Übersehen, letztlich gegen ein Leben, das wir nur zum Teil bewusst erleben.

Insofern bringt uns die Philosophie in Konflikt mit uns selbst, so sehr sie als spontanes Denken, das in unserer Auf-Merksamkeit gründet, der unprätentiöse Ausdruck unseres Denkens und Fühlens ist. Die Philosophie im Alltag ist also ein Zwitter. Sie zielt nicht auf große Werke oder schwer verständliche Systeme ab, die die ganze große Welt erklären sollen, unsere kleine aber dabei aus dem Blick verlieren. Wir halten einen Januskopf in der Hand. Wir wissen, was wir sehen und wir denken, was wir nicht sehen, weil die andere Seite der Münze gerade dem Blick verborgen ist.

Schwerlich werden wir erwarten, gelegentliche und spontane Denkerfahrungen des Alltags machen uns zu einem Gesprächspartner Kants oder Hegels auf Augenhöhe. Die Anmutung, allein darin bestünde ihr Sinn, stellt eine Verdrehung des Begriffs der Philosophie dar. Der philosophische Diskurs wäre so tot wie die lateinische Sprache, wenn er in keiner Alltagssituation oder aus persönlichen Motiven heraus „gesprochen" wird, sondern nur exklusiv von ausgesuchten Spezialisten in artifizieller Schriftform betrieben wird. Auch sie stecken in ihren akademischen Alltagsroutinen. Es ist leicht vorstellbar, dass ein Kant-Spezialist, der tagsüber sein Bestes für sein Fach gegeben hat, des Abends oder des Nachts von eher unqualifizierten philosophischen Fragen heimgesucht wird, die uns hier interessieren. Philosophie darf darüber in Jubel ausbrechen oder sie muss es eben aushalten, dass sie beides ist: Ein Fachdiskurs wie auch das sensible und unplanbare Denkgeschehen, das in der alltäglichen Aufmerksamkeit einsetzt und dort seine vitalen Inhalte kennenlernt.

Erwarten wir vom philosophischen Denken, dass es über alle Alltagsschwankungen die Dignität immergleicher abgeklärter Formen ausbreitet wie eine Kuppel, die Wind und Wetter abhält? Wohl kaum; ebenso wenig rechnen wir damit, philosophische Positionen rotierten mit den Wetterhähnen um die Wette. Es ist unerlässlich, an den fundamental unterschiedlichen Fokus der differenzierten Arten der Philosophie zu erinnern. Von ihrer alltäglich geprägten Form erwarten wir keine fein ziselierten Kunstschmiedearbeiten im Begriffshandwerk. Die akademisch versierten Formen kommen zu achtbaren Ergebnissen, ohne auf die sensible Aufmerksamkeit im Alltag zu setzen. Beide unterscheiden sich auch in anderen Hinsichten. Völlig deplatziert wäre es allerdings, die alltagsgebundene Philosophie als bloße Schrumpfform mit beschränktem Anspruch misszuverstehen. Sie könne im Alltag nur denkend betrachten, was gerade geboten werde, während die „anspruchsvollere" Philosophie ihre Gedanken, Begriffe und systematischen Verknüpfungen von jeder Beliebigkeit freizuhalten versteht.

Tatsächlich ist, so unsere These, die alltäglich geprägte Philosophie erheblich näher bei dem Unterfangen angesiedelt, das man seit der Antike mit dem Wort *theoria* bezeichnete. Das Wort hat seither eine Verkehrung seiner Bedeutung erlebt. Für Platon bestand das Ziel der Philosophie nicht im Erklären der Ideen, die Geist und Kosmos lenken – es war die *Schau* der Ideen, die dem philosophischen Denken den letztmöglichen Schlusspunkt setzte. Dieses Anschauen nannte man *theoria*. Davon wich auch Aristoteles nicht ab. In seiner *Nikomachischen Ethik*[5] bezeichnete er das betrachtende Leben des Philosophen als das glücklichste. Man kann der *theoria* zuarbeiten und der Philosoph tut es von Herzen. Doch gibt es keine Kunstfertigkeit der *theoria*; sie ist weder durch Klugheit noch durch technische Geschicklichkeit herstellbar. Sie bleibt ein Schauen, das den Definitionen folgt, sich aber keiner Definition fügt. Keine Definition könnte es umfassen und zeigen, wo seine Grenzen sind. Trotz aller Klarheit wird auch der Schauende denen, die diese Erfahrung nicht teilen, kaum angeben können, was er denn genau geschaut hat. Platon beschreibt das drastisch genug: Da kommt der, der die Sonne gesehen hat, in die dunkle Höhle zurück und erzählt den anderen, deren Augen nur die Finsternis kennen, was er „geschaut" hat. Er macht sich lächerlich. Sie zweifeln an seinem Verstand und es werden sogar Mordgelüste laut, damit dieser Störenfried endlich Ruhe gibt.[6] Denn das Schauen spielt sich bei Platon eben nicht in Alltagshöhlen ab. Ihm war eine besondere Welt reserviert, voller Licht und jenseits aller Täuschungen und Begrenzungen.

In dieser Welt der platonischen Aufstiege spielt unsere Alltagsphilosophie wahrlich nicht. Ihre lichten Momente bieten uns keine Welt hinter der Welt. Wir sind oft nicht einmal der Gedanken sicher, die uns gerade durch den Kopf gehen. Halbgare Ideen, unsortiertes Fördergut aus dunklen Gedächtnisschächten, Luftspiegelungen, die Gedanken aus Stimmungen weben, Wolkenformen, die einmalig sind und eine Lebensdauer unterhalb der Zeit eines Atemzuges haben: Wissen wir immer, was wir da sehen und nun weiterdenken wollen? Wir wissen es eben nicht – oder nur in den eher seltenen Fällen, wenn ein plötzlich auftauchender Gedanke eine Evidenz mit sich bringt, die uns beeindruckt und Sicherheit verspricht.

Der unscheinbare Impuls, es doch wissen zu wollen und nicht alles dem lauernden Vergessen zu übergeben, ist immer wieder die Geburtsstunde der Philosophie. Im Alltag kann uns dieser Moment bewusst werden, manchmal im Sinne einer Entscheidung, ob wir weiterdenken oder abbrechen wollen. Zumeist hat der Moment eine längere, aber unklare Vorgeschichte. Philosophie kommt prinzipiell zu spät; im Staffellauf der Gedankenentwicklung wäre sie der Schlussläufer. Der philosophierende Dichter Robert Musil hat in einem frühen Tagebuch notiert: „Wir denken nicht über etwas nach, sondern etwas denkt sich in uns herauf. Der Gedanke besteht nicht darin, dass wir etwas klar sehen, das sich in uns entwickelt hat, sondern dass sich eine innere Entwicklung bis in diesen hellen Bezirk hinein erstreckt."[7]

Da stehen keine Common-Sense-Weisheiten auf der Agenda. Griffige Sprichwörter mit philosophischem Touch werden nicht für den gefälligen Diskursgebrauch gebacken. Die unscheinbare Philosophie im Alltag hat weder die Kraft noch das Ziel, die Denkenden aus der Profanität in eine hellere, eine geistigere Welt zu entführen, als stiegen sie aus der U-Bahn in eine Luxuskarosse um. Es wäre falsch, dies als Beschränkung oder Schwäche zu verstehen und zu folgern, im Alltag sei die Philosophie nur ein anspruchsloses Surrogat ihres „echten" Vorbildes. Seien wir ehrlich: Wenn Philosophie in der alltäglichen Lebenswelt keinen Platz finden kann, müsste man sie als vom Aussterben bedrohte Spezies deklarieren. Deren museale Relikte vegetieren dann in akademischen Schutzgebieten und sind wochentags im Seminar zu besichtigen. Der andere Rest der Philosophie sei dem grassierenden Artensterbens längst zum Opfer gefallen.

Philosophie bedeutet heute, innerhalb der profanen Realität zu denken. Seit Jahrhunderten hat ihre profunde Selbstkritik den stolzen Schein sakraler Würde, metaphysischer Weltüberlegenheit oder überzeitlicher Geltung als Luftgeschäft entlarvt. Die Kritik klingt souveräner als die Konsequenz, nach der die Philosophie ein nüchternes Weltverhältnis aufzubauen hätte. Nicht selten sucht sie heute ängstlich Schutz vor den Alltagswelten, die sie immer weniger versteht. Sie findet ihn vor allem im akademischen Gehege oder in den gesellschaftlichen Nischen, in denen kulturelle Traditionen anerkannt, geachtet oder wie ein ausgestorbenes Handwerk gepflegt werden. Eine Lösung ist das nicht, eine Notlösung vielleicht.

Was kann man mit Hilfe der Philosophie im Alltag denken und erkennen? Sind ihre Theorien geeignet, unseren Blick zu schärfen und Konstellationen sichtbar werden zu lassen, die nicht allein von akademischem Interesse sind? Einen wesentlichen Umbruch der Philosophie seit Mitte des 20. Jahrhunderts markiert Ludwig Wittgenstein in den *Philosophischen Untersuchungen*: „Hier ist es schwer, gleichsam den Kopf oben zu behalten, – zu sehen, dass wir bei den Dingen des alltäglichen Denkens bleiben müssen, um nicht auf den Abweg zu geraten, wo es scheint, als müssten wir die letzten Feinheiten beschreiben, die wir doch wieder mit unseren Mitteln gar nicht beschreiben könnten. Es ist uns, als sollten wir ein zerstörtes Spinnennetz mit unsern Fingern in Ordnung bringen."[8]

Bleiben wir bei alltäglichen Dingen, dann werden wir unzählige „Theorien" in den Blick bekommen. Die Moderne lebt geradezu im Spinnennetz unterschiedlichster Theorien, die wie unsichtbare Fäden den Alltag durchziehen und ihre Selbstverständlichkeiten auch aus unserem Mund verkünden. Nicht wenige gehen ursprünglich auf die wissenschaftliche Forschung und Praxis zurück. Sie klären über Zusammenhänge, Potentiale oder Gefahren auf, die ohne sie niemand klar vor Augen hätte. Sie erschließen die moderne Welt, wie dürftig oder notdürftig auch immer. Die technisch gemachte Welt funktioniert, auch ohne dass wir sie verstehen. Wissenschaftlich fundierte Informationen werden dem Alltag bei Bedarf wie ein Fußboden unterlegt und gegebenenfalls ausgetauscht. Man schaut nur kurz hin, geht achtlos über die ausgelegten Grundlagen hinweg, nickt, hat einiges vielleicht halb versanden und ist froh, wenn man nicht ausrutscht.

„Der Mensch wird zum unbeteiligten Zuschauer, Überschauer der Welt, er wird zum Philosophen", erklärte Edmund Husserl in einem Vortrag aus dem Jahr 1935.[9] Das bedeutet nicht, dass der Mensch in die Riege der Philosophen eintritt. Die Philosophie spaltet sich auf: Hier die „Berufsgemeinschaft der Philosophen" und dort die denkenden Bürger. Ihr Denken greife wenig in den Lauf der Dinge ein, wecke aber neues Interesse an der Kultur. Zugleich werden die ambitionierten Welterklärungen alter Zeiten ohne viel Federlesens auf die Fabulierbank verwiesen: In trauter Runde versammeln sich dort mythische Erzählungen, religiöse Glaubensartikel oder die kühnen philosophischen Lösungen der Rätselfragen aller Welt. Ganz aus der Gegenwart sind auch sie nicht gefallen, wie gelegentliche aktuelle Konjunkturen zeigen. Aus eigenwilligen Mixturen von Wissenschaft und Mythos werden angesagte Erleuchtungen für die Sanften gestrickt oder politische Verschwörungen für die Deftigeren geschmiedet. Der Alltag ist also alles andere als eine theoriefreie Zone.

Wie lernt man im eigenen Alltag philosophisch sehen? Ein Weg wäre, dort weiterzudenken, wo Theorien das nicht tun oder nicht tun können. Welche Theorie klärt auf über die existenzielle Lage eines individuellen Menschen? Ausgefeilte und statistisch abgesicherte medizinische Modelle können einer Gesellschaft zuverlässig Erkrankungsrisiken bis hin zu molekularbiologischen Details prognostizieren. Einem individuellen Menschen garantieren sie nicht, ob oder wie er betroffen sein wird. Das Individuum ist und bleibt der blinde Fleck der Theorie. Glücklicherweise kann dieser blinde Fleck denken und sehen, und das in erheblichem Umfang und manchmal sogar beeindruckend selbstständig.

Wer in diesen Kontexten selbstdenkend hinschaut, begeht zwangsläufig ein Sakrileg: Hier wird zusammen gesehen und gedacht, was nicht in jedem Fall zusammen passen wird. Philosophieren führt zwangsläufig dazu, Beziehungen sichtbar zu machen: gewünschte wie verschwiegene, informative, harmlose, demaskierende, aber auch prekäre. Der umfassende und freiere Blick ist ein nobles Unterfangen der Philosophie inmitten des modernen Alltags. Auf simple Erklärungen ist er nicht aus. In die banale Konkurrenz zu den Theorien unterschiedlichster Provenienz stellt er sich nicht.

Ein denkendes Hinsehen betreibt keine Besserwisserei. Es führt zu Fragen, deren Hartnäckigkeit durch ausweichende oder ausbleibende Antworten natürlich enorm zunimmt. Der philosophisch inspirierte Kritiker wird Gründe für seine Kritik haben und neue kommen schnell hinzu. Er wird nicht behaupten wollen, in jedem Fall kompetenter zu sein als der von ihm Kritisierte. Amtsanmaßung ist nicht die Voraussetzung seiner Kritik. Aber auch Laien dürfen rechtens die Entwicklung einer Wissenschaft kritisieren und Patienten ihren Ärzten widersprechen. Sie haben das Recht, zu denken und zu sehen. Philosophie verbindet beide in anspruchsvoller Weise. Sie wirkt der Stummschaltung des Dialoges entgegen, wenn Theorien sich als alternativlos positionieren und den kritischen Blick einengen.

Entscheidend ist ein philosophisches Denken, das sich Dissonanzen aussetzt und auf den eigenen Blick nicht verzichten wird. Gern denkt man in diesem Zusammenhang an das Wort Theodor W. Adornos: „Die fast unlösbare Aufgabe besteht darin, weder von der Macht der anderen, noch von der eigenen Ohnmacht sich dumm machen zu lassen.“[10]

4. Kapitel
Warum gerade Ich?

Darf ich Sie entführen in einen wunderschönen alten Theatersaal? Noch ist er spärlich beleuchtet. Dort ist für uns ein fürstlicher Logenplatz reserviert. Gerade haben wir es uns gemütlich gemacht, da kommt Bewegung in den Vorhang. Der Saal wird still. Wir sitzen in der Augsburger Puppenkiste des Weltgeistes. Es treten auf: Die berühmtesten Philosophen. Jeder wird drei unsterbliche Sentenzen zum Besten geben. Hatten wir uns das so vorgestellt? Platon wandelt gemessenen Schrittes, Sokrates bockt mit seinen dürren Satyrfüßen etwas herum, während Augustinus den Kopf gen Himmel verdreht. Kant imitiert die gleichförmigen Bewegungen einer Uhr und Nietzsche kitzelt mit den Spitzen seines horrenden Schnurrbarts ein Götterbild, das einfach nicht lachen will. Regisseur des Stückes ist ein gewisser Fynn Hegel, ein ferner Nachkomme des großen Philosophen, der eine kürzlich aufgefundene Notiz des Altvorderen in sein Theaterstück umgesetzt hat.[1] Der Plot ist simpel: Alle Philosophen werkeln an der Realisierung der Philosophie, so gut sie es in ihrer Zeit vermögen. Wer später denkt, ist besser dran, denn er fährt seine eigenen Früchte und die der Vorgänger in die Scheuer ein. Denn: „Die letzte Philosophie ist das Resultat aller früheren; nichts ist verloren, alle Prinzipien sind erhalten.“[2] Wir müssen also bis zum Ende bleiben, um nichts zu verpassen. Leider zieht sich das Stück träge dahin. Die allseitige Verwirrung nimmt spürbar zu und ein Finale, das alle Rätsel löst, scheint in immer weitere Ferne zu rücken. Wir rutschen unruhig auf dem roten Plüschsessel hin und her.

Je später die Akte, desto langweiliger der Abend. Unsere eigene Phantasie wird rege. Sie hilft uns über die trüben Minuten hinweg. Kennen auch Sie Philosophen, die sich für ein solches Marionettenstück eignen? Bringen Sie sie ruhig mit. Setzen wir sie mit ein wenig Phantasie auf die Bühne. Was werden die dort sagen, inmitten dieses illustren Kollegiums? Oder würden Sie für Ihre Philosophen (wie viele wären es denn?) lieber eine Extraszene vorsehen, in der die anderen Denker hinter der Bühne gerade Pause machen? Kommen wir zur Königsfrage: Würden Sie am Ende gern selbst in diesem hoch artifiziellen Ensemble mitwirken wollen? Wo denn – auf der Bühne ganz allein, oder flankiert von

Ihren ausgesuchten Philosophen? Oder zieht es Sie in die unsichtbaren Ecken, wo Sie Teile des Stückes umschreiben oder als Strippenzieher im Verborgenen mitwirken? Natürlich will ich nicht ausschließen, dass Ihnen überhaupt mehr Abstand lieb ist, dass Sie lieber Ihren eigenen philosophischen Gedanken nachgehen, als überhaupt in einem solchen Stück aufzutreten.

Muss uns denn die ganze Welt beim Philosophieren zuschauen? Wollen wir zum gläsernen Kopf werden, wenn wir philosophieren? Man sagt etwas und postwendend sind Rückfragen und Kritik da. Wenn wir ständig unsere Gründe offenlegen müssen und, falls die nicht stichhaltig sind, immer weitere aus unserem Hinterkopf nachlegen müssen? War das so gemeint? Wir hatten etwas gedacht und wollten es einfach sagen. Das sollte keine große Angelegenheit werden. Wir wollten vielleicht nicht einmal große Behauptungen in die Welt setzen. Plötzlich sieht alles so aus, als philosophierten wir vor allem deswegen, weil wir Recht haben wollen. Und wenn wir Recht haben, können andere eben nicht Recht behalten. Schon streitet man sich um ein knappes Gut: Wer hat Recht – Du oder Ich?

Wir denken doch nur. Beginnen wir wirklich, unseren schüchternen Gedanken zu folgen, weil uns daran liegt, uns alsbald mit der ganzen philosophischen Welt zu streiten? Wir staunen manchmal nicht schlecht, dass uns eine Mixtur aus offener Debattenkultur und verdeckter Streithanselei erwartet. Ab diesem Zeitpunkt sollte man sich keine Blöße geben, das ist sicherer. Wo sind wir da nur hineingeraten? Wer hat uns eigentlich darauf verpflichtet, ausgewogen sein zu müssen? Müssen wir ständig Gründe für unsere Gedanken parat haben, als sei alle Welt nur darauf bedacht, ihre Schwächen zu finden und sie uns genüsslich um die Nase zu reiben? Warum sollen wir an alles Mögliche denken, nie aber einfach den Gedanken folgen, die uns gerade durch den Kopf gehen? Haben wir jemals zugestimmt, dass uns der Eintritt in die „Philosophie“ unzählige Themenspektren wie ein neues Pflichtpensum aufbrummt, quasi durch Hintertür? Sobald wir unser Denken als Philosophie verstehen, kann es ungemütlich werden. Was, bitteschön, soll dabei wohl herauskommen?

Das sind recht persönliche Fragen für alle, die nicht gerade diplomierte Berufsdenker und deshalb um abrufbare Antworten nicht verlegen sind. Nehmen wir die Fragezeichen weg, dann entpuppen sich die Sätze als profunde Unmutsäußerungen. Ganz unbekannt sind diese auch in der Philosophie nicht. In klassisch gewordenen Texten klingt das Missfallen etwa so: „Was soll nicht alles Meine Sache sein! Vor allem die gute Sache, dann die Sache Gottes, die Sache der Menschheit, der Wahrheit, der Freiheit, der Humanität, der Gerechtigkeit; ferner die Sache Meines Volkes [...]; endlich gar die Sache des Geistes und tausend andere Sachen. Nur *Meine* Sache soll niemals Meine Sache sein. ‚Pfui über den Egoisten, der nur an sich denkt!'"[3] Der Autor Max Stirner wollte, eine Generation nach Georg Wilhelm Friedrich Hegel, Egoist sein – weil alle anderen noch größere Egoisten waren. Er forderte eigentlich nichts, was nicht längst in Kraft und allgemeine Praxis war. Die Offenlegung der verschwiegenen Selbstverständlichkeiten lief dennoch auf einen saftigen Skandal hinaus. Stirner ahnte es rechtzeitig. Er schrieb über sein Buch das Motto: „Ich hab' Mein Sach' auf Nichts gestellt."[4]

Voltaire sagte es geschliffen mit der Kunst des Degenfechters, der Stiche parieren kann: „Wie man nicht schreibt, um den Menschen zu beweisen, dass sie ein Gesicht haben, so braucht man ihnen auch nicht zu beweisen, dass sie sich von Eigenliebe leiten lassen. Diese Eigenliebe dient unserer Selbsterhaltung. Insofern gleicht sie dem Fortpflanzungsorgan. Auch dieses ist unentbehrlich, ist uns lieb und wert, bereitet uns Freude – und wir müssen es verstecken."[5] Wer nur für sich denkt, hängt beileibe keinen unfruchtbaren Gedanken nach. Er verabschiedet sich überhaupt nicht als sozialer Mensch, noch stiehlt er sich aus der Kommunikation. Er gibt anderen gerne die Hand, mag es aber nicht, wenn er einmal nur den kleinen Finger gibt und gleich die ganze Hand weg ist.

Verwickelt das philosophische Denken die ahnungslosen Anfänger in die Geschäftsbedingungen eines riesigen *Joint Ventures*? Hegt es Zumutungen, auf die man ungesehen eingeht, weil man einfach nur mitmacht? Man muss es offen und nachdrücklich zugeben: Das ist leider so! Die Position des Selbstdenkers ist prekärer als erwartet. Ein kleines Beispiel gefällig? Von welchem Künstler erwarten wir bei einer Vernissage eine bündige Antwort auf die Frage, was seine Kunst mit der blauen Periode Picassos verbinde und worin sie sich wiederum vom großen Meister unterscheide? Der Künstler könnte darüber lauthals lachen. Das Publikum lacht mit. Niemand nähme ihm oder dem Fragenden die kleine Episode krumm. Mit Picasso unter einem Hut zu firmieren ist Lob genug. Die Sache ist damit erledigt und alle können zufrieden sein. Die Frage an den Privatdenker-Philosophen, ob ihm denn klar sei, wie viel Hegel in seinem ach so spontanen Gedanken stecke, dürfte sich hingegen wie ein Gewicht an seine Laune hängen. Eine bleibende Verunsicherung und nicht etwa ein allseits befreites Lachen wäre die wahrscheinliche Folge. Alsbald dürfte der Verunsicherte eine hektische Internet-Recherche starten, mutmaßlich in adrenalingetränkter Stimmung. Wonach sucht er da? Nach seinen eigenen Ideen – oder nach den Komplikationen, die er der Philosophenzunft verdankt?

Während sich der Künstler genüsslich zurücklehnt und Picasso selig zuprostet, lastet dem Philosophen der angebliche Hegel schwer auf der Seele. Der Künstler ist geehrt, dass man ihn der großen Tradition würdig erachtet. Er sieht sich eine Stufe weiter auf dem Weg zum Olymp. Der Denker plagt sich mit dem unheimlichen Plagiatsverdacht. Sagt der nicht klipp und klar, dass man ihm die Eigenständigkeit seiner Gedanken nicht abnimmt? Dass er für ein selbständiges Denken in diesen Dimensionen ungeeignet ist? Oder verdächtigt man ihn gar, unter dem Mäntelchen der philosophischen Wahrheitsliebe geistige Raubzüge zu unternehmen, um mit Hilfe geplünderter Bibliotheken als egoistischer Blender zu brillieren? Der Vorwurf, da stolziere einer mit falschen Federn herum, demontiert jeden Denker und entzieht seinen Worten allen Kredit. Was tut der Arme jetzt bloß? Für ihn sind es ja seine eigenen Gedanken. Andere glauben, sie seien nur getarntes Diebesgut. Die anderen fühlen sich besser, wenn sie fortan die anerkannten Klassiker der Zunft konsultieren. Und der Gescholtene, der sich keiner Schuld irgendeines Federrupfens bewusst ist? Lässt es ihn kalt und kehrt er zu seinen Gedanken zurück, als sei nichts gewesen?

Der arme Privatdenker dürfte persönlich getroffen sein und sich aussortiert fühlen. Das wiegt umso schwerer, als dass die Philosophie vorgibt, ein offenes und gleichberechtigtes Gespräch zu sein, in dem sich alle Teilnehmer als Gleiche achten und freundschaftlich miteinander verkehren. Ist das tatsächlich der Fall? Das erbauliche und lehrreiche Marionettenstück, das wir aus purem Übermut zu Beginn des Kapitels erfunden haben, hat die Philosophie eigentlich nie aufgeführt. Die Intention, dass am Ende ihrer Gedankenreisen die beste und die reichste Philosophie stehen wird, an der alle mitwirkten und die allgemeinen Applaus erntet, haben viele Philosophen formuliert. Sie entspricht weder der üblichen Praxis der Philosophie noch den Inhalten ihrer Geschichtsbücher.

Seit ihren Geburtsstunden in der griechischen Antike ist die Freundschaft unter Philosophen ein hohes Gut, gepriesen in hymnischem Tonfall. Die Philosophie singt ihr Lied und misstraut dessen Inhalt zutiefst. Sie beschwört die Freundschaft, die fern der Schulen, in denen sie bessere Chancen hat, keineswegs selbstverständlich ist. Unterschiedlichste Philosophen sind derselben Weisheit liebend hinterher. Sie sind allesamt Bewerber, die sich untereinander wie Rivalen verhalten. Das Spiel bleibt aus der Sicht der Weisheit (gr: *sophia*) immer in der Schwebe, weil Sophia einfach keinen dieser Philosophen heiraten wird und damit für Klarheit sorgt. Man könnte die Geschichte natürlich auch andersherum erzählen: Jeder Philosoph ist ein verschmähter Liebhaber, der es nicht lassen kann – was seine Größe ausmacht.

In ihrem Alterswerk *Was ist Philosophie?* bringen Gilles Deleuze und Félix Guattari diese Gemengelage auf den wunden Punkt: „Die Freundschaft enthielte also im selben Maße eiferndes Misstrauen gegenüber dem Rivalen wie zärtliche Gespanntheit gegenüber dem Objekt der Begierde.“[6] Ein wirklicher Austausch unter den Bewerbern finde kam statt. Geschieht das doch, bleibe er in der Regel ohne nennenswertes Ergebnis: „[…] die Philosophie findet keinerlei letzte Zuflucht in der Kommunikation, die potentiell nur Meinungen bearbeitet, um ‚Konsens‘ und nicht Begriffe zu schaffen.“[7] Weit reiche die Einigkeit also nicht. Das fundamentale Misstrauen gegen den Nachbarphilosophen schaffe sie anscheinend kaum aus der Welt. Die Diagnose wird hier und da zutreffen, nebenan aber schon wieder eine maßlose Übertreibung darstellen. Die konfliktreiche und defizitäre Praxis der Philosophie kegelt die zentrale Idee der philosophischen Freundschaft noch lange nicht aus dem Feld. Etwas Vorsicht sei angeraten, um Wunsch und Wirklichkeit besser auseinanderzuhalten. Man beginnt dennoch, den Künstler um sein entspanntes Verhältnis zu Picasso zu beneiden.

Was spräche eigentlich dagegen, anzuerkennen, dass jemand eine ganz frische und gute Idee im Kopf hat, ohne dass ihm klar sein musste, dass diese in einem Buch von Hegel nachzulesen war? Tatsächlich kennt vielleicht nur eine Handvoll Spezialisten die einschlägige Stelle. Laien werden vermutlich nicht darunter sein. Die Antwort hängt also davon ab, wem wir die Frage stellen. Dem Selbstdenker, dem unsere Sympathien gelten, wäre die Verwandtschaft im Denken vielleicht nicht wichtig, oder sie würde ihn freuen oder amüsieren. Der Vertreter der Fachdisziplin sähe das anders. Lässt er diesen Abfluss der Ideen unkommentiert, würde er geradezu einen Autoritätsverlust für sein Fach hinnehmen. Wenn das Schule macht, wird die Philosophie zum Selbstbedienungsladen und wer achtet dann darauf, dass nicht alles aus sinnvollen Zusammenhängen gerissen wird? Wir wiederum sagen als der lachende Dritte: Eine frische Idee ist schlichtweg nicht weniger wert, weil Hegel eine ähnliche hatte. Das Problem ist nicht die Idee, sondern die giftige Konkurrenzsituation.

Die Philosophie ist üblicherweise stolz auf die möglichst reiche Nachkommenschaft ihrer Gedanken. Sie ist Denken, das in andere Köpfe will und dort ein weiteres Leben sucht. Man könnte geradezu sagen, dass Philosophie Migration in Reinkultur ist, weil sie es immer wieder schafft, dass eine Idee sich in Windeseile verbreitet und viele Köpfe verbindet. Das schließt notwendigerweise ein äußerst lockeres Verhältnis zum Begriff des geistigen Eigentums ein. Die fachlich versierten Vertreter der Philosophie teilen dies heutzutage nicht immer. Sie mutieren in Windeseile von Philosophen zu Hütern des Urheberrechts – als ob das einen seit fast 200 Jahren toten Hegel noch interessieren könnte. Routiniert übersehen sie das Kompliment, dass eine Idee, die 200 Jahre auf dem Buckel hat, noch immer wie frisch aus der Wiege hüpfen kann. Warum will man die Uhr überhaupt zurückdrehen und eine Mumie in den Kinderwagen legen?

Der Streit um Plagiate oder nicht genannte Vorläufer funktioniert wie eine *Firewall.* So werden Laien draußen gehalten. Der Ahnungslose wird schnell zum Gejagten. Welcher Gedanke unter der Sonne ist neu? Im Universum der Philosophie taucht jeder im Dutzendpack auf, wenn man nur lange genug sucht. Wer Hegel nicht kennt, weiß eben nicht, ob er ihn unwissentlich plagiiert hat. Der gestrenge Prüfer hat seinen Hegel natürlich intus. Rümpft er bei der Lektüre eines Laientextes die Nase, wird das zum blanken Gegenteil eines Musenkusses, Aus der Kongruenz von Alt und Neu entsteht bei ihm nur schwarzer Ärger und keinesfalls die überschwängliche Freude, dass die Philosophie gar nicht tot ist – nicht einmal die von Hegel. Diese Art des Fernhaltens zeigt sehr genau, wo der Hase im Pfeffer liegt. Erstens: Dass man die verkündete Freundschaft unter Philosophen weder besonders ernst nimmt noch im eigenen Verhalten umsetzt. Zweitens: Dass ein freies Denken, das nicht von der Tradition oder akademischen Positionen geschützt ist, in der Philosophie trotz aller gegenteiliger Bekundungen suspekt bleibt.

Als Publikum, als Leser, als Interessenten sind Laien im Umkreis der Philosophie immer hochwillkommen. Als selbst- und mitdenkende Philosophen, die gehört – oder schlimmstenfalls auch gelesen – werden wollen, hält man sie lieber auf Distanz. Eine Menge probater Rituale hat sich dafür seit hunderten von Jahren bewährt. Die erste ist die allseits bekannte terminologische Hürde: Die Philosophie ist eine Fremd- und Fachsprache. Man spricht und schreibt nicht einfach so drauflos. Alltäglich bekannte Worte werden ständig falsch verwendet – sie entpuppen sich in der Philosophie als eigenwillige Begriffe, die etwas ganz anderes bedeuten, als der Anfänger jemals im Sinn hatte. Womit zu beweisen war, dass der überhaupt nicht wusste, was er sagte.

Nimmt ein Aspirant trotzdem die terminologische Hürde, erwartet ihn sofort die nächste: Man bringe für jegliche Geistesregung möglichst üppige Zitate und Belege bei. Nicht alle Aspiranten geben hier sofort klein bei. Einige unternehmen den langen Marsch durch die Bücher, verraten sich aber allzu leicht als tollpatschige Außenseiter. Sie bringen Autoren zusammen, die sich eigentlich spinnefeind sind und die in keine gemeinsame Klammer passen. Nun kommt Hürde Nummer drei: Man sollte natürlich aus wissenschaftlichen Gesamtausgaben zitieren. Die handelsüblichen Publikumsausgaben, die in der Gesellschaft noch erfreulich weit verbreitet sind, bieten zwar dieselben Texte, eignen sich scheinbar aber nicht für dieselben Zitate. Die Reise in die Universitätsbibliothek steht an.

Dann ist der nächste Sprung fällig: Beruft man sich allein auf Ladenhüter, selbst wenn es Klassiker sind, entwertet man seinen aktuellen philosophischen Text. Wenn schon zitiert wird, dann bitte auch zu einem guten Teil die aktuellste Literatur. Wer darauf verzichtet, schreibt eigentlich fürs Antiquariat oder den Papierkorb. Der Ambitionierte wird nun zum Dauergast in der Universitätsbibliothek. Alternativ wird er heftig googlen, um die erwünschte Frischkost an Land zu ziehen, deren Aussehen kaum ins Gewicht fällt und deren Haltbarkeit durchaus begrenzt sein darf. Sie soll ja nur die Zutatenliste aufwerten. Wer nun so oft, so hoch und so weit gesprungen ist, wird es schlussendlich schaffen, einen eigenen Beitrag vorzulegen, der als philosophischer Standardtext durchgehen könnte. War das sein Ziel?

Es ist in der alltäglichen Kommunikation vertraut, dass wir Gedanken anderer zum Besten geben und in der Regel nicht angeben, ob es unsere sind oder nicht. Philosophie ist manchmal das neue Sprichwort.

Wir geben fremde Sentenzen von uns und der Name des angesehenen Erfinders klingt ja auch nicht schlecht. Wir stellen uns für einen kleinen Augenblick unter seinen Schirm und genießen es ein wenig, dass das Image des herbeizitierten Philosophen uns aufwertet. Manchmal beeindrucken wir andere dadurch, dass wir zu erkennen geben, mit welchen Koryphäen unser Geist so verkehrt. Sie glauben dann womöglich, wir hätten das alles gelesen oder es gebe da weiß Gott welche Beziehungen. Nur: Was denken wir denn selber?

Wer selbst denkt, sitzt oft einem verständlichen, aber fatalen Fehlurteil auf. Wir denken, wir seien viel zu spät dran. Der Zug sei abgefahren, ganz ohne uns. Die Philosophie habe einen Vorsprung von gut 2500 Jahren. Ihr Apparat an umfangreichen Theorien, epochalen Werken und würdevollen Institutionen sei schier erdrückend, während wir barfuß und spärlich bekleidet daherkommen und einen Ideenfund präsentieren, der zumeist nicht viel imposanter als ein kleines Pflänzchen oder ein im Wind zitternder Setzling aussieht. Die sind noch sehr vulnerabel. Sie brauchen Zeit, die schützende und geschickte Hand des Gärtners, gute Erde, reines Wasser und die richtige Portion Sonnenlicht. Finden sie das alles in der etablierten Philosophie?

Warum fragen wir, anstatt die ganze Pyramide einfach umzudrehen? Gehen wir die Schritte nach: Philosophie beginnt damit, dass wir denken, dass uns etwas auffällt und einfällt, dass sich eine Idee im Hinterkopf warmläuft oder eine plötzliche Intuition durch den Kopf jagt. Dann ist es entscheidend, am Ball zu bleiben und weiterzugehen. Unsere Schritte hinterlassen Spuren. Aus Spuren werden rekonstruierbare Wege, aus Wegen, die sich schneiden, sind Kreuzungen abzulesen und jede Kreuzung zeigt, welche der verfügbaren Richtungen eingeschlagen wurde und welche eben nicht. So kristallisiert sich alsbald ein erster Überblick oder eine rudimentäre Ordnung heraus. Der eine oder andere Gedanke packt diesen Moment selbst beim Schopf. Er findet das einschlägige Wort oder die zündende Idee, als hätte er einen Kompass erfunden und könne komplexe Landschaften ausmessen. Es bilden sich Gedankennetze, in denen wir unterwegs sein können und Gedanken, die sich zunehmend klären.

Das geschieht im Alltag und es passiert Laien wie Fachleuten. In geregelten Bahnen verläuft das selten. Es geht uns ganz persönlich an. Wir spüren, wenn dieses philosophische Denken im Kopf einsetzt, dass wir uns von niemandem vertreten lassen könnten. Ist uns vieles nicht auf Anhieb durchsichtig, würde es nicht um einen Deut klarer werden, wenn ein Sach- und Fachkundiger uns zu jeder Regung die passenden Textstellen aus dem Korpus der Philosophie heraussucht und zeitnah vorliest. Das liefe darauf hinaus, das eigene Erleben des Denkens durch die Suggestion zu überdecken, man könne mit fremden Worten ein schnelleres oder schlaueres Fazit ziehen. Das Ergebnis wäre die heimliche Übernahme des eigenen Kopfes und ein weitaus größeres Malheur als das unfreiwillige Hegel-Zitat.

Unser Denken ist nicht das Problem, das die Philosophie mit professioneller Geste zu lösen hätte. Es ist radikal anders herum: Ohne dass frisch gedacht wird, wäre die Philosophie kaum mehr als eine Geschichtswissenschaft oder ein verstaubtes Archiv voll konservierter Ideen. Vor dieser Bruchlandung rettet sie jeder Mensch, der selbst denkt. Dabei ist genüsslich zu entdecken, dass Philosophen, denen unser Interesse gilt, ähnliches widerfuhr. Sie verdanken die Entwicklung ihrer Ideen nicht zuletzt dem Mut, sie überhaupt ernst zu nehmen und nicht einfach nachzublättern, was andernorts dazu geschrieben wurde.

Viele Theorien mögen obsolet und überholt sein. Mitunter wirken sie heute sogar lächerlich. Wir blättern nach bei Heraklit und werden es ihm nicht glauben, dass die Sonne jeden Tag neu entsteht und in etwa die Breite eines menschlichen Fußes hat.[8] Das bedeutet keinesfalls, dass wir Heraklits Denken abgeschrieben haben. Die Faszination für seine besondere Art zu denken, für seine Sprache und deren Reichtum an Bildern kann immens und ungebrochen sein. Sie wird auch in Zukunft stürmische Karrieren erleben. Verzichten wir allerdings darauf, auf eigenes Risiko und unter Hinnahme aller Unvollkommenheiten selber zu denken, wäre die Zeit dieser Stürme auch für die Philosophie endgültig vorbei.

5. Kapitel
Ich hab' da so eine Idee

Ach, da fällt mir eben etwas ein! Ein kleiner Augenblick, etwas Zeit und Ruhe, das wäre schön, um zu schauen, welcher Gast sich da im Kopf eingestellt hat. Viele längere und folgenreiche Gedankenketten melden sich zuerst ganz unscheinbar. Etwas fällt uns ein, etwas fällt uns auf, und mit einem Male dämmert uns, dass daran etwas wichtig sein könnte. Wir wollen mehr darüber wissen und nicht sofort wieder vergessen, was uns soeben frisch eingefallen ist. Manchmal geht es um die ersten Ideen, mit denen wir morgens aufwachen. Eigenartigerweise halten sich viele Einfälle nicht an unsere Zeitpläne. Nicht selten überfallen sie uns, wenn wir gerade mit anderen Dingen beschäftigt sind und mal wieder wenig Zeit haben.

Also Stift und Zettel rausgekramt, bringen wir sie zu Papier. Später lässt sich immer noch darüber nachdenken, Kaum schreiben wir auf, was uns vage im Kopf herumspukt, beschleicht uns das Gefühl, die Idee hätte sich dadurch schon etwas verändert. Sie scheint aus dem Dämmerlicht getreten zu sein. Kaum ans Licht gewöhnt, reibt sie sich die Augen. Worte stehen da plötzlich auf dem Papier, die vielleicht nicht ganz genau treffen oder sagen, was uns zuvor eingefallen war. Andere haben wir derzeit nicht, also lassen wir sie stehen. Vielleicht sagen die gekritzelten Worte auch etwas anderes, weil ein Wort auf dem Papier Kontakt aufnimmt mit der Riege anderer Worte auf dem Papier. Von gedruckten Worten aller Couleur sind wir förmlich umstellt. Wer liest an einem Tage nicht mehr Worte, als ihm selber über lange Jahre einfallen würden? Da existiert ein ziemliches Ungleichgewicht, das unsere eigenen, tapsigen Worte etwas jämmerlich aussehen lässt. Das nagt am Selbstbewusstsein. Immerhin tritt man mit seinem vagem Gekritzel ein in die Welt der Ehrfurcht erweckenden philosophischen Publizistik.

Mit diesem Ungleichgewicht lässt sich schlecht philosophieren – wenn man unter Philosophie vor allem die Tätigkeit des eigenen Denkens versteht und weniger die akademische Rekonstruktion und Kritik fremder Gedanken. Während die eigenen Ideen unsicher über Schlaglochpisten holpern und sich ihres Zieles oft nicht sicher sind, sind die philosophischen Klassiker und Werke abgeschlossen. Sie sind monumental und

Epoche machend, ihr Gewicht ist erdrückend, hält man den eigenen bekritzelten Zettel daneben. Wie bringt man die beiden Waagschalen in eine Balance, die eigenes Denken nicht unmöglich macht? Indem man eine Idee von Philosophie in die eigene Schale legt, die von erheblichem Gewicht ist. Philosophie ist eine *Tätigkeit,* kein vollendetes Werk. Welch ein Segen, dass wir tatsächlich eigene Ideen haben. Damit ist nicht gesagt, dass wir souverän über sie verfügen wie der Zirkusdompteur über den gutmütigen Elefanten oder dass eine philosophische Idee die Form eines Buches oder einer gelehrten Abhandlung haben muss. Wir dürfen uns sogar über unsere Ideen täuschen. Auch das ist Philosophie: Wer sich getäuscht hat, hat die Täuschung als das erkannt, was sie ist. Damit sind wir der Wahrheit einen bedeutenden Schritt näher gekommen.

Oft täuschen wir uns gründlich: Bedenkenlos gemeinden wir fremdes Gedankengut in unser Gedankenbeet ein. Auf unsere Früchte sind wir stolz, manchmal jedem Urheberrecht zum Trotz. Auch das Gegenteil geschieht zuhauf: Wir sind sicher, präzise die Position eines anderen Denkers verstanden zu haben. Akribisch geben wir sie wieder. Postwendend weist uns irgendein Schlaumeier haarklein nach, unsere Ausführungen hätten herzlich wenig mit dem anderen Denker zu tun. In unserer Revue treten bloß unsere eigenen Gedanken unter falschem Namen auf, notdürftig verkleidet und geschmückt mit fremden Federn. Solche Irrtümer bereiten keine Freude, stellen aber beileibe kein unphilosophisches Drama dar. Philosophie bedeutet, sich und anderen auf die Schliche zu kommen. Wenn es dann passiert – Glückwunsch!

Das gilt gerade für eigene Ideen. Nicht weniger auch für die Idee von der philosophischen Idee. Welche meinen wir da bloß? Die eine gibt vor, eine philosophische Idee habe klar zu sein und müsse präzise formuliert werden; man liebäugelt mit Formeln. Andererseits könne die philosophische Idee die Welt aus den Angeln heben; ist das der Fall, dürfe sie durchaus mit bombastischem Schwung daherkommen, um etwas Anlauf zu nehmen. Eine philosophische Idee solle wiederum nicht so abgehoben sein, dass nur weltfremde Blassgesichter und Nägelkauer sie schätzen und verstehen. Auf der anderen Seite sei eine philosophische Idee natürlich niemals mit den Ellen des Alltags zu messen; welch pragmatische Verkürzung drohe da! Hinter einer philosophischen Idee stünden lange Zeiten nüchternen Wägens und Erörterns, denn sie sei kein vorschnelles Urteil. Eine Ecke weiter reiße die soeben frisch geborene Idee ihren Empfänger vom Hocker und andere auch, sobald es dem gelänge, alle Welt von ihr zu überzeugen. Fazit: Die Idee der philosophischen Idee ähnelt einem Krämerladen mit eindrucksvoller Vergangenheit. Alles gibt es da, die museale Würde ist gratis. Das Licht ist leider etwas schummrig. Man braucht einige Zeit, um sich zu orientieren und findet nicht selten, was man eigentlich nie gesucht hat.

Aber die Idee, die Intuition oder der Geistesblitz – sie kommen ja nicht aus dem Krämerladen. Sie brauchen keine Idee der philosophischen Idee, die sie in Empfang nimmt und ihnen eine Identitätskarte in die Hand drückt. Einfälle kümmern sich erst einmal um sich selbst. Sie stellen sich ein und teilen sich mit, um den Stab an den zu übergeben, dem das alles dämmerte. Was wird der daraus machen? Sollen das doch einige der Philosophen beantworten, die ihre Erfahrungen damit haben und sie, mehr oder weniger offen, zu Protokoll gegeben haben.

Friedrich Nietzsche hat dem neuzeitlichen Heureka schöne Denkmäler gesetzt: „Man hört, man sucht nicht, man nimmt, man fragt nicht, wer da giebt; wie ein Blitz leuchtet ein Gedanke auf, mit Nothwendigkeit, in der Form ohne Zögern – ich habe nie eine Wahl gehabt.“[1] Der Blitz schlägt ein, wo er will. Er zaudert nicht und braucht keine Beweisgründe, die ihn legitimieren. Klingt das nicht nach der weltlichen Form der Offenbarung, die fromme und weltflüchtige Seelen seit jeher für sich reklamierten? Leider ja, muss Nietzsche im selben Atemzug einräumen; sein leichtes Schulterzucken verdeckt, wie schwer ihm diese Nachbarschaft auf die Nerven geht. Auch ihn erinnert die Inspiration an die religiöse Vorstellung, der vom himmlischen Blitz getroffene Mensch mutiere zum inspirierten Sprachrohr, er werde zum Verkünder und Propheten befördert. Eben gegen diese religiöse Vorstellung führt Nietzsche sein Leben lang bittere Feldzüge. Und schon ist es um die vorgebliche Simplizität der Idee geschehen, die ihm in der Morgenröte seiner fröhlichen Wissenschaft heimleuchtete: Gerade erst auf Erden gelandet, steht sie im Getümmel widerstreitender Ideen und bringt eine Verwandtschaft mit, die man freiwillig nicht eingeladen hätte.

Nietzsche schrieb die Zeilen über die Inspiration in seinem *Ecce homo*, ein später und eigenwilliger Rückblick auf sein Leben und Denken. Wir fragen aber nach den frischen Ideen am Beginn der Philosophie. Entlädt sich in ihnen ein Blitz, womöglich einer mit Langzeitwirkung, auf dass der Getroffene der Blitzidee sein ganzes Denkerleben widmet? Oder ist das bloß eine fromme Mär, mit der die Philosophie bis in die heutige

Zeit hausieren geht? Es nutzt nichts, wir müssen uns einige Beispiele vornehmen und versuchen, aus ihnen klug zu werden.

Beobachten wir einen kleinen Jungen. Er klettert auf einen Baumstamm, der quer auf einem mit Wasser gefüllten und recht breiten Graben liegt. Nach einigen Schritten beginnt der Stamm, unter seinen Füßen zu rollen. Dem Jungen wird schwindlig; Angst lähmt seine Bewegungen. Er kann weder stehenbleiben noch umkehren, ohne ins Wasser zu fallen. Kurz bevor er jede Kontrolle verliert, kommt ihm die rettende Idee. Er fasst am Ufer, das er trockenen Fußes erreichen möchte, einen festen Punkt ins Auge. Der allein zählt! Der Punkt gibt seinen wackeligen Beinen die Richtung vor. Das Vorhandensein des festen Zieles auf dem rettenden Ufer besänftigt die Angst. Der Junge schaut nicht in das Wasser unter ihm. Er nimmt allen Mut zusammen, läuft los und erreicht das rettende Ufer trockenen Fußes.

Der Junge hatte wirklich eine gute Idee. Doch ist es nicht arg übertrieben, zu behaupten, das wäre eine philosophische Idee gewesen? Das kommt ganz darauf an. Der Junge wurde älter und berühmt. Noch im Greisenalter erzählte er diese Geschichte, die wir hier nach den Aufzeichnungen des Schuldirektors Reinhold Bernhard Jachmann frei nacherzählt haben.[2] Die Tischgenossen Immanuel Kants wussten, dass nicht ein Junge, sondern ein weltbewegender Denker die Geschichte dieser Idee erzählte. Er hatte etwas fürs Leben gelernt, so wie auch die Anwesenden vom Philosophen Kant einiges gelernt hatten. Seine Idee auf dem schwankenden Baumstamm (er-)fand einen rettenden Orientierungspunkt. Mit seiner Hilfe löste sich der Junge aus der Umklammerung dieser verschlingenden Welt und gewann die Freiheit kluger Bewegungen zurück.

Der Philosoph Kant sollte nicht müde werden, immer wieder zu fragen, woran wir uns orientieren. Die Palette seiner Betrachtungen und Argumente ist immens. Unterschiedlichste Töne kommen vor und verleihen Kants Denken eine aufschlussreiche Hintergrundfarbe. Sie reichen vom tapsigen Durchqueren eines dunklen Raumes bei Nacht bis zur Positionsbestimmung der Sterne und Galaxien im Universum.[3] Die Frage, wie und woran man sich im Denken orientiert, ist einer der roter Fäden in Kants Philosophie. Gibt es im philosophischen Denken und im moralischen Handeln einen Orientierungspunkt, der von schwankenden Unsicherheiten erlöst? Es gibt ihn nicht in dem Sinne, dass man mit dem Finger auf ihn zeigen könnte, woraufhin jeder zufrieden nickt und alle sich einig sind. Es gibt das Bedürfnis nach einer solchen Orientierung. Kant erklärt es als ein durchaus vernünftiges. Der vernünftige Zielpunkt im Auge hat einen unverzichtbaren Wert für das Denken und Handeln. Ohne ihn drohen wir von den wackeligen Planken des Lebens zu fallen.

Niemand wird behaupten wollen, ein kleiner Junge auf dem Baumstamm hätte so ganz nebenbei die Transzendentalphilosophie erfunden. Keineswegs absurd ist dagegen die Vorstellung, diese frühe und unscheinbare Idee stelle im Kontext mit der reifen Philosophie Kants dar, was wir unter einer philosophischen Idee außerhalb des Krämerladens verstehen könnten: Sie mag durchaus ihren lebensweltlichen oder außergewöhnlichen, ihren eruptiven oder durch lange und systematische Reflexion vorbereiteten Grund haben. Ist sie erst einmal im Kopf, beginnt ein neues Spiel. Das braucht Zeit und die sollte man sich nehmen. Lebenszeit *und* Denkzeit sind vonnöten, denn eine Idee ist nicht abgeschlossen und fertig, wenn sie plötzlich im Kopf steht. Sie ist auf ihre Zukunft angelegt. Sie macht Arbeit.

Solange wir eigene Denkerfahrungen nicht kritisch Revue passieren lassen, bleiben wir auf Aussagen und Schriftzeugnisse anderer angewiesen. Trotz aller Worte kann aber niemand in den Kopf des anderen schauen. Wir werden immer auch im Nebel tappen, wenn wir wissen wollen, was diese eine philosophische Idee ausmacht, wie sie in diesen Kopf kam und was das alles zu bedeuten hat. Stellen Sie sich vor, sie kommen des Nachts in einen Bürotrakt. Alles ist dunkel, nur in einem Zimmer brennt noch Licht. Sie schauen nach. Der unermüdliche Arbeiter mag ihnen leidtun. Er steht am offenen Fenster. Sein Blick senkt sich in die Tiefe. Er ist so sehr in Gedanken verstrickt, dass er ihr Eintreten gar nicht bemerkt. Etwas beunruhigt Sie. Vorsichtshalber schleichen Sie sich lautlos an. Sie haben Angst, ihn am Rande des offenen Fensters zu erschrecken – was unabsehbare Folgen haben könnte. Der Unbekannte starrt in das Dunkel und murmelt: „Wenn ich jetzt aus dem Fenster springe und falle, dann spüre ich mein Gewicht nicht mehr!“ Um Himmels Willen, denken Sie! Reflexartig halten Sie den Unglücklichen fest mit dem Gefühl, in letzter Sekunde sein Leben gerettet zu haben.

Ihnen dämmert blitzhaft die Idee von Lebensüberdruss und Schluss machen. Der Mann am Fenster hat eine ganz andere. Er erlebt gerade eine der Geburtswehen seiner revolutionären Theorie. Albert Einstein weiß als Physiker, der der klassischen Physik Isaac Newtons nicht mehr traut: Wenn ich im Fallen mein Gewicht trotz aller Beschleunigung nicht spüre, dann muss Newtons Vorstellung, nach der sich Körper gegenseitig anziehen, falsch sein. Einstein ersetzte sie in seiner Relativitätstheorie durch die eines Gravitationsfeldes.[4] Das Verständnis dieser Theorie setzt nicht voraus, dass wir alle am offenen Fester stehen und in die Tiefe schauen, noch dass wir diese Anekdote kennen. Man lernt aus ihr, dass Ideen von grundlegender oder philosophischer Relevanz nicht wie die zitatengeschmückte Primadonna aus dem Ballett springen und auf Tour gehen.

Das philosophische Ballett kommt auch aus einem anderen Grund nicht automatisch in Schwung, sobald wir eigene Ideen haben. Sie bringen nicht immer die etablierten Tanzformen mit und schlagen manchmal eigenwillige Rhythmen oder Melodien vor. Philosophieren bedeutet, selber zu denken, selbst wenn niemand so kühn wäre, zu behaupten, im eigenen Kopf sei lediglich Selbstgedachtes vorrätig. Das legt nahe, dass es im Philosophieren zumindest *auch* um Ideen geht, die wir selber beisteuern, mit Hilfe eigener wie auch fremder Worte. Dieses „auch" vergemeinschaftet unser Denken von Anfang an. Wir alle nutzen Worte, die wir uns nicht selbst ausgedacht haben, obwohl wir sie mit eigenen Bedeutungen einfärben. Wir verfolgen auch deshalb mit einer besonderen und verletzlicheren Aufmerksamkeit, wie sie ihre Kreise ziehen und welches Schicksal sie erleiden. Finden sie wirklich Eingang in Diskussionen? Werden sie an der Tür schon abgewiesen? Trauen wir uns überhaupt, eigene Ideen zu äußern, die ungeschützt daherkommen und nicht wie wasserdichte Argumente aussehen? Nicht selten ist das eine Frage des Mutes, manchmal auch der Frechheit.

Eigene Ideen machen uns aufmerksam. Es geht um etwas! Dann hören wir besser hin, suchen Zuspruch, wollen Widerspruch verstehen und ihm begegnen können. All das lässt uns Bücher sorgsamer aussuchen und über Worte nachdenken, die zuvor keine Bedienungsanleitung hatten. Wir spüren oder wissen, dass wir etwas Bestimmtes wollen. Deshalb lesen wir wacher als zuvor und blättern nicht einfach wahllos in fremden Gedanken herum. Mit eigenen Ideen sind wir an vielem, was in deren Umkreis fällt, unmittelbarer beteiligt. Wir werden persönlich ansprechbarer.

Kritik zu üben, ohne eigene Ideen zu haben, scheint weithin üblich zu sein, ist aber ein Unding. Das griechische Wort *krinein* bedeutet zu trennen und zu unterscheiden. Eigene Ideen unterscheiden unseren

Kopf von denen anderer Menschen. Sie sperren sich dagegen, unsere Lesarten und unsere Ambitionen gegen trendigere Angebote auszutauschen. Ohne eigenen Ideen mutiert die Philosophie zu einer Art von moderiertem geistigen Gruppenverhalten oder zu einer massemedial organisierten Turnübung. Für diese formidabel präsentierbare Denkfaulheit sollten wir dann besser einen anderen Namen erfinden.

Nun gibt es eigene Ideen, die nicht auf schwankenden Baumstämmen oder an nächtlichen Fenstern entstehen, sondern inmitten einer sozialen Welt, deren geistiges Klima nicht immer genug Luft zum Atmen lässt. Ideen, die trotzdem kommen, auch wenn andere Ideen längst alle Plätze usurpiert haben: Oppositionelle Ideen eben, die zeigen, dass die herrschenden in die Irre führen, dass sie Lösungen vorgaukeln, die bestenfalls Probleme vernebeln oder verschlimmern. Ideen eben, die nicht den Kopf abstellen, indem sie Menschen mit billigem Tand überfüttern oder so lange mit Worten zuschütten, bis sie mundtot sind. Die klügsten Philosophen sind wegen solcher Ideen immer wieder im Gefängnis gelandet; Sokrates hatte dort, den Schirlingsbecher an den Lippen, unbeirrt weiter philosophiert.

Einer der aufmüpfigen Aufklärer, der bei Kirche und Staat kräftig angeeckt war, war Denis Diderot; er saß im Gefängnis in Vincennes. Ein anderer, der bald zu den Verfolgten und Emigranten dazustoßen sollte, ging durch die flirrende Sommerhitze, diesen Unglücklichen zu besuchen. Er machte Pause und las unter einem Baum in einem Buch von einen Preisausschreiben für einen philosophischen Beitrag. Lassen wir Jean-Jacques Rousseau selber erzählen: „Auf einmal fühle ich, wie mein Geist von tausend Lichtern geblendet wird, Massen von lebhaften Gedanken boten sich ihm mit einer Gewalt und in einer Unordnung dar, die mich in eine unaussprechliche Verwirrung stürzte; ich fühle, wie mein Kopf von einem Schwindel ergriffen wird, wie bei einem Rausch. [...] Ach, Monsieur, wenn ich je nur ein Viertel von all dem, was ich unter diesem Baum sah und empfand, niederschreiben könnte, wie deutlich hätte ich dann alle Widersprüche des gesellschaftlichen Systems aufgewiesen, wie kraftvoll hätte ich alle Missbräuche unserer Institutionen dargelegt, wie einfach hätte ich gezeigt, dass der Mensch von Natur gut ist und dass die Menschen allein durch die Institutionen böse werden."[5]

Rousseau erzählt dieses Ereignis aus dem Rückblick; fast 13 Jahre waren seither vergangen. Er variiert und erweitert seinen „Bericht" später immer wieder.[6] Schließlich geht es um seinen entscheidenden Wendepunkt: Nun hat er eine Idee, die die Welt bewegt. Nach Jahren voll unschlüssigen Herumlavierens ist er plötzlich ein Schriftsteller mit einem Auftrag. Mit welchem Auftrag genau und worin besteht eigentlich seine Idee? Aus dem Bericht geht das keineswegs klar hervor. Rousseau spricht von Verwirrung, Schwindel und sogar vom Rausch. Hält man sich an seine späteren Schriften, erfährt man, es sei ihm nur gelungen, einen kleinen Bruchteil der Idee einzuarbeiten, die ihn damals eine andere Welt sehen ließ und ihn zu einem anderen Menschen machte.[7]

Seine Feder schafft es einfach nicht, endgültig aufs Papier zu bannen, was ihn damals so dramatisch bewegt hat. Immerhin ist die Richtung klar. Sie geht mit Rousseaus Philosophie konform: Die Gesellschaft macht mit ihren Institutionen aus dem guten Menschen einen schlechten. Diese Philosophie macht Rousseau für die einen berühmt und bei anderen berüchtigt. Manchem Denker der Aufklärung, der optimistischere Töne liebt, verursacht sie Verdauungsbeschwerden und stößt ihm übel auf. Es ist auch unter Aufklärern kein Spaß, Rousseau zu sein. An der fortdauernden Gültigkeit des Moments, in dem ihn diese so vage Idee überfiel, ließ er indes nie einen Zweifel aufkommen.

Eine Idee geht uns etwas an, wir können sie nicht abweisen – es sei denn, wir verzichten fortan auf wichtige Teile unseres Lebens und unseres Kopfes. Auf dem philosophischen Programm steht kein belangloses Spiel, in dem Ideen bei Nichtgefallen gegen andere kommentarlos ausgetauscht oder entsorgt werden. Das bedeutet aber nicht, dass jede Idee, bevor sie überhaupt richtig laufen gelernt hätte, sich sofort vor unzähligen Prüfungskomittees zu verantworten hätte, damit wir sie überhaupt als Idee anerkennen. Der kleine Immanuel Kant, der junge Albert Einstein wie auch ein Jean-Jacques Rousseau am Straßenrand im Sommer 1749 hätten allzu frühe oder pedantische Prüf- und Fragerunden nicht überstanden. Die hätten ihren Ideen jede Zeit genommen, um zu den Ideen zu werden, die die Denkgeschichte der Menschheit umgekrempelt haben. Die Philosophie kann, eine entsprechende Sensibilität vorausgesetzt, zur Lebensform solcher Ideen werden, die mitunter im Verborgenen entstehen und im Schutz heranwachsen, zu pubertären Zeiten wahre Identitätskrisen auslösen, um dann in der Auseinandersetzung mit sich und anderen Ideen und mit Hilfe offener Diskussionen erwachsen zu werden.

Nun lässt sich mit Recht und Lust fragen, warum eigentlich das Gegenteil nicht ebenso wahr sein könnte? Was hindert eine philosophische Idee daran, von Beginn an klar zu sein und Klartext zu reden? Rein gar nichts! Nichts wäre lächerlicher, als eingrenzen zu wollen, was eine philosophische Idee ist und welchen Lauf sie zu nehmen hätte. Reife kann, muss aber keine Frage der Zeit sein, wenn plötzlich etwas einfällt und ein komplizierter Gedanke detailliert vor Augen steht, dass es uns erscheint, wir könnten ihn bis in alle Verästelungen anschauen und kritisch begreifen. Der Geist weht, wo er will. Es ist nicht die Aufgabe der Philosophie, für Windstille zu sorgen.

Diese von Beginn an differenzierten Ideen können Baupläne beinhalten, mit deren Hilfe sich Argument auf Argument schichten lässt, bis am Ende ein schmuckes Gebäude dasteht. Ist ein Bauträger nicht geeignet, lässt er sich durch bessere austauschen. Spätere Zeiten werden das Gebäude bestaunen, den Ursprungsmoment der Idee aber nie zu Gesicht und erst recht nicht zu fassen bekommen. Wie soll man sich diesen Augenblick und die frische Idee fern der späteren Realisierung vorstellen? Die Geschichte der Philosophie hat unzählige Antworten auf diese Frage und eindrucksvolle Beispiele gesammelt. Wir erinnern nur an eine der vielen Fragen: Wie bringt man eine Idee, die in ihrem Geburtsmoment alles auf einmal im Geist schon gebaut hat, in einem Text unter, der Wort für Wort voranschreiten muss?

Man bringt einen solchen Geist nirgendwo unter, würde Johann Gottlieb Fichte antworten. Er folgt nichts und niemandem, sondern alles folgt ihm. Das aber geht weder schnell noch mit der blinden Präzision eines Apparates, die verlässlich Impulse oder Bewegungen weitergibt. Was immer dem einen klar vor Augen steht, kann beim Nächsten seine Zeit brauchen und darauf angewiesen sein, komplexe Verständnisprozesse in Gang zu bringen. Am 2. Juli 1795 schrieb Fichte an seinen Kollegen Karl Leonhard Reinhold: „Das, was ich mittheilen will, ist etwas, das gar nicht gesagt, noch begriffen, sondern nur *angeschaut* werden kann; was ich sage, soll weiter nichts thun, als den Leser so leiten, daß die begehrte Anschauung sich in ihm bilde […] bis irgendwo an einem Ende ein Lichtfunken herausspringt."[8] Für Fichte wäre das die rechte Kommunikation, wenn Ideen auf Ideen und Lichtfunken auf Lichtfunken stoßen. Sie lassen etwas auf einen Blick sehen. Alle daran Beteiligten bleiben dabei völlig selbstständig. In diesem Sinne kann eine Idee eine andere freundlich einladen und erwarten, durch Kritik und Provokationen hervorlocken, nicht aber einfach herbeizitieren oder einbestellen. Ideen haben nichts von einer Bedienungsanleitung, die für jeden und jede klipp und klar sagt, zuerst sei Schraube A einzudrehen.

Wenn das so einfach wäre wie ein Rezept zum Nachkochen, bräuchte es keine Philosophie. Man könnte einige Thesen kloppen, die Sache wäre damit abgetan, weil sie auf Grund ihrer philosophischen Güte sich ganz von allein in anderen Köpfen niederlassen. Alles bliebe wunderbar übersichtlich. Die Philosophie würde dem allgegenwärtigen Verdacht entgehen, sie fröne der Lust am Dauerverkomplizieren. Dass solche Banalisierungen jeder Philosophie das (Lebens-)Wasser abgraben, lässt sich am Schicksal der frühesten Texte der Philosophie zeigen. Die Werke der Philosophen vor Sokrates kennen wir nur als unvollständige Sammlungen kurzer Fragmente. Trotzdem haben sie umfangreiche Interpretationen angestoßen und bis in unsere Tage neue Philosophien aus der Taufe gehoben. Ähnliches lässt sich im Umkreis der frühen Texte der indischen und der chinesischen Philosophie belegen. Viele ihrer Sätze sind auf einen Blick zu begreifen, doch schon der nächste Satz bringt eine völlig andere Perspektive ins Spiel. Ein Leser, der allein am schnellen „Aha!" interessiert ist, erntet einen leeren Kopf. Wenn er Wortgeklingel partout mit philosophischer Einsicht verwechseln will, reicht das natürlich für ein aufpoliertes Selbstbewusstsein.

Man sollte am Eingangstor der Philosophie ein Warnschild aufstellen. Gut würde darauf passen: „Mach's Dir nicht zu einfach!" Oder auch: „Lass Dir etwas mehr Zeit!" Einen philosophischen Gedanken zu verstehen verlangt natürlich nicht, sich auf Spießrutenläufe im Land des Rätselratens einstellen zu müssen. Viele, wenn nicht gar das Gros der Philosophen bemühen sich sehr um Klarheit. Blumige Weitschweifigkeit ist nicht ihr erklärter philosophischer Stil. Sie wollen ihre Ideen keineswegs in Nebelbänke einlullen oder unerkannt in fremde Bedeutungsregionen schmuggeln. Dennoch sind sie nicht einfach versierte Studienräte, die alles nur mit pädagogischem Geschick an die Schüler bringen wollen. Wer eine Philosophie versteht, soll selbst zum Philosophen werden und alle Möglichkeiten der Kritik haben. Philosophie wird dadurch zu einem gleichberechtigten Gespräch. Denken lassen von Stellvertretern ist lukrativ und beliebt, steht aber in jeder Philosophie, die diesen Namen verdient, im Giftschrank.

Was bedeutet es, eine Philosophie zu verstehen? Sie lässt sich in der Regel in den Werken eines Autors nachlesen. Universitäten veranstalten

Prüfungen, um festzustellen. ob die Lese- und Denkfrüchte der Studenten und angehenden Dozenten mit dem Werk und dessen dominanten Interpretationen konform gehen. Inmitten dieser kritischen Umwelt kann jemand über Detailfragen bei Kant, Hegel oder Wittgenstein forschen, schreiben und diskutieren. Damit ist keineswegs ausgemacht, dass die Kandidaten nur ein Fünkchen von dem verstanden haben, was diese Philosophien initiiert hat, welche Idee sie bewegt und ihre vielen Facetten zusammenbringt. Ungeachtet dieser offenen Frage führt kein Weg daran vorbei, immer wieder auf dem Fußweg die Argumente der Philosophien kritisch zu verstehen, deren innere Zusammenhänge zu begreifen wie auch ihre Differenz zu Philosophien anderer Autoren. Detailversessenheit ist nötig, aber nicht hinreichend. Warum gelingt es nicht auf einen Blick, das Wesentliche zu erfassen; die Idee selbst zu verstehen und sie mit wenigen Worten mitteilen zu können?

Ginge das so einfach, wären viele philosophische Werke tatsächlich dünner. Trotz gelegentlicher Zeugnisse der inspirierenden Momente, die die philosophische Idee in der Nussschale eines fruchtbaren Moments verdichten, sind sie von enormer Komplexität und Fülle. Viele Leser und Interessenten sehen sich schlichtweg überfordert. Einfache Deutungen, die auf eine grundlegende Idee schielen und vorgeben, sie am Schopf gepackt zu haben, bringen diese Komplexität nicht aus der Welt. Sie gleichen dem Kunststück des Freiherrn von Münchhausen, sich am eigenen Schopf aus dem Schlamassel zu ziehen. Sie simplifizieren alles, was die Philosophie zu sagen hätte. Im Kreis anspruchsvoller Philosophie ruft das bestenfalls korrigierende Deutungen auf den Plan, die mit der bequemen Einfachheit kurzen Prozess machen. Es existiert schlichtweg keine einzige Philosophie, die diesen Namen verdient, die nicht von einem Kranz von Erklärungen, Interpretationen und Umdeutungen umgeben ist. Man kann das als verwirrend beklagen – oder als Chance begreifen. Jede Interpretation aktualisiert die zugrundeliegende Philosophie, warnt aber auch vor Sackgassen, in die sie führen kann. Sie erweitert ihre Bedeutung und liefert genauere Detailsichten. Nicht zuletzt fördert sie die Vielfalt persönlicher Lesarten. Einen großen Bogen sollte man dagegen um jede Philosophie machen, die immer dieselben Thesen in den Kopf hämmern will und sie für unverrückbar erklärt.

Sollen wir all das unter das Dach einer „Idee" einstellen, die ja nicht wenige Philosophen für ihr Werk reklamieren? Warum nicht – wer verliert etwas dadurch? Dafür müsste man die „Idee" allerdings etwas anders verstehen und sich vielleicht auch von der Vorstellung eines Unikats verabschieden. Die Idee mag in den berühmten Momenten auftauchen. Ohne das sensible Echo und die argumentative Arbeit an einem Werk, das andere Menschen erreicht und beschäftigt hat, hätten wir sie längst vergessen. Dieser ganze Prozess beteiligt viele Zeiten und Menschen. Nennen wir ihn: Philosophie. Idealerweise ist sie die Liebe zur Weisheit unter Freunden, die zusammen reden und die dafür gute Gründe finden.

Wer in diesem Sinne eine eigene Idee hat, sollte sich nicht ins Bockshorn jagen lassen. Es ist kein Nachteil, dass sie, frisch wie sie ist, längst nicht in trockenen Tüchern ist. Trotz der elterlichen Freude kommt sie zunächst wenig ansehnlich daher. Erst muss etwas aus ihr werden. Mit der Zeit wird sie laufen und reden lernen. Sie wird ihre Krisen erleben, die Welt entdecken, eigene Welten erfinden und am Ende in einer Denkstruktur beheimatet sein, die ohne ihren initialen Impuls niemals entstanden wäre. Wenn wir das alles auf den Namen Philosophie taufen, sagen wir damit: Wie spontan und überraschend Ideen auch kommen, man sollte ihnen und sich genug Zeit lassen und vielleicht noch etwas mehr! Das gilt auch und gerade für Kritiker. Welch ein Unsinn, eine gerade erst geschlüpfte Idee, die kaum die ersten Worte stammelt, auf den argumentativen Prüfstand zu stellen, um sie bei jeder ausbleibenden Antwort routiniert auszusortieren. Man sollte sie umsichtig begleiten, bis sie selber stark und klug genug ist, die aufmüpfigen Antworten zu geben, mit denen niemand gerechnet hätte. Das zeichnet eine neue Idee aus, die nicht *everybodies darling* spielt.

Eine Idee ist ein Freudenfest, aber nicht nur. Sie hat ihre Höhen und Tiefen. Arthur Schopenhauer reklamiert für seine Philosophie, um eine einzige Idee zentriert zu sein. Nur sie will er darstellen und begründen, am liebsten fern jeder Weitschweifigkeit und ohne den billigen Mörtel kommoder Beispiele und ausgreifender Andeutungen. „Die Welt als Wille und Vorstellung“ heißt sein Hauptwerk. Der Titel sagt klar und eindeutig, worum es Schopenhauer geht. Dennoch ist es in 1429 Seiten stark. Weitere Werke flankieren dieses Flaggschiff.[9] Schopenhauer wusste schon zu Beginn, worauf er sich gerade eingelassen hatte. Am 11. November 1815 schreibt der 27-jährige Denker aus Dresden an Johann Wolfgang Goethe: „Jedes Werk hat seinen Ursprung in einem einzigen glücklichen Einfall, und dieser gibt die Wollust der Konzeption: die Geburt aber, die Ausführung, ist, wenigstens bei mir, nicht ohne Pein: denn alsdann stehe ich vor meinem eignen Geist: wie ein unerbittlicher Richter vor einem Gefangenen, der auf der Folter liegt, und lasse ihn antworten, bis nichts mehr zu fragen übrig ist."[10]

Richter, Gefangener, Folter und Verhör: Das klingt nicht gemütlich. Warum nur geht jemand solche Wagnisse ein? Schopenhauer hat im selben Brief eine gute, enorm kurze und bis heute gültige Antwort gefunden: „Der Mut, keine Frage auf dem Herzen zu behalten, ist es, der den Philosophen mache."[11]

6. Kapitel
Vom Risiko, als weiser Philosoph zu gelten

Haben Sie einmal etwas außergewöhnlich Kluges gesagt, steigt das Risiko, dass andere Sie einen Philosophen nennen. Dazu reicht in der Regel, einige Worte einzustreuen, die nach höherem Balsam riechen. Die Rede sei gemessen, der Ton vertraulich, als deute man mehr an, als in diesem Augenblick langatmig ausgeführt werden kann. Der Verständige werde es mitsamt aller Hintergründe erkennen, dem Beschränkten muss es geheimnisvoll bleiben. In wenigen Worten teilen sich geprüfte Lebenserfahrung und Vernunft, Sorge um den Empfänger der guten Botschaft oder der Segen des Himmels mit. Eine Reihe probater Sätze eignet sich hierfür besonders gut; sie werden gern für gehaltvolle Statements im öffentlichen Leben zusammengestellt und in teuren Trainings rhetorisch eingeübt. Vielleicht ist Ihnen ja einer dieser Sprüche spontan rausgerutscht, der in dieser Riege spielt und ihnen nun den Philosophentitel eingebrockt hat. Machen Sie sich nichts daraus, das Lob beruht auf einer Verwechslung. An der ist die Philosophie nicht ganz unschuldig.

Was, bitteschön, ist ein Philosoph, wenn ein einziger Satz genügt, den einen dazu zu machen, während andere über Dekaden Argumente anhäufen, Systeme ertüfteln und Privatfehden mit anderen führen müssen, damit auch sie sich Philosophen nennen dürfen? Dem einen glückt's mit Leichtigkeit, was dem anderen nicht einmal ein sauer abgerungenes Lebenswerk einbringt. Der Eintritt in den illustren Kreis der Philosophen scheint nicht besonders fair geregelt zu sein. War das immer so?

In den Morgenstunden der griechischen Philosophie war der bekannte Sinnspruch, der zur rechten Zeit einfiel und hinter den Wolken plötzlich den klaren Himmel sehen ließ, die Trumpfkarte. Man spielte sie in der Versammlung, vor Gericht oder im Gespräch aus. Die kurzen Sentenzen stammten womöglich direkt von den sieben Weisen ab. „Erkenne dich selbst", sagte Thales. Das Wort war anscheinend noch keine Selbstverständlichkeit, denn hätte Thales seine Zuhörer damit nicht verblüfft, wäre der Spruch wohl nicht tradiert worden. Das Motto ging an das Orakel von Delphi und Generationen von Philosophen weiter.[1] Thales gehörte, wie auch Solon, zu den sieben Weisen, die im 7. und 6.

Jahrhundert vor Christus in der Regel inmitten des politischen Lebens standen und ziemlich laut und vernehmlich dachten.

So kurz der Weisheitsspruch ist, so lang ist seine Nachgeschichte. Ein Spruch des Orakels von Delphi nannte den Sokrates den weisesten Menschen überhaupt. Sokrates fand das nicht, wollte an der Weisheit des Orakels aber auch nicht zweifeln. So machte er sich auf, die Wahrheit zu suchen, die ihm zugesprochen war, die ihm aber offensichtlich nicht zukam. Mit seinen Frage- und Antwortspielen wurde er zum Original auf der Agora und zu einem der Gründer der Philosophie. Andere Philosophen der Zeit schrieben, Sokrates redete und überließ es ihnen, daraus Bücher zu machen. In Platons Dialog *Protagoras* sagt er Erstaunliches über die Weisen (gr.: sophos) früherer Zeiten. Sie stellten sich unwissend und prahlten nicht herum – Tugenden, die er für sich selbst in Anspruch nehmen konnte. Was sie sagten, das spielten sie beinahe herunter – bis einer bei passender Gelegenheit „einen eindrucksvollen, kurzen und kraftvollen Ausspruch wie ein geschickter Speerschütze entsendet, so dass der Mitunterredner ihm gegenüber geradezu zum Kinde herabsinkt."[2] Wer so redet, lässt sich nicht von anderen herzitieren.

Weisheit ist der Pfeil, der sitzt, abgeschossen von einem Schützen, dessen Geist und Körper in Ruhe und Abgeklärtheit baden. In früher Vorzeit gab es solche Weisen, dann kamen die Philosophen. Ein Philosoph ist überhaupt kein Weiser, sondern einer, der die Weisheit sucht, sie liebt, aber sie nicht einfach „hat". Das läuft auf ein anspruchsvolles, sprich anstrengendes Gemeinschaftsunternehmen heraus, in dem ein Philosoph den anderen braucht, zuallererst zum Diskutieren, zur kunstvollen gemeinsamen Lebenspraxis oder als Verstärkung der eigenen Schule. Alle lieben idealerweise die Wahrheit, aber nicht unbedingt den Philosophen nebenan. Es geht nicht (nur) um Eifersucht, wem von ihnen sich die *Sophia* nach ihrem eigenen unerforschlichen Willen eher zuwende. Der philosophische Nachbar ist eine ständige Bereicherung, aber auch die Bedrohung, die man einfach nicht loswird. Man baut ein schönes Begriffsgebäude auf, dann kommt er und beweist: Da stimmt etwas nicht mit dem Fundament oder den Zwischenträgern! Schon liegt alles in Trümmern und Einzelteilen da. Hat *Sophia* da gerade geklatscht?

Von Weisen kursieren keine zänkischen Erzählungen dieser Art. Ein Weiser kennt keine Konkurrenz im eigenen Haus und erst recht keine hinterhältige. Er gräbt anderen Weisen nicht das Wasser ab. Er ist mit seiner Art, die schwer mit den Geschäftsbedingungen der Philosophie in

Einklang zu bringen ist, über allen Zwist erhaben. Das blieb nicht ohne Folgen. Unter Philosophen hatten die Weisen durchaus nicht immer eine gute Presse. Das ist verständlich, denn ein Weiser blamiert einen Philosophen eigentlich bis aufs Hemd, wenn der eine die Weisheit sprudeln lässt, während der andere sie erst suchen muss und dabei ein ungeheures argumentatives Getöse macht. Vom antiken Stirnrunzeln berichtet Diogenes Laertius aus der Distanz des römischen Philosophiehistorikers: Damon aus Kyrene mochte die Philosophen nicht, aber noch weniger die Weisen. Anaximenes sagte, die Weisen wären eigentlich nur Dichter und keine richtigen Weisen gewesen. Dikaiarch meinte, sie waren gute Politiker, aber weder Weise noch Philosophen.[3] Wer in die illustre Schar gehörte, war mehr als fraglich; die Zahl sieben klang schön und hatte sich sofort eingebürgert.

Sophos oder Philo-sophos: Die Weisheit, die sie namens- und satzungsgemäß liebt, kann die Philosophie schlecht einfach ausschließen oder für unmöglich erklären. Sie musste ein unschädliches und doch ansehnliches Plätzchen finden, in dem Weisheit Weisheit sein konnte, ohne die philosophischen Kreise zu stören. Dies gelang mit einem einfachen und menschlich höchst verständlichen Trick: Die Geliebte konnte fern und doch nah sein; in der philosophischen Welt war die Weisheit weder ganz verschwunden noch verlässlich anwesend. Ihr Strahl konnte jeden Philosophen treffen. Weil aber die Philosophie kein Glücksspiel betreiben will, wurde Weisheit zum Stern und Philosophie zum Weg. Wer sie erreicht, lebt bisweilen auf einem anderen Stern.

Der Weise ist sich selbst genug, lehrt Seneca mit der langen stoischen Tradition im Rücken. Der Weise braucht keine endlosen Diskussionen, er braucht die anderen nicht; streng genommen braucht er, wenn er weise ist, eigentlich auch keine Philosophie. Er lebt auf Erden, aber nur halb und jeden Tag ein bisschen ungebundener. Im Himmel zu wohnen bedeutet ihm, nicht gesenkten Hauptes leben zu müssen, erklärt Seneca in einem Brief an Lucilius, der sich aus armen Verhältnissen zum Prokurator von Sizilien hochgearbeitet hatte und trotzdem Stoiker geblieben war.[4] Der Weise redet nur deshalb so viel, weil andere die Weisheit brauchen, die leider nicht mit wenigen Worten von Mensch zu Mensch überspringt. Schweigen wäre ansonsten besser.

Drehen wir die Uhr etwas zurück bis zu den tröstlichen Worten zu Beginn des Kapitels, mit denen ich Ihnen darüber hinweghelfen wollte, dass jemand Sie als Philosophen tituliert hatte. Ich wollte Ihnen beileibe kein Lob abspenstig machen und möchte nun kurz zusammenfügen, was unsere kleine Rundreise für Ihren Fall ergeben hat.

Erstens hatten Sie großes Glück, dass man sie nicht als Weisen, sondern als Philosophen bezeichnet hatte. Ein Philosoph kann jemand sein, der einmal etwas aufsehenerregend Kluges sagt. Das kann es denn auch schon gewesen sein; einen Moment später ist der Herausgehobene wieder zum Normalbürger geworden, ohne dass ihm die ganze Episode nachhängen muss. Der Weise kehrt nicht mehr zurück. Niemand ist ein Weiser und im nächsten Moment versteht er nichts und trottelt blind herum. Dieser „Weise" wäre augenscheinlich ein Scharlatan gewesen, ähnlich wie ein Asket, den man bei fröhlichen Orgien erwischt. Der, der ihn in den Himmel gelobt hatte, müsste seinen Irrtum einsehen, dürfte sich aber legitimerweise bedanken – mit einer horrenden Degradierung des vormals Weisen etwa, gegen den jeder Normalbürger wie ein Heiliger aussieht.

Ein Weiser, das ist eine Existenzform, ganz im Unterschied zu einem Philosophen, der ein Mensch ist, der sich stets strebend bemüht, sich verirrt, sein Goldkörnchen doch findet und schon im nächsten Moment krass danebenliegen kann. Sagt man Ihnen nach, Sie seien ein Weiser, erwartet man von Ihnen Weisheit in Permanenz und Sprüche von magischer Treffsicherheit, verheimlicht Ihnen aber, was alles passieren kann, falls Sie das Vorurteil der anderen fortan nicht erfüllen sollten.

Zweitens ist zu klären, was das Lob, ein Philosoph zu sein, Ihnen möglicherweise abspricht. Begeben wir uns für unsere Schadensbilanz für einen Augenblick auf das schwankende Terrain, auf dem die Umgangssprache Recht hat und klärende Definitionen noch fern sind. Ein Mensch fährt Fahrrad und der Reifen ist platt. Der Mensch würde, wenn er das Nötige dabei hat, den Reifen flicken. Was würde der Philosoph tun? Denken? Gewiss. Reparieren? Vielleicht. Warum vielleicht? Was hindert den Philosophen daran, ebenso den Reifen zu reparieren? Sein Name ist es, das öffentliche Vorurteil, das ihm das Gehirnvolumen hinaufsetzt und dafür zwei linke Hände beschert, das ihm eher zutraut, ein Buch über die Situation zu schreiben als die Situation selbst tätig zu verändern. Nehmen wir an, Mensch und Philosoph machen eine Radtour. Beide haben eine Platten. Mensch sagt zu Philosoph: „Du bist ein wahrer Philosoph – soll ich Dir den Reifen flicken?" Das wäre wirklich nett, ein Lob ist es nicht.

Es wäre ja auch gelacht, wenn sich der Philosoph und sein Titel von selbst verstünden. Denis Diderot macht in seiner *Enzyklopädie* einen Vorschlag zur Güte: „Die anderen Menschen erscheinen dazu bestimmt, zu handeln, ohne die Ursachen, die sie dazu bewegen, zu empfinden und zu erkennen; sie denken überhaupt nicht daran, dass es Ursachen gibt. Der Philosoph dagegen erkennt die Ursachen, soweit dies in seiner Macht steht, kommt ihnen auch oft zuvor und stellt sich bewusst in ihren Dienst. Er gleicht einer Uhr, die sich manchmal – sozusagen – selbst aufzieht."[5] Nebenbei wurde soeben das *perpetuum mobile* erfunden, aber das ist nicht unser Thema hier.

Dieser Philosoph beobachtet, baut auf seine Vernunft, um aus seiner Erfahrung etwas zu machen, entwickelt Begriffe und Prinzipien im Kopf und sagt besser nichts, bevor er etwas Falsches oder Grundloses äußert. *Nihil est sine ratione* – alles hat seinen Grund und soll seine Richtigkeit, im besten Fall seine Vernunft haben. Nehmen wir uns als Ernstfall unsere Fahrradpanne vor. Da bemerken wir leider sofort, wie schlecht dieses Beispiel gewählt ist. Welche „Gründe" außerhalb banaler Löcher in Schlauch und Mantel kann unser Philosoph hier erkennen und wie sollte er ihnen vorausdenken? Qualifiziert es den Philosophen, stets das Reparaturset dabei zu haben? In dieser Disziplin ist ihm jeder Neurotiker um Nasenlängen voraus.

Gut, nehmen wir besser ein anderes Beispiel – aber welches passt wirklich? Diderot bietet uns weitere Gedanken an, die bei der Beispielsuche behilflich sein könnten. Der Philosoph liebt die gute, die gerechte Gesellschaft; in ihr will er rechtschaffen seine Ehre erwerben. Er stimmt sich ein, stimmt Denken und Handeln darauf ab. „Die Fähigkeit des Philosophen zum Handeln gleicht sozusagen einer auf einen gewissen Ton gestimmten Saite; sie kann keinen Misston hervorbringen."[6] Andere – Widersacher, Spötter, Witzbolde oder Konkurrenzthansel aller Art – könnten es sich leicht machen, wenn sie den philosophischen Kammerton erst einmal kennen und die Saiten manipulieren. Der Philosoph ist leicht an der Nase herumzuführen, wenn sie wissen, in welcher ausschließlichen Tonlage er zu konzertieren gedenkt. Das ist keine üble Nachrede unsererseits. Diderot selbst berichtet von der Scheu des Philosophen, denn unter widrigen Bedingungen weiterzuspielen bedeute ihm, sich selbst zu verstimmen.[7]

Das Eingangslob an Sie, Sie seien ja ein Philosoph, müsste die Schwingungsverhältnisse Ihrer philosophischen Saiten mächtig in Unordnung gebracht haben, wenn an unseren Gedankengängen irgendetwas dran ist. Erstens ist „Philosoph“ kein Titel, den sich ein wahrer Philosoph von anderen, die als bekennende Nichtphilosophen auftreten, jemals umhängen lassen würde. Eben dies geschieht aber. Der Ausruf „Du bist ein Philosoph!“ geht in der Regel noch weiter. Hier folgt nun der üblicherweise verschwiegene Teil: „... und ich nicht!“ Denn, nehmen Sie den Satz als Satz und das Wort als Schmeichelei ernst, macht beides erst dann Sinn, wenn er Ihnen als Adressaten ein Alleinstellungsmerkmal zuspricht. Und da stehen Sie als „Philosoph“ plötzlich sehr allein da.

Ohne pedantisch sein zu wollen, dürfen wir an dieser Stelle vielleicht an den berühmten 7. Brief von Platon erinnern. Der alternde Platon will sich und anderen Rechenschaft ablegen, was seine philosophischen Lehren und Schriften überhaupt erreichen konnten. Er hat einigen Grund dazu, hat er sich doch mit Tyrannen wie Dionys in Syrakus wiederholt eingelassen; das ging nicht gut aus. Es ist ein schlichtes Bekenntnis des Scheiterns, aber dennoch mehr als Platons resignierte späte Einsicht. Das Ziel und der eigentliche Inhalt seiner Philosophie blieben stets unsagbar; sie ließen sich bestenfalls andeuten: „Wenigstens gibt es von mir selbst keine Schrift darüber und wird auch keine geben. Denn es steht damit nicht so wie mit anderen Lehrgegenständen; es lässt sich nicht in Worte fassen, sondern aus lange Zeit fortgesetztem, dem Gegenstande gewidmeten wissenschaftlichen Verkehr und aus entsprechender Lebensgemeinschaft tritt es plötzlich in der Seele hervor wie ein durch einen abspringenden Funken entzündetes Licht und nährt sich dann durch sich selbst.“[8]

Was nützte es jemanden aus solcher Runde, wenn ihn irgend ein Außenstehender, der mit dem Wort wenig bis gar nichts verbinden kann, einen „Philosophen“ nennt? Da fliegen keine Seelenfunken. Gewiss, der Angesprochene könnte sich im unvermuteten Glanz aalen und genießen, was er für ein Lob hält. Die nette Nachrede könnte ihm vielleicht bestätigen, dass er auf seinem philosophischen Weg unerwartete Fortschritte gemacht habe, was inzwischen auch für andere sichtbar werde. Eine Komödie der Eitelkeit würde inszeniert, die bestenfalls lächerlich macht, was immer mit dem Wort Philosophie verbunden ist. Er wäre ein Philosoph, der nicht weiß, was er denkt und der denkt, was er nicht wissen will. Der Versuch, Stellvertreter für sich denken zu lassen, ist modern und aktuell, aber in der Antike erstaunlicherweise auch nicht ganz selten.

Es gibt keine Philosophie nach breitem Publikumsgeschmack mit finalem Daumen hoch – weder bezogen auf eine Einzelaktion, die jemand als „philosophisch" lobt, noch auf ein nachgefragtes Buch als *must have*. Philosophie hat keine Orden oder Rangabzeichen zu verteilen. Sie ist vor allem eine anspruchsvolle eigene Tätigkeit, die einige Überraschungen birgt. Bitten wir Platon um ein Schlusswort, der gerade erklärt hat, dass er kein philosophisches Buch schreiben möchte, dass die Leser nur mit einem überstiegenen Selbstbewusstsein füttern würde. Ein solcher Versuch bringe „schwerlich einen Gewinn für die Menschen, höchstens für die wenigen, die auf einen kleinen Wink hin selbst imstande sind es zu finden; die übrigen aber würden dadurch sehr zum Schaden der Sache teils mit einer übel angebrachten Verachtung der Philosophie erfüllt werden teils mit einem ganz übertriebenen und hohlen Selbstbewusstsein, als wären sie im Besitze wer weiß welcher hohen Weisheit."[9] In diesem Sinne müsste das Lob, Sie seien ein Philosoph, ein Gesprächsangebot werden, denn Philosoph ist man nicht allein.

7. Kapitel
Denken divers*

Wer kann dabei zusehen, wie Gedanken entstehen? Sie sind schon da, man scheint immer etwas zu spät zu kommen. Gewiss, später kann ich meine Gedanken Revue passieren lassen oder schauen, wie sie sich im Gespräch mit anderen so machen. Ich kann sie aufschreiben und lange über ihnen brüten. Warum nenne ich sie „meine“ Gedanken? Weil sie in meinem Kopf entstanden sind, auch wenn ich nicht genau weiß, wie? Weil sie niemand kennt, wenn ich sie nicht äußere?

Wäre „ich“ der selbstbewusste Autor meiner Gedanken, wüsste ich stets anzugeben, woher sie stammen, was sie beinhalten – und Psychoanalytiker würden arbeitslos. In der Regel versinkt dies allerdings im Nebel: Wir wissen nicht wirklich und genau, wie Gedanken nach dem Bedarf der Situation zusammengebraut und in Worte gefasst wurden. Wären wir die souveränen und selbstbewussten Denker, die wir so gern vorgeben zu sein, müssten wir eigentlich entscheiden können, welche Gedanken wir haben werden und welche eben nicht. Patzer und Versprecher, Unbedachtes und Voreiliges, Peinliches oder schlichtweg Dummes würde uns nicht mehr unterlaufen. Die unterschiedlichsten Gedanken, die unser Kopf im Laufe unseres Lebens speichert und situativ abrufen kann, wären wie aus einem Guss. Alles müsste zusammenpassen. Das Risiko, dass wir uns selbst widersprechen, wäre damit endgültig vom Tisch.

Nun gut, auch wenn wir nicht der selbstbewusste Schöpfer aller unserer Gedanken sind, heißt das noch längst nicht, dass in unserem Kopf Wildwuchs herrscht. Natürlich prüfen wir unsere Gedanken nicht ein-

* Mit dem Wort „divers“ schließe ich mich nicht an ökonomische Debatten an, die die Diversifizierung des Portfolios als Risikostreuung auf unruhigen Kapitalmärkten empfehlen oder dem Marketing zu einer üppigen Produktpalette raten. Es ist auch nicht mit dem soziologischen oder dem Gender-Begriff der Diversität gleichzusetzen – obwohl hier die Verbindungen schon deutlicher sind. Unter Diversität verstehe ich, recht umgangssprachlich, das Element der Veränderung, Abwechslung, Überraschung und der Vielfalt – besonders, wo es unserer Erwartung oder Einstellung widerspricht und eine Kontradiktion beinhaltet.

zeln, gehen mit Kontrollblick unsere Gedächtnisarchive durch, um alles zu sortieren und bei Bedarf zu korrigieren. Was heißt es aber dann? Findet zwischen den Gedanken in unserem Kopf vielleicht ein heimlicher, ein unbewusster, ein kaum jemals bemerkter „Dialog" statt, der dafür sorgt, dass sie halbwegs zueinander passen und dass nicht Unvereinbares nebeneinander steht? Eine gewisse Abstimmung muss ja vor sich gehen, ansonsten gingen wir ein hohes Risiko ein, sobald wir den Mund aufmachen und einfach drauflosplappern. Grobe Inkonsequenzen und peinliche Widersprüche wären an der Tagesordnung.

Nehmen wir spaßeshalber an, das wäre tatsächlich so: Was wäre die Konsequenz? Sollten wir vor jeder Äußerung unsere Worte bespitzeln und unpassende herausfiltern? Ginge das überhaupt? Wäre das nicht ein probates Trainingsprogramm für Neurotiker? Jede einzelne Geistesregung verdächtigen sie, womöglich verräterisch, schief oder leichtsinnig zu sein. Bei jedem unkontrollierten Wort laufen pro forma die Bäckchen rot an. Sie wollen alles richtig machen und machen sich erst recht lächerlich.

Nichts von alledem steht im Alltag zu befürchten. Die Weisheit, die uns sonntags schön bunt dämmert, ersetzen wir am Montag mit dem grauen Gegenteil für die ganze Woche – unbeschwert und ohne große Seelenpein. Jede unserer vielen Lebensbühnen kennt ihre Sprache und ihr Publikum. Jede Weisheit hat ihren Ort. Sie gibt nicht den Ton in all unseren Aufführungen an. Wenn die philosophischen Gedanken üppig sprießen, kultivieren wir sie auf recht unterschiedlichen Beeten, auf dass kein Wildwuchs entsteht. Widersprüche bleiben erhalten wie dumme Verkehrshindernisse, die weiträumig umfahren werden. Schon sieht man sie im Rückspiegel und ist ein gutes Stück vorangekommen.

Die oberlehrerhafte Klage, die Reinheit der Philosophie oder ihrer „Lehren" würde dadurch perfide verwässert, war übrigens lange Zeit kaum mehr zu hören – glücklicherweise. Das Wort „Eklektizismus" hat inzwischen viel von seinem alten Schrecken verloren. Der römische Philosophiehistoriker Diogenes Laertius nannte so das Verhalten des Potamon aus Alexandria, der sich aus Philosophien zusammenklaubte, was ihm gerade gefiel.[1] Dafür braucht niemand eine eigene Idee, noch eine eigene Philosophie. Trotzdem kann sich der Prüfer wichtigmachen, wenn er mit strenger Miene begutachtet, was andere zugeliefert haben. Er spielt das Zünglein an der Waage und nimmt sich das letzte Wort heraus. Verzichtet man auch darauf, spricht man von Synkretismus. Das ist ein ziemlich janusköpfiges Wort. Eine Seite ist sachlich, die andere schimpft kräftig und macht ihre Opfer verächtlich. Denn Philosophie will gerade das nicht sein, ein beliebiges Denken, dass Fünfe gerade sein lässt.

Wie synkretistisch gehen wir mit unseren eigenen philosophischen Ideen um, wenn gerade niemand zusieht und uns unter den Zwang der Rechenschaft stellt? Möge jeder diese Frage selbst beantworten. Aufrichtige Statements brauchen bisweilen etwas Mut, den freilich nicht alle aufbringen. Aldous Huxley schaute seinen Zeitgenossen beim alltäglichen Denken zu: „Als ein vielfältiges und unstetes Wesen ist er in der Lage, alle die teilweise und offenbar widersprechenden Synthesen hinzunehmen, welche von anderen Philosophen konstruiert wurden. Er ist in einem Augenblick Positivist und im nächsten Mystiker; bald vom Gedanken an den Tod verfolgt (denn die Offenbarung des Todes ist eine Begleiterscheinung des Lebens), bald ein dionysisches Naturkind; ein Pessimist und, bei einer Veränderung in der Liebe oder in der Leber oder auch nur des Wetters, ein überschwänglicher Anhänger des Glaubens, dass Gott in seinem Himmel und auf Erden alles wohlbestellt hat.“[2] Nicht zu vergessen: Immer ist und bleibt auch dieser Mensch ein denkender.

Eklektizismus, Synkretismus und der alltägliche Aufstand der Ideen gegen die philosophische Form: Die Reaktion professioneller Philosophie lässt sich problemlos ausmalen. Freundlich ist sie nicht. Hochnäsig muss sie nicht sein – es reicht, sich das Urteil vorzustellen, dass ein derartiges Denkgebräu in der Philosophie so fehl am Platze ist wie die wackelige Rostlaube beim TÜV. Wer prüft hier aber was? Wo säße die akademisch versierte Philosophie zu Gericht, um diese Formen der alltäglichen Philosophie in ihre Schranken zu verweisen? Sie lässt die Hobbydenker weithin in Ruhe und kümmert sich um ihresgleichen.

Die Hobbydenker lassen sich aber nicht in Ruhe. Sie malen sich das vernichtende Urteil gern aus und reagieren gereizt und intolerant, wenn sie auf Widersprüche im eigenen Denken stoßen. Die Verzagten suchen doch besser Schutz unter dem Schirm etablierter Philosophien, die derartige Tritte ins Fettnäpfchen ersparen. Andere, die etwas von der Emphase des Herrn Huxley verspüren, fühlen sich trotzdem wie gelähmt und angenagelt. Können sie es einfach nicht besser? Fehlt ihnen der Überblick und ihrem Geist die Schärfe? Trotzdem schätzen viele die Beweglichkeit ihres Denkens und verzichten auf das Angebot, ihren

Kahn im sicheren Hafen einer anerkannten Philosophie ins Trockendock zu legen.

Hier entsteht das Problem, um das es uns jetzt vor allem geht: Wie lässt sich philosophieren, wenn man sich selbst von den tradierten Legitimationsquellen der Philosophie fernhält und Forderungen die kalte Schulter zeigt, die das eigene, spontane Denken auf Konsistenz, Widerspruchsfreiheit oder Systematisierung festlegen wollen? Wenn man darauf verzichtet, von jeder frisch geborenen Idee, die die passenden Worte nicht immer gleich gefunden hat, sofort ausufernde Begründungen und Rechtfertigungen einzufordern? Wenn die Schublade zubleibt und man gar nicht wissen will, in welche ein Gedanke abgelegt wird, der uns soeben durch den Kopf geht? Wenn die Lust, eigenen Gedanken zu folgen und Konstellationen auszuprobieren, stärker ist als das Bedürfnis, alles gleich zu sichten und mit alten Argumenten zusammen zu archivieren?

Es geht beileibe nicht darum, verkehrte Welt zu spielen und aus purer Lust am Widerspruch zu behaupten, hier müsse ja nichts zu nichts passen. Fortan heilige jeder Unsinn die Mittel. Ein schöner Fauxpas sei auch einen Applaus wert. Geraten Gedanken allzu früh unter die Forderung, mit etablierten Ideen übereinstimmen zu müssen, gräbt sich der Philosoph das Wasser ab. Er wird zum Papagei seines Systems. Das steuert den ganzen Prozess seines Handelns, Wahrnehmens und Denkens, indem es Erwartungen nahelegt und auf deren Erfüllung pocht. Was nicht passt, wird passend gemacht. Oder es geht mit dem Vermerk *Empfänger unbekannt* retour. Da spontane Sendungen, was Einfälle nun einmal sind, selten erwartet werden, fällt es kaum auf, wenn der Briefkasten leer bleibt. Manche dieser Sendungen hat aber auch einen derart hingekritzelten Adressaten, dass wirklich nicht ganz klar ist, wo sie hingehört.

Wer auf Konsistenz hält, stellt nicht alle Empfangsfrequenzen auf Dauerempfang, sondern limitiert sie gemäß der eigenen Erwartungen. Das geschieht oft so subtil wie unbewusst. Es inszeniert ein System von Umleitungen und führt im Ergebnis in die Irre. Am Ende werden selbst die spontanen Gedanken, die sehr wohl diesen Anmaßungen entgehen könnten, das vorhandene System mit immer neuer Nahrung versorgen. Auf diese Weise geriete die Philosophie, vor allem die einer systemisch betriebenen Schule, in die Gefahr, zu einer Art von Chamäleonzoo zu werden. Außenstehende erkennen das in der Regel sehr schnell, etwa an der rigiden Atmosphäre der Diskussionen. Oder an charakteristischen Sprachspielen, die schnell klarmachen, ob jemand in den Kreis dieser Philosophie hineingehört oder unberechtigt hineingeschnöselt ist.

Lässt sich die Philosophie diversifizieren, um die Vielschichtigkeit des Denkens nicht zu bagatellisieren? So neu die Idee klingt, so klassisch ist sie; die Praxis ist allerdings wenig angenehm. Wenigstens erlebt es Maine de Biran so, ein Politiker zwischen den Zeiten der Französischen Revolution bis in die Ära nach Napoleon. Seine ausgesprochene Neigung ist, Philosophisches zu notieren. Natürlich will er sich und die Welt erklären, ein bisschen wenigstens. Das ist so einfach nicht. Kaum nimmt er die Feder zur Hand, fühlt er sich von reißenden Strömungen davongetragen und findet keine Stelle für irgendeinen Anker.[3] Nicht nur Aktuelles scheint sich kaum in übersichtliche Bilder und Sätze zu fügen, sobald er beginnt, sich zu beobachten. Aus seinen Lebenserinnerungen sprechen auf einmal ganz unterschiedliche Menschen. Glaubt der Ältere, mit Hilfe seiner Grundsätze sein Leben übersichtlich ordnen zu können, macht ihm der Junge, der er gewesen ist, einen Strich durch die Rechnung. Nicht einmal die eigene Biographie kann aus einem Guss sein: man bräuchte mehrere Gedächtnisse, weil Menschen unterschiedlichsten Alters daran beteiligt waren und weil sie ganz unterschiedliche Dinge gedacht und erlebt haben. Der älter gewordene Maine de Biran will einen „erhöhten Gesichtspunkt“ finden, um in seiner Meditation zu sich zu kommen. Er findet aber bloß den „Ton seiner Umgebung“ und befürchtet, seine Eigenart verloren zu haben.[4] Immerhin tut ihm das „kleine Leben“ in der Provinz gut; hier findet er Ruhe. Aber in der Ruhe findet er weder zu sich selbst noch die Einsicht in die Kräfte und Abläufe seiner Psyche, die ihn mehr als alles andere interessiert.

Er nimmt seine Notizen zur Hand und will aus ihnen etwas machen. Er will nachdenken, den reichen Bestand seiner notierten Vorstellungen sichten, Verbindungen finden und Schlüsse ziehen. Das macht ihn alles nur unruhig. Maine de Biran muss am Ende das Vorhaben immer wieder zur Seite legen. In einer längeren Notiz, entstanden vom 8. bis zum 10. März 1815 in Grateloup, sagt er sehr deutlich, warum: „Was ich in der Frühe denke, verbindet sich nicht mit meinen Gedanken am Tag vorher, ja nicht einmal das zu einer Stunde Gedachte mit dem der folgenden. Ich muss mich von mehreren interessanten Stoffen getragen fühlen, um von einem zum anderen gehen zu können. Ich erwarte den Augenblick, bis mein Kopf sich erhitzt, und aus sich der Eingebung oder dem spontanen Schwung gehorcht und bis mein Geist frei vom Willen nur mehr in Sprüngen und Sätzen arbeitet."[5] Das scheint wirklich kein Zeichen philosophischer Souveränität zu sein, wenn jemand so wenig Herr über seinen eigenen Kopf ist und ihm alles aus dem Ruder läuft. Ideen blockieren sich gegenseitig, Gedanken brechen andere Gedanken rüde ab, Erfahrungen dementieren die eigene Unabhängigkeit, Stimmungen wechseln wie der Wind und das ganze Ensemble macht konsistente Gedankenketten nahezu unmöglich. Das ließe sich abtun mit dem Hinweis, es läge womöglich eine psychische Problematik vor und ein Maine de Biran zähle ja auch nicht zum Kernbestand der bedeutenden Philosophen.

Maine de Biran befindet sich allerdings in bester philosophischer Gesellschaft. Auch ein Michel de Montaigne will nicht in althergebrachter Philosophenmanier über alles Mögliche bequem urteilen. Er will wissen, was er überhaupt weiß und geht einfach davon aus, dass es nicht besonders viel sein kann. Montaigne erfindet eine experimentelle Form des Schreibens und deren Namen gleich dazu. Seine Essays kultivieren die schreibende Geistesgegenwart, die Nuancen und Strömungen des Denkens sichtbar machen soll. In dieser Entdeckungsreise wird Montaigne sich selbst und seine Gedanken in völlig neuen Perspektiven kennenlernen. Nicht ihm allein ergeht das so. Eine Generation später wird Blaise Pascal in seinen *Pensées* notieren: „Das ist die wahre Ordnung, die gerade durch die Unordnung meinen Gegenstand kennzeichnen wird."[6]

Es ist eine Tradition, die mit Namen wie Sören Kierkegaard , Friedrich Nietzsche oder Ludwig Wittgenstein aufwarten kann.[7] Die Welt, die Friedrich Nietzsche notieren will, hält nicht immer still; auch hier leidet die Notiz am Problem des schnellen Wechsels. Ein Passus der *Fröhlichen Wissenschaft* berichtet: „Seufzer. – Ich erhaschte diese Einsicht unterwegs und nahm rasch die nächsten schlechten Worte, sie festzumachen, damit sie mir nicht wieder davonfliege. Und nun ist sie mir an diesen dürren Worten gestorben und hängt und schlottert in ihnen – und ich weiss kaum mehr, wenn ich sie ansehe, wie ich ein solches Glück haben konnte, als ich diesen Vogel fieng."[8] Das wird dem Autor immer wieder zum Problem. Seine Philosophie ist experimentell und alles andere als protokollarisch. Nuancen sind entscheidend. „Geistesgegenwart: das heißt die Fähigkeit sich seine Worte durch die

Umstände diktiren (zu) lassen", schreibt Nietzsche im Frühjahr 1880 in sein Notizbuch.[9]

Wir betreiben an dieser Stelle keine Geschichtsschreibung der Philosophie. Es geht um etwas Einfaches, womöglich um etwas ganz Handfestes. Sören Kierkegaard unternimmt seine Entdeckungsreisen mit dem Stift in der Hand: „Ein alter Philosoph hat gesagt, wenn man alles, was man erlebt, genau aufschreibe, so sei man, ehe man sich's versehe, schon ein Philosoph."[10] Wie dem auch sei: Bei Maine de Biran, Michel de Montaigne, Sören Kierkegaard oder Friedrich Nietzsche entwickelt sich auf diese unscheinbare Weise ein vielschichtiger Dialog. Er fördert Unerwartetes zutage und verändert den Philosophen. Der ist weder der unbeteiligte Beobachter, noch lenkt er souverän seine Gedanken. Der Dialog wird umso dichter und intensiver, je besser es dem Philosophen gelingt, rigide Kontrollen und Erwartungen abzubauen und sich im besten Wortsinn überraschen zu lassen. Er sucht nicht den abgeklärten Abstand. Er bewegt sich in der Nähe und sucht Situationen, Menschen und Gedanken, in deren Umkreis ihm etwas einfällt oder etwas auffällt.

All das ergibt noch keine Philosophie, die in Thesen formulierbar ist. Sie lässt sich in diesem Stadium nicht zu Positionen verdichten. Es ist immer wieder ein Anfang gemacht, der eine Fortsetzung eigener Art braucht. Sie benötigt einen anderen Umgang mit den eigenen Wahrnehmungen und Gedanken. Stellen wir uns vor: Ein Mensch versucht, durch das Gewühl der Masse seinen Weg über den Bahnsteig zu finden. Er sieht eine Lücke und nutzt sie, er weicht aus und scheint sich wortlos in Bruchteilen einer Sekunde mit anderen Passanten zu verständigen. Es bleibt ihm, mit den Worten Heinrich von Kleists gesagt, nichts anderes übrig, als nach „bloßen augenblicklichen Eingebungen"[11] zu verfahren. Solche „Eingebungen" sind keine Erkenntnis und erst recht keine Philosophie. Sie verhindern ein blaues Auge in dieser engen Welt, die man mit anderen teilt.

Denkt man ansonsten wirklich anders, nämlich gründlicher, mit Zeit, in größerer Distanz und mit ausgiebiger Reflexion? Kleist wäre da skeptisch. Alle Welt verhält sich so. Wir haben unsere Ansichten griffbereit in der Hosentasche und schicken sie auf ein Stichwort in jeden sich anbietenden Diskurs. Hinterher verkaufen wir jede unserer Äußerungen als Ausdruck wohlüberlegter Besonnenheit. Wann überlegen wir eigentlich – bevor wir reden? Und was tun wir da – üben wir Argumente für alle Fälle ein? Die Überlegung – soweit wagt sich der Leutnant von

Kleist hervor – nimmt überhaupt nicht den so gern beschworenen Platz ein. Vor unseren Handlungen steht kaum jemals ein organisierender Gedanke und erst recht keine Abwägung moralischer Pflichten oder vernünftiger Kriterien. Auf unserem Kutschbock sitzt kein abgeklärter Geist mit straffen Zügeln in der Hand. Spätestens wenn die Pferde durchgehen, wenn Leib und Leben an Bruchteilen von Sekunden hängen, begreifen wir, dass nur die schnelle Reaktion hilft. *Hinterher* ist natürlich immer gut Denken. Wie klug man ist! Man weiß, was zu tun gewesen wäre. Immerhin findet so manche Handlung erst durch diese Nachgeschichte ihren philosophischen Sinn.

Muss man das beklagen? Warum sollte man?, wägt Kleist ab. Es ist vielleicht besser so. Die Reflexion hätte im kritischen Moment die Spontaneität gelähmt und das wäre äußerst gefährlich: „Die Überlegung, wisse, findet ihren Zeitpunkt weit schicklicher *nach*, als *vor* der Tat. Wenn sie vorher, oder in dem Augenblick der Entscheidung selbst, ins Spiel tritt: So scheint sie nur die zum Handeln nötige Kraft, die aus dem herrlichen Gefühl quillt, zu verwirren, zu hemmen und zu unterdrücken [...].“[12] Wer will das schon!

So wird in dieser Situation alles, auch das vorgeblich planende Denken, aus dem Handeln geboren. Wir verstehen zunächst nicht, wie, können aber beobachten und im Fluss der Erfahrungen erzählen. „*L'idée vient en parlant*“, eröffnet Heinrich von Kleist den Lesern seines Essays Über die allmähliche Verfertigung der Gedanken beim Reden.[13] Beim Reden sind wir nicht auf dem Bahnhof im Gewühl, aber das könnte sich als ein lediglich gradueller Unterschied herausstellen.

Irgendeine dunkle Vorstellung meldet sich. Du willst etwas sagen und weißt nicht genau was. Was tun? Rede einfach darüber! Rede drauflos! Sieh zu, was dann passiert! Kleist muss seinen eigenen Rat eifrig befolgt haben: „[...] wenn ich nur dreist damit den Anfang mache, das Gemüt, während die Rede fortschreitet, in der Notwendigkeit, dem Anfang nun auch ein Ende zu finden, jene verworrene Vorstellung zur vollen Deutlichkeit aus[prägt], dergestalt, dass die Erkenntnis, zu meinem Erstaunen, mit der Periode fertig ist.“[14] Ohne es zu ahnen, helfen der oder die Zuhörer dabei kräftig mit. Ihre Präsenz lässt die Worte nicht ins Nichts versickern. Ihre Resonanz gibt ihnen Leichtigkeit oder Gewicht, je nachdem. Das Spiel der Mienen und Gesten zeigt unbewusst an, ob die Idee von ihnen Besitz ergreift – als seien sie dann in eine Art von Magnetfeld geraten, das das „wahrhaft laute Denken“ aufgespannt hat. Der Weg des Gedankens ist auf verschlungene Weise sozial und kommunikativ.

Bleibt all das dem einsamen Denker, der ins philosophische Grübeln geraten ist, verwehrt? Mitnichten, sagt Kleist, der selbst von außerordentlicher Schüchternheit war und bisweilen von Ausbrüchen plötzlicher Mitteilungssucht geschüttelt wurde. Kleist warnt die Gesellschaften seiner Freunde und Bekannten vor, sie würden ihr lautes Wunder erleben, wenn der Stille plötzlich auftaucht und flammende Worte, so unverständlich sie manchmal sein mögen, in ihre Mitte wirft. Unhöflich will er nicht sein. Die Erklärung seines Verhaltens scheint ihm einfach, denn er gibt ja nur die Anregung zurück, die er zuvor in diesem Kreis erfahren hatte. Nun galoppieren die Wörter. Die Anwesenden müssen es schon ertragen, dass sie gerade hier am richtigen Ort sind. Wer Kleist kannte, entdeckte in seinen literarischen Worten ohne Mühe das Selbstportrait.

Hier mogelt sich jemand nicht durch die Menge wie auf dem Bahnsteig. Redet er, geht er das Risiko ein, anzuecken. Bilden sich aber seine Gedanken beim Reden, dann arbeiten die anderen mehr oder weniger heimlich mit. Das ist der Unterschied zum Bahnsteig: Hier hat jeder ein einziges Interesse, nämlich ohne Beulen schnell ans Ziel zu kommen. Andere mag man am liebsten, wenn man sie sofort vergessen kann. Das ist in der Philosophie grundlegend anders. Man könnte Kleist auch so verstehen, dass sich die Idee weigert, ans Licht zu treten, wenn sie kein soziales Empfangskomitee vorfindet.

Das Wort ist leider etwas aus der Mode gekommen, aber „nachdenken“ trifft es ganz gut. Philosophisches Denken ist nicht prioritär. Will es vorwegnehmen, was die Augen zu sehen bekommen, wird es zur Brille auf der Nase. In der Regel sieht man mit dieser „Sehhilfe“ anders, nicht immer schärfer und selten differenzierter. Von der philosophischen Brille zum Vorurteil ist es nicht weit. Das Vorurteil hat in der Philosophie natürlich eine schlechte Presse, ist aber dennoch im praktischen Leben äußerst beliebt, weil es vorgibt, niemand müsse sich bohrenden Unsicherheiten oder hartnäckigen Unklarheiten aussetzen. Lösungen, Erklärungen und Orientierungen seien längst gefunden worden und abrufbereit, bevor der betroffene Mensch überhaupt so richtig weiß, was ihn wohl umtreibt und was es da zu fragen gibt. Das etablierte philosophische Denken hätte längst bewältigt, was uninformierte Zeitgenossen ratlos macht. Dummerweise ist diese Vorstellung einer ruhigen, unerschütterlichen Souveränität im Denken bis heute eng mit dem Image eines Philosophen verbunden.

Ein Maine de Biran, Montaigne, Pascal, Kierkegaard, Nietzsche oder Wittgenstein (die Liste der betreffenden Denker ist erheblich länger) haben indes erfahren, dass der Weg zum eigenen Denken nicht leicht abzukürzen ist. Ganz im Gegenteil, sie forderten einen diversen Blick ein, der es sich mit dem bislang so bequem Übersehenen nicht so leicht macht. Die falschen Urteile sind uns leider die Unentbehrlichsten, meinte Friedrich Nietzsche.[15] Mit ihrer Hilfe fälschen wir uns weg, was wir nicht sehen wollen oder was immer uns stören oder überfordern würde. Diese Blindheit kultivieren wir geradezu als Lebensbedingung und füttern sie mit philosophischen Argumenten. So kann Philosophie unsere Welt enorm verengen und uns eigensinnig und unansprechbar machen. Das antike griechische Denken erfand für einen, der auf das eigene enge Denken eingefahren ist, die Bezeichnung Idiot. Heute verträgt sich Idiotentum bestens mit massenmedialer Überfütterung, seien es Informationen oder philosophische Standardhäppchen, wie Andreas Dorschel zu Recht anmerkt.[16]

Mag eine unerschütterliche philosophische Weisheit am fernen Ende des Denkweges stehen – am Anfang steht sie nicht. Man sieht sie gern sehr früh oder auch allzu früh, beglückwünscht sich ob seiner Geistesgaben, immunisiert sich gegen die Wechselfälle des Lebens und übersieht den Verlust. „Man hat überall dort ein Vorurteil, wo man eine Verwandlung fürchtet", notierte Elias Canetti. Das sei verständlich, aber sinnlos; man entgehe ihr letztlich nicht."[17] Diese Unruhe werden wir nicht billig los, indem wir uns mit sedierenden Versatzstücken der Philosophie aus diesem Kraftfeld herausmogeln.

Denken bleibt auf das angewiesen, was ihm (noch) nicht entspricht, was es nicht bewältigt hat. Das stellt immer wieder Anforderungen, obwohl der Denkende nicht weiß, ob er ihnen gerecht werden kann oder will. Philosophisches Denken kann scheitern; es ist und bleibt Denken auf eigenes Risiko. Wäre dieses Scheitern unmöglich, kann es kein philosophisches Denken sein. Eine rein philosophische Prüfung und Kritik allein werden aber nicht hinreichen, um zu entscheiden, ob dies der Fall ist oder nicht. Philosophie muss auf Urteilskraft setzen. Die bliebe ohne die Welt, deren Verständnis nicht vorausgesetzt, sondern zu suchen und zu entwickeln ist, hohl und leer. Das stärkt die Bedeutung der Diversität. Es stellt heraus, dass Diversität nicht zum Defizit erklärt wird, weil etwa Einordnungen und Erklärungen nicht zur Hand sind oder weil herkömmliche Orientierungen versagen. Ohne Diversität würden wir das Denken einstellen und letztendlich darauf verzichten, den Satz des Sokrates aus eigener Erfahrung zu verstehen: „Ich bin mir bewusst, dass ich nichts weiß."

Zum Philosophen wird, wer trotzdem fragt und denkt. Diversität geht ihn etwas an. Sie stellt sich in den Weg, drängt sich auf, widerspricht Erwartungen, lässt Routinen ins Leere laufen und hat dort Fragen im Gepäck, wo jeder gern auf seine archivierten Antworten vertraut. Alte Rechnungen stimmen plötzlich nicht mehr, Rechenwege und etablierte Skalen werden unsicher. Alles das hebt die Distanz auf, mit der wir üblicherweise durch die Welt gehen.

Diese Erfahrung sagt der Philosophin und dem Philosophen etwas, nur wissen er oder sie noch nicht allzu genau, was. Die Unsicherheit lauert im eigenen Denken, in Worten, die in einem Augenblick fraglich werden, in Wahrnehmungen, die nicht ins Bild passen und vor allem in Kommunikationen, die sicher Geglaubtes in Frage oder auf den Kopf stellen. Eigentlich hilft diese Erfahrung wie keine andere, zum Philosophen zu werden. Sie lässt uns die philosophische Tradition anders und besser verstehen. Man hat es sich ganz gemütlich vorgestellt, dass alle Philosophie nach Plato und Aristoteles mit dem Staunen beginnt. Die Sonne versinkt im irren Farbenspiel des Abendhimmels über den Säulen des Parthenon. Der mit Lorbeer bekränzte Philosoph gerät auf der Akropolis ins Staunen. Er sucht die Seele des Ganzen zu erfassen. Von seinen Funden leben wir noch heute – zu schön die Vorstellung, um nicht irreführend zu sein.

Staunen ist außerordentlich vielfältig. Man kann verblüfft oder erschüttert sein, ästhetisch angeregt oder emotional am Boden zerstört. Wir staunen über Höchstleistungen im Sport, über gigantische Wolkenkratzer und wir staunen nicht schlecht, wenn sich ein integrer Mensch als korrupter Politiker erweist. Staunen ist die Schule der Differenz, es ist der Beginn aller Philosophie. Die Kommunikation macht Staunende zu Philosophen und die Philosophie zur Angelegenheit unter Freunden. Ganz am Anfang ist sie weder in ihren Worten eloquent noch in ihren Inhalten abgeschlossen. Ein wenig vom Mut und der Frechheit eines Heinrich von Kleist täte jedem gut, der diese Spur gefunden hat und auf ihr weiter philosophieren möchte.

8. Kapitel
Die Zeit flussaufwärts

Der Fluss taucht ab, die Stadtplaner wollten es so, um Straßen und Autos Platz zu machen. Er ist in einem Kartenspiel gelandet. ständig wird gemischt, eine Karte liegt oben, dann unten. Eine Ecke weiter darf das Wasser wieder aus der Unterwelt zutage treten, durch den Stadtpark plätschern und heile Welt spielen. Wie hat es die Forelle bis hierher geschafft? Sie hat ihren Platz im Fließschatten einer Strömung gefunden und wartet auf vorbeikommende Nahrung, Kann man einen Fluss entlang gehen, ohne sich Gedanken zu machen? Der Weg ist ausgeschildert bis zur Quelle, der Tag ist frei und das Wetter ist paradiesisch. Ich gehe und im Hinterkopf taucht die merkwürdige Frage auf, wie viel Philosophie mir um diesen Fluss herum begegnen wird. Die Frage ist offensichtlich unsinnig. Was soll der Fluss sagen? Ich staune doch, denn die Frage macht mich auf einen inneren Monolog aufmerksam. Ich denke die ganze Zeit, nicht immer mit vollem Bewusstsein, aber immerhin so, wie einer ab und zu vor sich hin grummelt.

Dass ich mich gegen den Strom bewege, wenn ich zur Quelle geht, fällt mir auf. Aber ist das nicht eine äußerst kitschige Assoziation, die mit dem Weg zum großen Ursprung spielt und dort mit üppigem Sinn lockt? Ich lache beim Gehen über diese traditionsreiche Naivität, die dem Wort „Ursprung“ einen beinahe transzendenten Glanz verleiht. Jede Menge halbverdautes religiöses Erbe mag in solchen Assoziationen stecken. Philosophen von Thales bis Heidegger haben mit dem Zauberwort ein Publikum erreicht, das nicht immer an der Philosophie interessiert war. Eine Fußgängerampel mischt sich ein und unterbricht die Gedanken. Ich warte auf der Brücke über den Fluss auf Grün.

Träge fließt das Wasser, träge spielen meine Gedanken mit dem Fließen. Heraklits „alles fließt“ fällt mir ein wie der unvermeidliche philosophische Gassenhauer. Wer kann den nicht mitpfeifen? Ich schaue ins Wasser. Fließt alles? Wer das sagt, steht auf einer Brücke wie ich. Das Wasser fließt, ich aber stehe still und sehe den Fluss unter mir. Ich habe einen festen Standpunkt. Der fließt eben nicht, obwohl ich ihn dringend für die Feststellung brauche, dass alles fließt. Würde ich in derselben Geschwindigkeit mitfließen, könnte ich die Bewegung so wenig beobachten wie man die Rotationsbewegung der Erde wahrnimmt – etwa 465 Meter in jeder Sekunde. Heraklits Satz ist paradox. Mir scheint, wer ihn im Kopf hat, muss sich entscheiden, einfach Worte vor sich hinzusagen oder ihnen zu erlauben, notfalls die eigene Position zu verändern. Dann merkt man schnell, dass diese Worte nicht einfach den Fluss beschreiben, sondern uns entzweireißen könnten.

Das Ende des Gedankens denke ich schon auf dem Fußgängerüberweg; die grüne Ampel hat meinen unbewegten Zustand beendet. Auf der anderen Straßenseite weist ein Wanderschild den Weg, der über eine berühmte Klosterruine führt. Flüsse werden in die ältesten Narrative eingepackt, Mythen und Relikte aller Zeiten begleiten sie und spulen sich noch heute in vielen Hinterköpfen ab. Das Kloster, das alte Wasserrad, die Reste einer verfallenen Scheune und ein Weidezaun aus unbearbeiteten knorrigen Hölzern – ich gehe durch Zeiten. Der Fluss reiht sie mir auf wie die Perlen einer Kette. Gerade erst der Stadt entronnen, führen meine Schritte vor die Ruine des stattlichen Klosters, das 1525 von aufständischen Bauern niedergebrannt wurde. Worte der Zeit habe ich im Gedächtnis, es spielt Sätze von Thomas Müntzer ein.

Niemand kann sich aus der Gegenwart verabschieden und in die Geschichte abtauchen, jeder bleibt hübsch an Ort und Zeit gebunden. Das sagt sich leicht daher. Der Weg am Fluss arbeitet kräftig daran, diese simple Weisheit durcheinander zu bringen. Er macht mir abspenstig, was ich ansonsten, ohne viel nachzudenken, meine Zeit und meinen Raum nenne. Standpunkte werden zu Gehpunkten, Perspektiven wechseln sich mit Leichtigkeit aus. Der Fluss scheint von allem unberührt. Oder ist das eine neue Form der Ironie? Er fließt und kennt die Richtung, die ihm die Schwerkraft vorgibt. Das über Jahrhunderte eingegrabene Bett macht es ihm leicht.

Der Fluss hat immerhin, anders als das Fließen in meinem Kopf, einen festen Namen. Der bürgt für Identität und deckt alles ab, was mit dem Fluss zwischen Quelle und Mündung in direkter Verbindung steht. Der Name hüpft durch die Geschichte und das Leben unzähliger Generationen, lieblich wie ein Landschaftsgemälde, dann wiederum mächtig wie ein Despot, von dem das Leben abhängt, wenn Wasser knapp ist oder Feinde am anderen Ufer drohen. Der Name des Flusses ist äußerst gefräßig. Er verschlingt die Namen der vielen Zuflüsse; sie, die kleineren, unscheinbaren, werden zu namenlosen Lieferanten herabgewürdigt, sobald sie ihn erreicht haben. Jedes einzelne ihrer Wassermoleküle tauft er um, während er es in seine Wirbel aufnimmt und ihre Vergangenheit restlos unkenntlich macht. Der Fluss kann mäandern und sich winden, wie er will oder nach ökologischer Einsicht soll. Er bleibt ein Strahl in der Zeit. Das Wasser vor meinen Augen wird in der Nordsee Badeurlaub machen. Auch dieser Gedanke ist nur eine Flaschenpost des Augenblicks, die ich dem Strom der Zeit anvertraue.

Da gibt es ein Muster und das beschäftigt mich. Immer wieder kehren die Gedanken beim Gehen zu dem einen, herausgehobenen Fluss zurück, wollen aber die vergessenen Zuflüsse nicht übergehen. Menschen drehen denkend die Zeitenfolge um. Jeder Rückblick tut das. Jedes „ach, hätte ich doch“ weiß, wenn auch etwas spät, dass es bessere Alternativen gegeben hätte. Flüsse kehren nicht um. Sie fließen nicht rückwärts. Ihre Strömung geht ganz banal, unbeirrt und manchmal unerbittlich in nur eine Richtung wie die Zeit auch. Gegen die Irreversibilität der Zeit rennt unser Denken immer wieder an: Jede Erinnerung liebt das, die uns existenziell betrifft und plötzlich wie eine erlebte Gegenwart in unser Leben einbricht, oft sehr plastisch und dramatisch. Manchmal – vor allem, wenn wir philosophieren – mag es uns vorkommen, als wenn jeder Gedanke in Kontakt mit unzähligen früheren steht. Auf sie macht er Anleihen, er will sie gerade rücken, verändern, modifizieren, sie hervorheben oder in irgendeine Ecke stellen. In den Netzwerken unseres Lebens und Denkens gibt es mannigfaltige Vor- und Rückflüsse, obwohl niemand die Irreversibilität der Zeit aushebeln kann.

Hinter der Klosterruine führt der Fluss durch einen lichten Wald. Vereinzelte Sonnenstrahlen dringen wie bedeutungsschwangere Lichtkegel durch die Baumkronen. Sie treffen auf die Strudel im Fluss, die sich um Felsbrocken im Flussbett bilden und weiße Gischt hochspritzen lassen. Das Wasser rennt gegen den Fels an. Es überspült und umkreist ihn, es fließt nicht einfach an ihm vorbei. Strudel bilden sich und es scheint, als ob das Wasser den großen Stein umrunden wollte. Mir kommt es vor, als leiste der Fluss Widerstand nicht nur gegen den im Wege stehenden Felsen, sondern gegen die Idee der Irreversibilität der Zeit, die mir durch den Kopf geht.

Was sehe ich, wenn ich nun bewusst beobachte, was vor Augen ist? Ich nehme Wasser in den Blick und versuche, seinen Weg über die kleine Strecke um den Felsen zu verfolgen. Was heißt das und was tue ich? Ich merke mir, woher die Welle kam, ich sehe, was passiert und wie lange das Wasser für das Auftreffen auf den Felsen und die folgende Umrundung braucht. Ich weiß – das heißt, ich sehe, oder sollte ich besser sagen, ich habe eine Erwartung? –, wohin die Welle fließen wird. Diese so einfache Wahrnehmung bringt Zeiten zusammen, als könnte ich sie moderieren. Vergangenheit und Zukunft scheinen noch am klarsten der Beobachtung zu entsprechen. Die Gegenwart lässt sich nicht so leicht in einem Zeitmoment einfrieren, wie es einer Fotografie mit kurzer Belichtungszeit möglich wäre. Der Wahrnehmung gelingt es nicht, einen Moment gegen die vorangehenden und die folgenden wirklich zu isolieren. Mir, dem Spaziergänger, kommt es lächerlich vor, aber plötzlich spuken philosophische Worte und Sätze im Kopf herum. Was war das mit dem Strom des Bewusstseins?

Der amerikanische Philosoph und Psychologe William James hatte diesen Begriff in der Philosophie und der Psychologie Ende des 19. Jahrhunderts heimisch gemacht.[1] Wahrnehmungen und Gedanken wechseln rasch ab, aber woher kommt in diesem permanenten Wandel das Gefühl, dass es meine eigenen sind und dass ich mehr bin als eine Sammelbüchse unterschiedlichster Impulse? Dass die Objekte sich bei allem Wandel nicht in unkenntliche Wirbel auflösen, sondern über eine gewisse Konstanz verfügen?

Objekte werden durch die Wiederholbarkeit einer Wahrnehmung in ihrer Eigenständigkeit fixiert. Schau einfach nochmal hin! Beim fließenden Bewusstsein selbst ist diese Vergewisserung weder möglich noch nötig. Trotz aller Veränderung fühlt es sich, so William James, im Wesentlichen gleich an. Wenn die Übergänge im Bewusstsein von einem zum nächsten Gedanken auch abrupt geschehen, wird das nicht als ein Bruch der Kontinuität des Bewusstseins wahrgenommen. Der Bewusstseinsstrom erzeugt das Gefühl einer eigenen Identität. Ihm gelingt es spontan, die Zeitdifferenzen zu überbrücken und das Vorher und das Nachher zu integrieren: Der Strom lässt Strudel entstehen, deren Drehbewegungen die Zeiten verbinden: Der eine Strudel ist rückläufig und wendet sich dem zu, das gerade vergangen ist, der andere Strudel dem, was eben angefangen hat und in die Zukunft ausgreift. Stets ist der Strom des Bewusstseins ein Theater unterschiedlicher Möglichkeiten. Alle sind gleichzeitig präsent und nehmen potenziell Teil am Identitätserleben, das den Strom des Bewusstseins auszeichnet.

Ich schüttele den Kopf, als ich aus dieser philosophischen Träumerei von vielleicht einer Minute wieder aufwache. Den Moment verdanke ich einem Eichelhäher, der mit dreimaligem Gekreisch über mich hinwegfliegt. Ich kann ihn, versunken wie ich am Fluss stand, kaum gestört haben. Eigentlich bin ich dankbar, dass er mich gestört hat, denn schon liefen sich in meinem Hinterkopf Begriffe warm, die den Faden der vorherigen Assoziationen weiterspinnen wollten.[2] Gedanken kommen und gehen beim Herumwandern, doch im krassen Unterschied zu jeder akademischen Hartnäckigkeit schließt das Spazierengehen implizit das Eingeständnis ein, das Überlaufen des Kopfes ebenso zu verhindern wie jedes pedantische Weiterdenken, das uns so ablenkt, dass Fluss und Landschaft, Kloster und Weidezaun, die Kuh auf der Wiese und weitere Wasserspiele überhaupt keine Chance mehr hätten, uns zu erreichen. Wer wandert, muss gegen alles protestieren, was ihn veranlasst, den Blick zu senken und die Augen nur noch auf den Weg direkt vor den Füßen oder nach innen zu richten. Wer im Kopf gefangen ist, bemerkt nur, dass die Füße ständig in Bewegung sind. Er ist mit seinem Kopf irgendwo und lässt die Füße auf einem Fließband durchs Niemandsland laufen. Wandern will ich anders, glücklich sollen Körper und Geist ihren Teil haben. Nur so lässt sich die Wärme auf der sonnendurchfluteten Lichtung, der superbe Klang eines Baches im Wald oder der sanfte Windstoß auf der Haut genießen.

Die Wasserspiele unter den hohen Baumkronen sind faszinierend. Es scheint geradezu, als sei ein Künstler am Werk, der mit ungeheurer Akribie arbeitet, immer wieder seinen Pinsel über die Wasseroberfläche führt und Momentfiguren entstehen lässt, die unvorstellbar sorgfältig ausgeführt sind. Wellenmuster von frappierender Regelmäßigkeit bilden und durchdringen sich. Auf kleinen Wellenkronen spiegeln sich Himmel und Wolken, wo immer die Baumkronen nicht sehr dicht sind und die Bilder einlassen. In der Tiefe des Flusses leuchten Steine in den vereinzelten Sonnenstrahlen auf, gleich nebenan verschluckt die tiefe Dunkelheit den Grund. Welche philosophische Idee könnte diese Extreme in ein so spielerisches Bild fassen und es im nächsten Moment wieder zurücknehmen wie es ein Zen-Mönch tut, der eine Woche lang unermüdlich einen Steingarten minutiös einrichtet und etwas einmalig Kostbares erschafft. Jedes einzelne kleine Steinchen liegt endlich in perfekter Ordnung an seinem Platz zwischen Zufall und Notwendigkeit, nur damit am letzten Tag der Woche alles rückgängig gemacht wird. Der Rechen hebt die Anordnung in wenigen Sekunden auf. Der Mönch wird sich erneut ans Werk der nächsten Woche machen. In der westlichen Kultur wäre Sisyphos der mythologische Ansprechpartner für derartige Aktionen. Er wälzt den schweren Felsbrocken hoch, der kurz vor dem Gipfel wieder ins Tal rollt; daraufhin wuchtet Sisyphos wieder den Stein hoch, der wiederum ... Albert Camus war immerhin überzeugt, Sisyphos sei trotz der schrecklichen Vergeblichkeit seines Tuns ein glücklicher Mensch: „Darin besteht die ganze verschwiegene Freude des Sisyphos. Sein Schicksal gehört ihm. Sein Fels ist seine Sache.“[3]

Trotz Camus' tröstlicher Versicherung bin ich froh, nicht der angeblich glückliche Sisyphos zu sein. Ich gehe nicht im Kreis, um ständig neu das Alte zu beginnen. Die Quelle, der Endpunkt meiner Reise, kann jetzt nicht mehr fern sein. Der Fluss führt mich selbst hin und hält einige Überraschungen bereit. Mitten im Wald fließt er durch einen kleinen See, in dem Forellen ausgesetzt wurden. Das Wasser kräuselt sich, wenn eine der Wasseroberfläche nahekommt oder herausspringt, um eine Fliege zu erwischen. Ich stehe am Ufer, mein Blick sucht im Dunkeln nach kleinen Forellen, die verspielt herumschwimmen, auch nach stattlichen, die manchmal pfeilschnell durch das Wasser schießen. Warum stört es mich, dass das Wasser mein Gesicht spiegelt? Soll die „Natur“ den Raum bieten, in dem wir glauben, inkognito unterwegs sein zu können? Solange kein anderer Mensch, ein Bekannter gar, aufkreuzt, werden wir nicht als Person wahrgenommen und haben keinen Namen. Immerhin ist es lehrreich, dass ich nicht in das Wasser sehe und Forellen suche, ohne ein Bild von mir selbst zu erzeugen.

Die Fische halten eine Überraschung parat. Gerade als ich einige kleine im dunklen Wasser erspähe und mein Spiegelbild sehe, schwebt eine große Forelle knapp unterhalb der Wasseroberfläche vorbei. Das Wasser kräuselt sich, die Wellen lassen mein Spiegelbild in kleine Fragmente zerrinnen. Die Bilder schauen in alle Richtungen. Sie schaukeln sanft hin und her und verbinden sich endlich zu dem Spiegelbild, das langsam zur Ruhe kommt. Es ist eine merkwürdige Koinzidenz, aber in diesem Moment breche ich spontan auf und mache mich wieder auf den Weg. Ich will zur Quelle, die einige hundert Meter höher im Berg entspringt.

Der Anstieg ist steil, belohnt aber mit phantastischen Aussichten über die weit gestreckte Berglandschaft. Der Fluss zu meiner Rechten ist in ein tiefes steiniges Bett eingegraben; eigentlich ist er nur noch ein kleines Bächlein, dem die Hitze des Sommers zusetzt. Die kühle Feuchte, die er in das schmale Tal bringt, lässt Heidelbeeren und Himbeeren gut gedeihen, sehr zu meiner Freude. Nach einer halben Stunde, die keine philosophisch nennenswerten Erinnerungen hinterlassen hat, stehe ich vor einem Schild und der Quelle, die unscheinbarer nicht sein könnte. Ein wenig Wasser sickert aus dem Berg. Es scheint eine Definitionsfrage zu sein, ob man hier etwas erkennen will, was üblicherweise eine Quelle genannt wird. Dieser Minimalismus der Natur, verständlich in der Zeit großer Trockenheit, entzündet ein ganzes Feuerwerk von Gedanken.

Ist Wasser gleich Wasser? Es kommt aus dem Berg, ist aber hier kein Wasserstrahl. Tropfen scheint auf Tropfen zu folgen und sich erst langsam zu dem zu verbinden, was wir als Wasser in einem gemeinsamen Fluss bezeichnen können. Es scheint beinahe, als sei jeder Tropfen ein Individuum, das lange überlegt, ob es sich überhaupt lohne, sich dem Gemeinschaftsunternehmen namens Fluss anzuschließen und zusammen auf Reise zu gehen. Ich erinnere mich, dass ein Geologe erklärt hatte, wie lange der Regen, der auf dem Berg niedergeht, braucht, bis er in den Berg einsickert und durch das weitverzweigte Geäst unterirdischer Wasserläufe in der Größe kleinster Kapillaren den Berg durchwandert und zum Ausgang der Quelle findet. Dutzende von Jahren kann das dauern, im Extremfall auch mehrere hundert Jahre.

Mehrere Hundert Jahre – ich bin vor zwei Stunden erst an der berühmten Klosterruine vorbei gewandert wie an einem abgelegten Stück der Vergangenheit, das in die Geschichtsbücher gehört. Könnte ich jetzt und an diesem Tropfen, sollte er desselben Alters sein, mit demselben Gefühl einfach vorbeigehen? Dieser Tropfen ist meine Gegenwart und kein Kandidat für die Geschichtsbücher. Er vermischt sich mit anderen Tropfen zu dem fließenden Wasser, das ich paradoxerweise wie einen zeitlosen Stoff ansehe. Wäre das schön, träfe diese harmlose Meinung zu! Heute bestimmen wir die Herkunft und Zeiten vieler natürlicher Stoffe durch die Schadstoffeinträge unserer Zivilisation. Wir sorgen dafür, dass jedes Wasser seine menschliche und leider fatale Geschichte hat.

Was ist aus der Quelle geworden? Sie ist alles andere als eine Quelle; sie ist Endpunkt eines weitverzweigten Netzwerkes unterirdischer Wasserläufe, das sich aus Netzwerken aller Wetter speist. Ihre Grenzen lassen sich nur willkürlich festlegen. Eine kleine kosmische Emphase lugt für eine Sekunde hervor. Sie macht den Tropfen, der soeben erst nach einer Dunkelheit von Hunderten von Jahren aufgetaucht ist, in dieser Hitze zum Kandidaten für Verdunstungen und Wolkenbildungen – wer weiß, wo der Tropfen erneut niedergehen wird. Ich muss lachen. Albert Camus' Satz vom glücklichen Sisyphos kommt mir wieder in den Sinn. Der Tropfen ist wie Sisyphos in endlose Kreisläufe eingespannt, ohne dass ein Philosoph ihn bislang für glücklich erklärt hätte.

Der Hin- und Rückweg ist nie derselbe. Keine Rekapitulation meiner Wandergedanken zieht beim Heimweg durch den Geist. Die Einfälle kamen und verschwanden einfach beim Laufen, sporadisch, ganz ohne Plan und Thema. Es ging im Wortsinne um „beiläufiges" Denken, angeregt durch Wahrnehmungen und erleichtert durch Metaphern, die den Gang am Fluss und den Strom des Bewusstseins leicht in Verbindung bringen. Aus einem vagen Gefühl heraus habe ich dennoch einige der Gedankenfetzen notiert, als ich frisch zu Hause angekommen war; zudem habe ich mir vorgenommen, mit einer Kamera die Stelle im Wald zu suchen, wo ich diese Bilder der Strudel und der geordneten Wellen gesehen hatte. Ich habe sie später tatsächlich aufgenommen, es sind die Bilder auf dem Cover des Buches.

Der Notizzettel füllte sich zu Hause schnell, immer mehr Einträge machten sich gegenseitig den Platz streitig und am Ende wurde das Ganze völlig unübersichtlich. Ich begriff erst als ich den Zettel mit den vielen Eintragungen überfliegen konnte, dass ich tatsächlich so etwas wie ein „Thema" im Hinterkopf hatte. Beim Laufen war mir das überhaupt nicht bewusst gewesen. Da hatte ich eher den Eindruck, die Einfälle spielten einfach nur sprunghaft mit den Wahrnehmungen. So gäben sich auf meiner philosophischen Hüpfburg ein Fluss und William James die Hand, Wasserstrudel, Wellenformationen und Edmund Husserl kämen miteinander ins Gespräch, Forellen, Tropfen und Albert Camus hätten eine Kleinigkeit miteinander zu bereden. Es gab einen roten Faden. Das war die Zeit: Zeit in der Geschichte von Mensch und Natur, Zeit im Erleben, Wahrnehmen und Denken, Zeit in der Erinnerung und der Biographie, nicht zu vergessen die Zeit in unseren Narrativen und Begriffen. Die Zeit verklammerte die vielen Einzelgedanken und bezog sie aufeinander.

Es war spät geworden. Ich legte den Zettel auf einen der beiden Stapel auf meinem Schreibtisch. Der andere Stapel quoll wie gewöhnlich über, hier warteten wissenschaftsjournalistische Themen auf meine Zeit. Obenauf lag die Einladung zu einer Veranstaltung, auf die ich mich freute, da einer der Referenten ein guter Freund war. Die Tagung versammelte Neurologen, Psychiater und Neurophilosophen. Ein Vortrag beschäftigte sich mit den mittlerweile klassischen Forschungen von Hans Helmut Kornhuber oder Benjamin Libet.

Ihre Ergebnisse sind weitreichend und sorgen seit Jahren für erhebliche Verunsicherung. Wir glauben gern, in der unmittelbaren Gegenwart zu leben. Experimentell ließ sich dagegen erhärten, dass das Gehirn einige Zeit für die Aktivierungen braucht, die zum Bewusstwerden einer Situation nötig sind. Wir hinken der Gegenwart stets um Bruchteile von Sekunden hinterher. Andererseits zeigten einschlägige Studien, einfache Entscheidungen, etwa den Arm zu bewegen oder mit dem Finger auf den Tisch zu klopfen, sind neurologisch früher aufweisbar als die bewusste Entscheidung. Der in der Hirnaktivität darstellbare Prozess geht also der bewussten Wahrnehmung und der Bekundung des eigenen Willens voraus – um 400 Millisekunden, wie Libet ermittelte.[4] Etwas in uns hat also entschieden, bevor wir uns bewusst entschieden haben. Hinterher könnten wir zustimmen oder nicht, Einspruch erheben oder es sein lassen. Die Frage, was unter diesen Bedingungen aus dem freien Willen des Menschen werden soll, ist seither nicht verstummt.

So wichtig die Frage ist: Wäre sie die einzige, die zu stellen ist? In Jahren hatte ich darüber nachgedacht, gelesen und geschrieben. Mein Notizzettel legte mir nun völlig unerwartet Themen auf den Tisch, die Grund für meine Fragen und für die Kritik auf der Tagung waren. Ich hatte, das sei betont, trotzdem einen wunderbaren Tag am Fluss. Nicht einen Augenblick beschlich mich das Gefühl, ich hätte „gearbeitet" oder mich in eines meiner Themen verbissen. Kein Gedanke hat andere Gedanken rüde aus dem Feld geschlagen, keine Wahrnehmung hat Gedanken den Platz im Kopf streitig gemacht, kein Gedanke hat die Wahrnehmung der Situationen für länger als einen kurzen Augenblick unterbrochen. Ganz im Gegenteil, alles schien in Leichtigkeit miteinander zu kommunizieren. Gleichzeitig – das Wort benutze ich trotz alledem noch immer – empfand ich stark, ein Philosophieren erlebt zu haben, in dem selbst Sisyphos ein glücklicher Mensch sein kann.

9. Kapitel
Wo dachten sie denn?

Vor Jahren arbeitete ich an einer deutsch-französischen Filmproduktion über Künstler in Paris. Wir hatten am Abend einen Gesprächstermin mit dem berühmten Violinisten Ivry Gitlis vereinbart, der damals am Boulevard Saint Germain im 6. Arrondissement wohnte. Ich freute mich, ihn kennenzulernen und drehte mich dennoch, gerade als wir vor der Tür standen und klingeln wollten, auf dem Absatz um und bat den Kollegen, allein hoch zu gehen. Das Café de Flore gegenüber zog mich magisch an. Ich wieselte durch den dichten Verkehr und saß alsbald verträumt hinter meiner Kaffeetasse.

Wie denn auch nicht träumen in einem Café, in dem Jean-Paul Sartre 1964 vor laufenden Kameras erklärte, warum er den Nobelpreis nicht annahm. Bis 1946 schrieb er dort; in kalten Wintertagen war der Kohleofen ein Segen. Das hatte Tradition in Paris; schon die Aufklärer und Enzyklopädisten des 18. Jahrhunderts schrieben am liebsten im Café beim Geruch des unentbehrlichen Muntermachers.[1] Gäste wie Simone de Beauvoir, Alberto Giacometti oder Boris Vian zog es ins *Flore*. Jean-Paul Sartre, nach dem Krieg *der* gefeierte Intellektuelle der Epoche, war schon 1946 in die Rue Bonaparte gezogen und arbeitete seither nicht mehr im Café de Flore.[2] Dort sorgte der Existenzialismus umso mehr für schräge und weltweit vernehmbare Töne. Eine Wochenschau aus dem Jahre 1950 hatte ich unlängst in einem Film über Sartre gesehen, sie verkündete den Kinogängern, das *Flore* sei überhaupt kein Café. Es sei ein Tempel mit Aposteln, Dienerinnen und Priestern, was bloß niemandem auffiel, da sie jedem Pomp abgeschworen hätten.[3] Die subversive Karawane der Existenzialisten zog bald weiter in verräucherte Keller und andere Cafés.

Das Café de Flore war proppenvoll, aber gerade ging ein Pärchen und ich ergatterte den Tisch am Fenster. Der Kaffee schmeckte wie der Kaffee in Paris eben schmeckt, das Publikum war das übliche. Der saftige Preis für den Kaffee beinhaltete die Tantiemen für den Eintritt in den Mythos. Wortfetzen wehten von den Tischen herüber, die überhaupt nichts Philosophisches hatten. Aber wozu hatte ich meinen eigenen Kopf! Namen und Bücher, Bilder und jazzige Klänge, die den Existenzialismus geprägt hatten, glimmten auf. Schwarz gekleidet, mit grauen Ringen unter den Augen, die Angst vor der Atombombe vor Augen und das riesengroße Trotzdem im Rücken, so flanierten meine Existenzialisten zwischen dem Café Deux Magots und dem *Flore*, lange Zeit vor den Beatniks und den Hippies. Man mochte sie hier, anderswo nicht: nicht ihre Verachtung des Staates, nicht ihre lustbetonten Provokationen der Institution Familie, und an bürgerliche Arbeits- oder Sexualmoral war bei ihnen nicht zu denken. Ich mochte sie, war mir aber nicht sicher, ob ich im *Flore* derzeit der einzige mit dieser absonderlichen Vorliebe war.

Der dichte Verkehr wollte nicht weniger werden. Ich schaute zur Wohnung von Ivry Gitlis hinüber und fragte mich, was ich hier im Café eigentlich wollte. Eine junge Frau riss mich aus meinen Gedankenketten und fragte, ob der Platz am Tisch frei sei. An unserem Französisch erkannten wir, dass wir besser Deutsch miteinander sprechen. Es dauerte zwei Minuten und wir redeten über die Philosophie. Sie wollte Philosophie studieren, ich hatte das hinter mir. Sie fragte und ich erinnerte mich an meine Zeiten als Tutor im Tübinger Seminar; Dienstags bot ich Studienberatungen an. Heute war Donnerstag, aber was machte das. Ich gab mein Bestes und wusste nicht, wohin mit dem lächerlichen Gefühl, dass der *genius loci* im *Flore* nur dazu ausreichte, dass ich über deutsche Studienordnungen referierte. Über das Café und die Existenzialisten sagte ich nichts. Es bot sich nicht an, das Thema schien ihr von keinerlei Interesse zu sein. Welchen Ladenhüter bewegte ich da wohl im Kopf?

Eine Stunde später holte mich der Kollege ab. Im Anschluss wartete ein Gespräch bei unserem französischen Koproduktionspartner. Marcel K., ein promovierter jüdischer Philosoph aus New York, arbeitete dort als Koordinator. Erst gestern hatten wir uns über ein gemeinsames Projekt zu Martin Heideggers Rolle im Nationalsozialismus unterhalten, wofür ich Materialien aus dem Bundesarchiv in Koblenz kopiert und mitgebracht hatte. Marcels beiläufige Bemerkung, er nehme hier am wöchentlichen Gesprächskreis von Jacques Derrida teil, hatte mich elektrisiert. Ich wollte alles darüber wissen. Nach der Arbeitssitzung fragte aber *er* mich, ob ich ihm vielleicht sagen könnte, was in der Philosophie in Paris aktuell vor sich gehe. Ich verstand seine Frage nicht als Frage, sondern als einen schlechten Scherz. Wer, wenn nicht er, hätte sie beantworten können! Dass es eine wirkliche Frage war, machte Marcel mit einer einfachen Bemerkung klar: „Nur ein Außenstehender kann so etwas überblicken. Ich bin in einem Kreis und sehe umso schlechter heraus! Weiß man in Paris, was in Paris gedacht wird?"

Noch mitten in dieser Nacht fuhr ich auf der fast leeren Autobahn nach Deutschland. Zeit zum Nachdenken hatte ich im Überfluss. Was stellte ich mir denn unter „Paris“ vor? Wo war ich dem Sinn dieser Vorstellung, falls es ihn überhaupt gab, am nächsten? Etwa hier, in dieser nächtlichen Einöde, die mir den nötigen Abstand gab und die Augen öffnen konnte, weil ich nicht „im Kreis“ war? Hatte mich nicht die merkwürdige Erwartung ins *Flore* gezogen, etwas vorzufinden, das aus der Vergangenheit, aus den Büchern und den Bildern in meine Gegenwart hineinspringt? Das mir bestätigt, die philosophischen Gedanken hätten, wie Jahrzehnte zuvor, die ungebrochene Kraft, das Denken von Menschen und Gruppen zu faszinieren und ihr Leben zu prägen? Hier in Paris sei das möglich; Stadtluft macht das Denken frei. Philosophie werde anschaubar, weil sie zu einer gelebten, einer sozialen Realität wird. Ich, der Gast mit der Kaffeetasse vor sich, könnte dann frei wählen, distanzierter Zeuge zu bleiben oder Sympathisant zu sein, der sich als einer der Ihren zu erkennen gibt und kräftig mitmischt.

Die Erinnerung an Marcels Worte riss mich aus meinen Träumereien heraus. Alles hatte sich verändert. Gewiss, auch jetzt gibt es illustre philosophische Kreise, an denen teilzunehmen gewisse Träume erfüllt. Einen Überblick über die Denklandschaft Paris gewähren sie nicht. Sie prägen Bücherwelten, auch leise plätschernde Modewellen. Wochenschauen rufen sie nicht auf den Plan, und kein ahnungsloser Passant wird erschreckt. In welchem Café sollten die Nervenströme der Gegenwart zusammenfließen und ihre Gedankenfunken durch die Luft schicken? Wer einen Austragungsort für geistige Drama sucht und gern eine feste Adresse hätte, stochert im Leeren.

An einer Raststätte machte ich mir im frühen Morgengrauen erste Notizen. Am Tag darauf wuchsen sie auf meinem Schreibtisch an; einige Bücher schauten dabei zu und mischten sich ein. Ausgerechnet Sartre schien wenig Verständnis für meinen Besuch im *Flore* aufzubringen. „Mir gefällt nur das, was ist. Vielleicht weil ich fühle, dass wir alle sterben werden.“[4] Als er das schrieb, war er selbst als Tourist in Rom, der ewigen Stadt, oder besser der Stadt der ewigen Altertümer unterwegs. „Das Trugbild verwischt das Reale“, notierte er in sein Notizheft. „Wenn Sie das Sein mit Vergangenheit aufblasen, haben Sie ein Anrecht auf den Titel Tourist und dürfen das touristische Motto auf Ihr Revers sticken lassen: ‚Du sollst das Alte dem Neuen vorziehen und dem Alten seinen alten Zustand als Neues'."[5] Diese Prüfung hatte ich im *Flore* also bestanden. Ich durfte mich, was wenig schmeichelhaft schien, einen von Sartre geprüften Touristen nennen.

So banal war es aber nicht und so leicht wollte ich nicht aufgeben. Eine Philosophie, die in die Jahre gekommen ist, wird nicht einfach zu einem historischen Gespenst. Das zu behaupten ist selbst Sartre nicht eingefallen. Ich schöpfte Mut und pochte auf strenge Gleichbehandlung: Wenn die Zeit die Philosophie nicht auswischen kann, dann der Ort erst recht nicht. Ein Gedanke wird nicht unwahr, weil er 1000 Kilometer weiter erfunden oder diskutiert wird. Den kardinalen Unterschied macht aus, ob es Menschen gibt, die diesen Gedanken selber denken und ihn miteinander kommunizieren. Mein philosophisches Selbstbewusstsein wuchs wieder etwas. Wenn ich in Paris, in Rom oder in Athen unterwegs bin, muss das der Philosophie nicht übel mitspielen. Werde ich dadurch automatisch zum Touristen, der Ruinen im Sinn hat und die Philosophie zu eben einer solchen macht?

Eigentlich war es genau anders herum. Ein philosophischer Gedanke fällt nicht vom Himmel. Allein auf Erden findet er seine Atmosphäre und Menschen zum Denken und Reden. Jeder philosophische Gedanken hat eine Ökologie, oftmals sogar mehrere, weil er mit komplexen Denk- und Lebenswelten in Verbindung steht. Vergleichbar mit der Beziehung von Organismus und Umwelt, geht es um wechselseitige Austauschbeziehungen und deren Welten. Philosophische Gedanken bündeln eine enorme Vielschichtigkeit. Zahlreiche Menschen, Orte, Zeiten und Traditionen haben offen oder implizit mitgewirkt. Selbst im Extremfall äußerster Einsamkeit öffnet ein philosophischer Gedanke immer noch ein vages, oft nur atmosphärisches Gefühl, dass er Reaktionen oder Echos in einem anderen Kopf hervorrufen könnte. Wer eine Philosophie begreifen will, kann an diesen ökologischen Lebenswelten der Ideen und der Worte nicht vorbeigehen. Mein Besuch im *Flore* war doch nicht blanker Unsinn.

Die Verbindung der Orte, Zeiten und Gedanken ließ mich nicht los. Es gibt Gedanken, die an bestimmten Orten und in bestimmten Momenten geboren werden; ohne sie wären sie womöglich stumm geblieben. Zeugnisse von Philosophen stellen das eindrucksvoll heraus Kierkegaards Tagebuch des Jahres 1846 verrät uns, dass er einige Qualitäten des herumwandernden Beobachters kultivierte. Er brachte sich in eine philosophische Position, indem er begann, „auf den Straßen herumzulaufen und nichts zu sein, während Gedanken und Ideen in mir arbeiteten; so ein Tagedieb zu sein, während ich unbedingt der Fleißigste von allen Jüngeren war; so leichtsinnig zu sein und ‚ohne Ernst' […]."[6] Er wollte inkognito unterwegs sein und unerkannt beobachten. Das darf man sich nach Kierkegaards Biograph Joakim Garff so vorstellen: „Er brauchte nämlich eine besondere Art Stiefel mit Korkeinlagen, die ganz sicher seine schwächlichen Beine haben schonen sollen, die aber auch sehr gut zu dem selbsternannten ‚Polizeispion' passten, der lautlos federnd in seiner Stadt herumstrich. […] Nur wenige Schriftsteller haben wie er die Kopenhagener Straßen und Gassen und Gässchen in ihr literarisches Schaffen aufgenommen."[7]

Kierkegaard ist stadtbekannt. Man schätzt den Magister, man scherzt mit ihm. Der stille Beobachter sieht vieles, was Zeitgenossen zu entgehen scheint. Bis heute bewahren seine Aufschriebe und Texte seine Blicke in beispielloser Konkretion und Lebendigkeit. Zehn Jahre lang sammeln Kirekegaards Notizbücher Stoff und Ideen für seine philosophischen Experimente. Die Ökologie des Gedankens ist keine leere Abstraktion, sondern ein nachvollziehbarer Prozess der äußerst vielschichtigen Kommunikation. Es geht immer um Kierkegaards Philosophie. Bislang ist glücklicherweise niemandem eingefallen, sein Denken als geistreichen Stadtführer für Kopenhagen misszuverstehen.

Ebenso unsinnig wäre es, Nietzsches Philosophie als touristisch zu definieren, obwohl der das Lob des Wanderns und Herumreisens nicht laut genug singen konnte. Unzählige Notizen und Passagen späterer Werke nehmen Ort und Tageszeit zum Zeugen für seine Gedanken. Sie weben die Landschaft, die Stadt oder Nietzsches zufällige Standorte in die Texte ein, als gehöre alles unauflösbar zusammen und jeder müsse sich an diese Konstellation erinnern. Selbst kurze Texte nennen situative Momente, minutiöse Details, plastische Szenen und Fragmente aus Gesprächen. Alles arbeitet mit an Nietzsches Gedanken, ob es nun das Wetter ist, Segen und Fluch der nationalen Küchen, der Mistral oder das Schreibzeug. Kaum ein Philosoph hat so vielfältige, so bunte und eingängige Notizen über die Welt dieser heimlichen Helfer und Störer hinterlassen wie Friedrich Nietzsche.[8]

Was tun wir damit? Kierkegaards oder Nietzsches notierte Welten sind nicht die unseren, wie Sartre lächelnd einwerfen könnte. Warum eigentlich nicht? Selbst wenn wir Sartres Wort vom ruinenversessenen

Touristen brummelnd auf uns nehmen, ist damit noch nicht entschieden, ob Touristen am geschichtsträchtigen Ort nur brav ihren nekrophilen Baedekers hinterhertrotteln. Ein philosophischer Tourist nach Sartre entkäme der Aktualität natürlich nicht. Das hat er auch keineswegs vor. Womöglich möchte er an diesem einen Ort etwas begreifen. Wüsste er schon vorher, welche Einsicht dort womöglich auf ihn wartet, müsste er nicht eigens hinfahren. Der Ort zählt noch nicht zum anschaulichen Kreis seiner Erfahrungen, aber das will er ändern.

Seien wir mutig, heften wir uns an zwei Reisende, die unterwegs sind nach Athen und sehr wohl im Bilde sind, welche Bedeutung dieser Stadt für die Philosophie des Abendlandes zukommt. 1904 ist Sigmund Freud mit seinem jüngeren Bruder Alexander unterwegs. Ihr Ziel ist nicht, wie üblich, Italien und vor allem Rom. Sie haben wenig Zeit und wollen über Triest auf die Insel Korfu fahren. In Triest ändern sie ihren Plan. Auf bloßes Anraten eines Bekannten machen sie sich auf nach Athen. Die Laune der Brüder ist übel. Sie sprechen kaum über ihr neues Ziel, dem sie eher entgegen stolpern als planmäßig reisen.

Gut dreißig Jahre später, im Januar 1936, beschreibt Sigmund Freud die irritierende Erfahrung, die ihn in Athen erwarten sollte: „Als ich dann am Nachmittag nach der Ankunft auf der Akropolis stand und mein Blick die Landschaft umfasste, kam mir plötzlich der merkwürdige Gedanke: Also existiert das alles wirklich so wie wir es auf der Schule gelernt haben?!“[9] Die Erfahrung erschüttert ihn weitaus mehr, als es der Satz erahnen lässt. Ein starkes Gefühl der Entfremdung setzt ihm zu. Hört Sigmund Freud einen anderen Menschen reden, dann rückt der in eine beängstigende Ferne. Freud kommt es bald vor, als ginge er am schottischen Loch Ness spazieren. Plötzlich liege da der Körper des Ungeheuers mitten auf dem Weg. Welchen Sinn hätte es jetzt noch, dessen Existenz zu leugnen, wie Freud es zuvor immer getan hatte? Tatsächlich existierte das alles: Athen, die Akropolis, der Ort des Denkens und Schreibens, aus dem Freuds Psychoanalyse Namen wie den des König Ödipus, Grundkonzepte wie die Dualität von Eros und Thanatos und weitere terminologische Zutaten bezog.[10]

Warum brach Freud nicht in touristischen Jubel aus? Sein Text ist außerordentlich düster. Der Besucher findet keine geschichtliche Idylle, er sieht in einen Spiegel. Das Unglück seines Lebens erscheint darin. Nie werde er hierher kommen, so dachte er stets. Immer werde ihm die eigene Armut oder die seiner Familie diesen Blick verwehren. Nun steht er doch mit eigenen Beinen auf der Akropolis – und empfindet das als zutiefst irreal. Im Brief an Romain Rolland vermerkt er äußerst nebulös: „Die Situation umfasst meine Person, die Akropolis und meine Wahrnehmung derselben. Ich weiß diesen Zweifel nicht unterzubringen, ich kann ja meine Sinneseindrücke von der Akropolis nicht in Zweifel ziehen. Ich erinnere mich aber, dass ich in der Vergangenheit an etwas gezweifelt, was eben mit dieser Örtlichkeit zu tun hatte, und finde so die Auskunft, den Zweifel in die Vergangenheit zu versetzen. Aber dabei ändert der Zweifel seinen Inhalt."[11]

Freud deutet und er deutet auch seine Deutung. Plötzlich ist er überhaupt nicht mehr sicher, ob, wie zunächst angenommen, der jugendliche Unglaube, jemals Athen sehen zu können, wirklich der Grund für die Störung ist. Er bricht die kurze Selbstanalyse ab. Sein Fazit ist ehrlich, aber für den Selbstanalytiker Freud wenig schmeichelhaft. Seinem Deutungsversuch sei es nicht gelungen, das Entfremdungsgefühl und dessen Ursachen aufzuklären. Er sollte es einfach „auf Kosten einer falschen Aussage über die Vergangenheit" fernhalten. Seine Deutung stand also im Dienste der Verdrängung.

Der Psychoanalytiker Freud übernimmt das Steuer und holt den Kompass hervor. Solche Persönlichkeitsspaltungen hätten mit der Dynamik der Träume und der Fehlleistungen zu tun. Romain Rolland erfährt: „Das ist alles noch so dunkel, so wenig wissenschaftlich bezwungen, dass ich mir verbieten muss, es vor Ihnen weiter zu erörtern."[12] Nach dem kurzen Abstecher in die Welt der Entwicklungen und Aufgaben der Psychoanalyse kehrt Freud zu seiner Kindheit zurück. Arm war die Familie, klein ihre Welt. Groß schien dem Kleinen der Vater. Als Sigmund Freud größer wurde, machte er den Vater, den armen Kaufmann, kleiner als klein. Er wollte die Welt erobern, die dem Vater für immer verschlossen blieb. Nun stand er auf der Akropolis und dem Eroberer wankte der Boden unter den Füßen.

Ist diese mühsam erschriebene Version die endgültige? Ein Hinweis in Freuds Schrift *Die Zukunft einer Illusion* krempelt wieder alles um. Die schwarze Stimmung der Reise ist wie vom Erdboden verschluckt: „In meine Beglückung mengte sich ein Gefühl von Erstaunen, das mir die Deutung eingab: Also ist das wirklich so, wie wir's in der Schule gelernt hatten!"[13] Der Schüler Sigmund Freud lernte mehr als das vorgesehene Pensum. Vor allem griechische Philosophie reizt ihn. In Briefen an den Jugendfreund Eduard Silberstein sehen wir ihn als Leser von Aristoteles' *Nikomachischer Ethik*; er scherzt, seine eigene famose Abhandlung über die Mittel, die Dichter in Liebesdingen anzuwenden pflegen, werde ihn dereinst als den legitimen Nachfolger des Aristoteles qualifizieren[14] Als Freud auf der Akropolis stand, hatte er John Stuart Mills Essay über Platon übersetzt und die „kathartische Methode des Abreagierens", deren Konzept nicht zufällig ein auf Aristoteles zurückgehenden Namen trägt, gerade zugunsten der psychoanalytischen Arbeit aufgegeben. Aus dem Ödipus des Sophokles war der neue Star der Psychoanalyse geworden. An der Verbindung von Psychoanalyse und griechischer Philosophie lag Freud immens viel. Mit kaum unterdrücktem Jubel reagiert er auf den Aufsatz „Hysteria" von Havelock Ellis, „der die Beziehung der Hysterie zum Sexualleben behandelt, mit Plato anfängt und mit Freud aufhört [...]."[15] Stellte ihn das nicht neben Platon – und ein wenig auf die Akropolis?

Träume wirbeln Orte und Zeiten durcheinander. Sie kümmern sich nicht um die korrekte Reihenfolge des Vorher, des Zugleich und des Nachher. Sigmund Freud verdeutlicht das in seiner *Traumdeutung* anhand des berühmten Bildes von Raffael *Die Schule von Athen.* Dichter und Denker verschiedener Zeiten sind dort vereint. Physisch hätten sie sich nie begegnen können. Nur „für die denkende Betrachtung" fanden sie zusammen.[16] Das Gemälde arrangiert Erinnerungen zu einer neuen Konstellation. Freud brachte biographisch geprägte Vorstellungen mit, die in Athen spielten, die aber aus seinem Leben und den Konflikten in Wien ihre Wirklichkeit bezogen. Nun stand er tatsächlich in Athen, das vor seinen Augen verschwamm. Er war gekommen – widerwillig, wie er zugab – und fand kein offenes Auge für das, was er sah. Seine Vorstellungen rückten die Wahrnehmungen in weite Ferne, die Wahrnehmungen ließen wiederum ein Gefühl der Irrealität entstehen. Freuds Deutung vermochte nicht, das zu stoppen; auch dreißig Jahre später hatte Freud keine Deutung gefunden, die den Spuk beenden konnte. Das Wort „Erinnerungsstörung" ist eigentlich irreführend. Denn die Erinnerung *ist* nicht gestört, sie *hat* gestört und die Wahrnehmbarkeit der Welt extrem eingeschränkt.

In diesem Sinne kann es ein Glück sein, unbeschwert in das Café Flore einzutreten und festzustellen, dass die Banalität der Gegenwart locker hinreicht, die Überlagerung durch Vorstellungen zu verhindern, die man selber mitbringt und dann wie einen projizierten Film über alles flimmern lässt, was vor Augen ist. Eine kurze Stunde mit einer

Tasse Kaffee, vielen Blicke und einer dummen Studienberatung, das war meine Gegenwart an dem Ort, den ich mir als einen der exquisitesten in der Philosophie vergangener Jahre vorstellte. Ich war in dem Café, das erkennbar meine Umwelt war, und machte mir meine Gedanken. Diese Ökologie ließ sich in schönen Momenten umdrehen. Dann machten die Gedanken das Café. Vorstellungen zogen mir durch den Kopf und ich gestehe, Sartre saß gleich nebenan und Boris Vian hatte seine Trompete unter dem Arm. Für kostbare Blicke, die nach „innen" gingen, spielten die Gedanken mit der Umwelt des Cafés. Bilder wechselten sich ab, Formulierungen fielen mir ein, es war ein Genuss. Nichts davon hätte ausgereicht, den Gästen die Frisuren der 1950er-Jahre zu verpassen, sie in die Klamotten der Zeit hineinzuphantasieren oder draußen die Autos vorbeihuschen zu sehen, die inzwischen im Museum stehen.

Philosophische Gedanken können auf solche Weltübertünchungen verzichten, die im Kopf sozusagen phantastische Wochenschauen mit der horrenden Verspätung Dutzender von Jahren drehen. Die Ökologie des philosophischen Gedankens unterscheidet sich fundamental von der biologisch fassbaren Ökologie. Der kleine Käfer bleibt immer der kleine Käfer auf der viel größeren Wiese. Die Ökologie des philosophischen Gedankens kennt dagegen einen radikalen Wechsel der Perspektiven und der Größenverhältnisse: Einmal ist es das Café, in das ich eintrete und mir meine Gedanken mache: Ich bleibe der kleine Teil in der Umwelt des Cafés. Irgendwann klopfen schüchtern unzählige Gedanken an, die die Vorstellungen des Cafés in die Wirklichkeit vor Augen einspielen. Menschen und Dinge werden dann im Rahmen eines Stückes wahrgenommen, dessen Regie auch für mich wechselnde Rollen vorgesehen hat.

Es ist die alte Geschichte vom Mond bei Nacht. Der große Mond spiegelt sich im kleinen Teich und nimmt noch einige der Sterne aus seiner Nachbarschaft mit. Der Außenstehende genießt den Blick. Der Fisch im Teich aber sieht nur viel Licht am Nachthimmel. Wo sieht man am besten, was in Paris gedacht wird? Marcel meinte, nicht in Paris selbst. Im kleinsten Gedanken von außen gelänge der Überblick, der mitten im Gewimmel scheitern muss.

10. Kapitel
Ohne Worte, ohne Schweigen?

Was tut ein Philosoph, der gerade nicht philosophiert oder sich Tätigkeiten hingibt, die einfach dazugehören wie Grübeln, Nach- und Vordenken, Lesen und Schreiben, Diskutieren oder Kritisieren? Nicht viel anderes als jeder Mensch mit halbwegs intakten Vitalfunktionen. Es hat nicht immer etwas zu bedeuten, wenn der Philosoph einmal nichts Philosophisches in sich bewegt und von sich gibt. Allein – weiß man das so genau? Vielleicht ist der Philosoph nicht allein beschlagen im Navigieren auf unzähligen Argumentationspfaden, sondern geradewegs ein geborener Meister des bedeutungsschwangeren Schweigens. Schweigen muss nicht heißen, dass einfach nichts gesagt wird. Es kann die stille Rede ohne Worte sein. Dann wird doch sehr viel kommuniziert. Vehementes Missfallen lässt sich probat mit geschlossenem Mund und einem entsprechenden Blick signalisieren; in ordinäre Rede übersetzt, würde die nicht gehaltene Ansprache lauten: „Mit dir rede ich nicht, es lohnt sich nicht, du begreifst es einfach nicht. Geh mir aus der Sonne!" Beim Schweigen ist die Gefahr, die Gürtellinie zu unterschreiten, nicht so groß wie beim offenen Wort, das schnell hitzige Debatten nach sich zieht.

Schweigen kann andererseits die Haltung stolzer Opposition sein, steht jemand vor einem illegitimen oder dummen Tribunal, dessen Berechtigung für ihn in den Sternen steht. Der Weise schweigt auch schon einmal gütlich, um dem nicht so Weisen pädagogisch die Chance einzuräumen, von allein auf eine Einsicht zu kommen – was etwas dauern mag. Der Wissende überschlägt, während er schweigt, gern, wie er bloß passende Erklärungen nach der Fassungskraft des Gegenüber aus dem Hut ziehen kann. Der Geheimniskrämer ist wohl der versierteste Schweiger. Den wollen wir hier überhaupt nicht zu den Philosophen rechnen. Obwohl es lehrreich zu sehen wäre, wie er es einfädelt, dass die von ihm versteckten Ostereier stets mit großem Hallo gefunden werden, ganz im Gegensatz zu echten Geheimnissen wie die verschwiegenen Posten in der Steuererklärung.

Ein Philosoph ist ein Mensch, der viel von Kommunikation spricht, selber aber bisweilen schlecht kommunizieren und nur mit erheblicher Mühe zuhören kann. Führt er Debatten, dann lieber schriftlich von einer Art Feldherrenhügelschreibtisch aus. Kommt es zu Kommunikationen mit physisch anwesenden Menschen in Echtzeit, wird alles sorgfältig vorbereitet, als entwerfe der Philosoph im Kopf Theaterstücke und denke sich Sprechrollen für alle Beteiligten aus. Die Opponenten sind bekannt, die Kaliber ihrer Argumente sind ausgemessen. Jede philosophische Schule, Bewegung oder Mode ist auch eine Rüstkammer, in der man sich bedienen kann oder zumindest präventiv umsehen wird. Gehört man selbst keiner Schule an, umso besser; dann lässt sich aus allen Lagern etwas beziehen und frei kombinieren.

Man hat seine Argumente zusammen, die anderen haben ihre. In der Regel sind sie bekannt. Niemand müsste darauf warten, dass sie nochmals ausgesprochen werden: Der Diskurs kann also beginnen. Man spricht, aber redet man wirklich miteinander, oder schweigt man sich wortreich an? Wie ein Uhrwerk greifen die Argumente in der Debatte ineinander. Der eingefleischte Kantianer etwa wusste schon vor den Widerreden des Hegelianers, dass die Kant-Kritik von Hegel und dessen Nachfolgern Mumpitz ist. Auch andersherum ist es dasselbe Spiel. Das Muster der Kontroversen landläufiger -ismen. -isten, -inanern oder -anianern ist frei für den Serienbetrieb kopierbar. Wer strategisch redet und am Reden des anderen vorbeihört, erlebt wenig Überraschungen – es sei denn die schlechte, wenn seine Rechnung einmal nicht aufgeht. Wer hätte aufgrund einer Diskussion jemals seine Stellung geräumt, dem anderen freudig erregt Recht gegeben und sich für dessen geduldig vorgetragene Verständnishilfen bedankt? „Jede Philosophie ist Selbstrechtfertigung“, notierte Albert Camus in seinem Tagebuch und fügte eine gute Idee hinzu, die großen Applaus finden dürfte, aber wenig Nachahmer: „Einzig originell wäre diejenige Philosophie, die jemand anderen rechtfertigte.“[1]

Die banale Einsicht lautet, dass niemand zuhören kann, ohne zumindest ab und zu wirklich zu schweigen und nicht nur wortlos Hinterhalte und Fallen für den anderen auszuhecken. Wer immer nur redet und in den seltenen Momenten, in denen er anderen überhaupt zuhört, im Kopf das Gehörte unverzüglich in das eigene Spiel einordnet, philosophiert nicht – zumindest nicht hier und nicht jetzt. Vielleicht betreibt er eine Art von philosophischem Judo, in dem die Kraft gegnerischer Argumente gegen den Gegner selbst umgelenkt werden soll. Oder es ist eine philosophische Akten- und Ablagekunde, in der alles Gesagte lächelnd weggesteckt wird. Vielleicht handelt es sich um eine Form der

Ideen-Verwaltungswissenschaft, die dem geäußerten Argument durch präzise Einordnungen jede Schärfe und jedes Leben nimmt.

Diese allseits geübte Praxis hat noch keinen Namen gefunden, möglicherweise um der Scham der Selbsterkenntnis zu entgehen. Ohne das Schweigen, das das Zuhören und die Resonanz des Gesagten erlaubt und fördert, hat kein einziges der geäußerten Worte eine philosophische Bedeutung. Ein nennenswertes Nachdenken fände nicht statt, mag sein aufgrund einer Mischung von Zeitnot und Krach im Kopf. Die Bedeutung gesprochener Worte muss ein Zuhörer immer erst entdecken. Das stellt eine umfangreiche Aufgabe dar. Ohne Schweigsamkeit ist sie schlichtweg unlösbar. Dem Fundus der abgelegten Begriffe im inneren Gedächtnislexikon lassen sich gerade diese Bedeutungen nicht immer entnehmen.

Wer in einem dialogischen Sinne an einer Diskussion teilnimmt, gerät in eine Lage, die nicht geringe Anforderungen stellt. Der gute Zuhörer ist nicht zu beneiden. Er büßt Zeit ein, weil er sich länger als sein reaktionsfreudiger Kontrahent an Worte hängt. Zögern oder wenige Millisekunden der Nachdenklichkeit könnten als Schwäche interpretiert werden, als könne man im Tennis einen Aufschlag nicht retournieren. Womöglich laviert der Betroffene schon nahe am intellektuellen Bankrott. Damit gäbe er im Bruchteil einer Sekunde das Heft aus der Hand, was der Gegenseite unverschämte strategische Vorteile und Geländegewinne einräumen würde. Geschieht dies vor Publikum oder vor laufenden Kameras, ist die Blamage perfekt: Wer ersichtlich viel oder nur noch zuhören muss, hat nach Punkten verloren, mag er auch aufrecht sitzen und selbstbewusst lächeln.

Philosophie vertrocknet innerlich, wenn die Diskutierenden wie abgebrühte Schachspieler ihre Worte fünf Züge im Voraus kalkulieren und sie, ist ihr Zeitpunkt gekommen, wie Trumpfkarten auf den Diskurstisch schmettern und herumgestikulieren, als sei ihnen alles gerade frisch in den Sinn gekommen. Debatten, in denen es vor allem um das Rechthaben und Rechtbehalten geht – selbst wenn sie sich in gut Habermas'scher Manier bemühen, allein dem besseren Argument zwanglose Geltung zu verschaffen – sind kaum davor gefeit, dass sich die Teilnehmer wie Aktienbesitzer verhalten.[2] Durch ihren kommunikativen Einsatz treiben sie deren Kurs in die Höhe oder verhindern den Absturz, den ihre Gegner betreiben wollen. Am Ende hat einer gewonnen, glaubt er jedenfalls, und schielt heimlich nach dem imaginären Siegerkranz.

Verloren hat die Philosophie. Schade, dass ihr hinterher niemand einen Kranz aufs Grab legt.

Wir wollen nicht sarkastisch sein und lieber einen ganz anderen Fall vorstellen. Zwei Menschen reden angeregt, aber entspannt miteinander. Sie können es sich leisten, Pausen zu machen, denn sie verlieren dadurch den Faden ihrer Gemeinsamkeit nicht. Sprechen und Schweigen wechseln sich zwanglos ab. Dann kehrt für längere Zeit Stille ein. Aber wie „still“ ist sie wirklich? Die beiden treten in eine dialogische Welt ein, in der von Zeit zu Zeit ein Echo der eben erst verklungenen Worte hörbar wird. Sie haben einen weiten Raum gefunden. Dennoch glauben beide, die Anwesenheit des anderen und dessen Worte umso deutlicher und näher wahrzunehmen. Worte werden zum Echolot. Das erweitert nicht nur ihren Raum und ihre Zeit. Es öffnet Dimensionen zunehmender Höhe, Tiefe und Komplexität. Die Worte werden sich stärker aufeinander beziehen und einander vielschichtig durchdringen; das Echo macht es vor. Jedes dieser Worte lädt dazu ein, differenziertere Bedeutungen inmitten der weit ausgreifenden Netze zu sondieren. Vielleicht geht es beiden Anwesenden so. Dann befinden sie sich auf einer gemeinsamen Entdeckungsreise, die ihren philosophischen Bemühungen die besten Startchancen einräumt.

Philosophie braucht diese Kommunikation, die tief in der Individualität des Menschen begründet ist und im gleichen Atemzug am weitesten mit der Wirklichkeit anderer Menschen verknüpft ist. Der Wechsel von Reden und Schweigen ist für sie in beiden Hinsichten wichtig. Dauerreden löscht den anderen ebenso aus wie Dauerschweigen; beides bekommt keinem Inhalt gut. Prägt Solidarität diesen Wechsel, raubt er weder die Worte noch die Bedeutungen. Darin liegt die entscheidende soziale Voraussetzung dafür, dass philosophisches Denken im Reden und Schweigen kreativ werden kann. Martin Buber hat die Extreme auf den Punkt gebracht: „Wie auch das eifrigste Aufeinanderzu-Reden kein Gespräch ausmacht (am deutlichsten zeigt das jener absonderliche Sport einigermaßen denkbegabter Menschen, den man zutreffend Diskussion, Auseinanderschlagung, nennt), so bedarf es hinwieder zu einem Gespräch keines Lauts, nicht einmal einer Gebärde. Sprache kann sich aller Sinnenfälligkeit begeben und bleibt Sprache.“[3]

Warum ist die produktive Mischung von Reden und Schweigen nicht der philosophische Normalfall? Was stimmt mit ihr nicht, was ist faul an ihren Voraussetzungen? Eine Antwort könnte sein, das Interesse an dieser Kommunikationsform werde von vielen anderen überlagert. Das mag zutreffen, befriedigt aber wenig. Natürlich wird, wer vor allem Zustimmung und Bestätigung sucht, dafür etwas tun müssen. Der Mund ist gefragt, nicht das Ohr. Ich rede, du hörst zu: Das Schweigen des anderen wird gern als Zustimmung missverstanden, als ob der andere anerkennt, was der Redende sagt oder wer er ist. Nach Descartes' Melodie könnte dieser hinterhersummen: Ich rede, also bin ich; du hörst nur noch zu, also bin ich und meine Meinung ist anerkannt. Geschieht dies in aller Öffentlichkeit – um besser. Hier geht es weniger um den persönlichen oder intimen Austausch, sondern eher um einen, der gern Zuschauer um sich schart und Zeugen sucht.

Anerkennung stellt in der Lebenswelt und in der Gesellschaft ein entscheidendes, aber knappes und daher umstrittenes Gut dar. Die Konkurrenz ist folglich groß. Das legt nahe, dass jeder äußerst aktiv ist und attraktiv daherkommen sollte. Wer Anerkennung will, stellt sich selbst heraus und Ansehnliches her. Das eigene Aussehen oder die eigenen Ansichten bedienen, was andere im nachgefragten Stil der Zeit erwarten, selbst wenn das eine ständige Selbst-Perfektionierung erfordert, die notfalls bis zur Erschöpfung betrieben wird.[4] Schweigen bietet nur in Ausnahmefällen eine gute Position. Wirbt man dafür, klänge das den Betreffenden so unsinnig im Ohr, als bitten wir einen Langstreckenläufer, der es mit wackeligen Knien bis vor die Ziellinie geschafft hat, anmutig auf einem Seil zu balancieren. Bewegungen, die sein schwankendes Gleichgewicht austarieren, werden ihm durch die Daueranspannung unmöglich.

Chancen philosophischer Kommunikation gehen massiv verloren. Karl Jaspers machte schon früh auf die Dimensionen dieses Verlustes aufmerksam: „Menschen, die keine Gemeinschaft im Schweigen haben, sind nicht fähig zu entschiedener Kommunikation. Der Ursprung im Schweigen verbindet, nicht das Gesagte, und das Gesagte in dem Maße als dieser Untergrund es trägt. Die leisesten Berührungen im Leben haben ihr Gewicht durch das Schweigen, in dem verpflichtend, aber nie einklagbar gehalten wird, was Menschen verband."[5] Das Schweigen, von dem Jaspers schreibt, stellt Menschen nicht in Opposition gegeneinander. Wenn Reden ein Redenkönnen erfordert, dann könnte man das hier gemeinte Schweigen als ein gemeinschaftliches Schweigenkönnen verstehen. Das wäre ein Schweigen ohne Redeverbot und fern des unbewussten Zwangs zur Konformität.

Darin liegt ein fundamentaler Unterschied zum Schweigen, mit dem die Philosophie über Dekaden hausieren ging. Die antiken Stoiker deklarierten, Schweigen sei naturgemäß. Epiktet machte das zum praktischen Ratschlag: „Schweige zumeist; sprich nur das Notwendige und kurz. Sprich, wenn die Umstände es erfordern; aber nicht über die gewöhnlichen Gegenstände der Unterhaltung, über Zirkusspiele, Wettrennen, Ringkämpfe, über Essen und Trinken. Vor allem sprich nicht über deine Mitmenschen, sei es tadelnd, oder lobend, oder vergleichend. Vermagst du es, so lenke das Gespräch auf einen würdigen Gegenstand. Bist du aber unter Andersgesinnten, so schweige."[6] Rühre nicht an den Schlaf der Welt! Mogele dich still und heimlich durch, die weise lenkende Vernunft der Natur ist auf deiner Seite, auch wenn es sonst einsam um dich wird! Der Weise, meinen diese Philosophen, schweigt. Wem sollte er auch viel zu sagen haben?

Schweigt er nicht, verrät sich die Quasselstrippe als Nicht-Philosoph. Der Philosoph sei wortkarg, vor allem, wenn er nicht unter seinesgleichen wandelt. Die Liebe zur Weisheit eigne sich nicht, mit herausgeputzten Worten Aufsehen zu erregen und soziales Ansehen zu erwerben. Diese Warnung wird ausgesprochen, weil allerorten das Gegenteil geschieht, denn in Rom und anderen Metropolen der Zeit ist es mittlerweile chic, ein Philosoph zu sein. Ein paar eloquente Sprüche hier, ein paar Zitate dort, das reicht für ein gutgläubiges Publikum, das selber jeder ernsthaften Beschäftigung mit der Philosophie fern steht. Boethius beschreibt in spätrömischer Zeit einen dieser Imagejäger, der sein leeres Geschwätz perfekt an die Stimmung des Volkes anzupassen weiß. Er besitzt die Frechheit, einen, der wirklich Philosoph ist, zu fragen: wie war ich? „Merkst du nun endlich, dass ich ein Philosoph bin?" Boethius' Antwort ist sprichwörtlich geworden: „Ich hätte es gemerkt, wenn du geschwiegen hättest!" (*Si tacuisses, philosophus mansisses*)[7]

Es gibt Aufschneider, aber was ist mit denen, die es ernst meinen? Schweigen die, dass es der Tradition eine Freude ist? Wer einen Schweigenden dieser Art – sei er ein Weiser, sei er ein Heiliger – beobachtet, nimmt durch das eigene Schweigen an dessen Weisheit teil. So beschreibt es Aurelius Augustinus in seiner Autobiographie. Der junge Mann war unruhig und noch nicht der glaubensfeste Heilige geworden. Eines Tages besuchte er den Bischof Ambrosius in Mailand. Es war dessen Schweigen, das dem jungen Gast die theologischen Augen öffnete. Der Bischof saß einfach da, las in einem Buch und schenkte dem jungen

Besucher kaum Aufmerksamkeit: „Dann saß ich lange schweigend bei ihm – denn wer hätte es gewagt, dem so in sich Versunkenen zur Last zu werden? [...] Und leise las er wohl deshalb, dass nicht ein wissbegieriger und aufmerksamer Hörer ihn zwingen könne, eine dunkle Stelle, die er eben las, ihm aufzuklären und ihm in irgendwelcher schwierigen Frage Rede zu stehen. [...] Jedenfalls aber fand ich so die Muße nie, ihm vorzulegen, was ich auf dem Herzen hatte, und seine Seele zu befragen, wie man ein heiliges Orakel befragt [...].“[8] Fragen wir uns, wie ein nicht zum Glauben entschlossener Besucher dieses abweisende Verhalten wohl erlebt und beschrieben hätte? Wenig bis gar nichts spräche dafür, dass ein Philosoph vom Verhalten eines anderen Philosophen begeistert wäre, der sich erfolgreich alle Fragen vom Halse hält und umso mehr im Ruf großer Weisheit steht.

Die unterstellte Nähe zur Weisheit oder Heiligkeit erweist sich für das Verständnis des Schweigens als eine schwere historische Hypothek. Am 6. Dezember 1273 liest nach dem Bericht des Bartholomäus von Capua der heilige Thomas die Messe. Etwas Ungewöhnliches, Einschneidendes geht in ihm vor, aber er spricht nicht darüber. Niemand kann sich erklären, warum der berühmteste Denker der Zeit ab diesem Zeitpunkt den Griffel beiseitelegt und in seinen letzten Zeiten auf Erden schweigt. Man ist besorgt, man fragt ihn. Wenig ist zu erfahren, nur dass alles, was er bislang schrieb, ihm nur wie Stroh vorkomme.

Das theologische Denken der Zeit hatte wenig Mühe, erklärende Einordnungen zu finden, wenn auch in Frageform. Bis heute haben sie ihre Konjunktur. Hat Thomas eine kaum mehr mittelbare Vollendung seiner Philosophie visionär geschaut, im Lichte des Glaubens, fern aller Systematik und Begrifflichkeit?[9] Biographische Hinweise geben andere Auskunft. Im Alter häuften sich bei Thomas von Aquin Episoden der Verwirrung und der Geistesabwesenheit. Die Frage ist bis heute nicht zu beantworten, ob wir beim Schweigen seiner letzten Lebensmonate von der Folge einer philosophisch-religiösen Vision oder von einer durchaus erklärlichen Nervenzerrüttung auszugehen haben.[10] Die Befürchtung, das Gedeutete könnte zum Spielball des Deutenden und seiner Orientierungen werden, ist nicht von der Hand zu weisen. Die Gefahr ist umso gravierender, wenn das Schweigen zu einer eigenständigen Position aufgebaut wird, die womöglich alles in den Schatten stellen soll, worüber überhaupt geredet werden könnte.

Diese ungeheure Karriere des Schweigens wäre Folge einer unglücklichen Entkoppelung von Reden und Schweigen. Sie findet Ausdruck in einer eigenwilligen Philosophie, die keine Worte mit und für andere sucht, sondern sich auf vorgeblich sprachlose Höhen und Tiefen zurückzieht. Sie hüte dort im Schweigen ein Erkenntnisprivileg, das seine Gemeinde sucht oder schon gefunden hat. Schweigegemeinschaften entstehen, die wiederum die Gemeinschaft im Glauben voraussetzen. Eine gewisse Konformität im Glauben allein verhindert, dass die Beteiligten, nachdem sie sich lange genug angeschwiegen haben, ratlos auseinandergehen. Denn in dieser Art des Schweigens wird der Sinn entweder vorausgesetzt oder durch Zeichen und Andeutungen indirekt kommuniziert. Man ahnt ihn, man glaubt ihn zu kennen, man stützt andere, wenn deren Zweifel laut und sprechend werden. Das gute Schaf der Herde respektiert stets das Schweigegebot und wird sich nicht verpflichtet fühlen, eigene Erklärungen an dessen Stelle zu rücken.

Eine Philosophie, die einen freien und gleichberechtigten Zugang zu Argumenten und zum Argumentieren zu gewährleisten hätte, darf man hier nicht erwarten. Der Außenstehende wird und soll außen vor bleiben. Der zählt zu den anderen. Nur der gehört zum inneren Kreis der Verständnisvollen, der die Gemeinschaft im Glauben nicht nur als Lippenbekenntnis teilt. Das wäre der ursprüngliche Sinn des Wortes „Esoterik“ – eine Lehre, Lebensform oder Perspektive, die einem kleinen Kreis vorbehalten ist und nach „außen“ weder kommuniziert noch erklärt werden kann. Esoterik und Philosophie schließen sich gegenseitig aus.

Dennoch blühen unter dem Deckmantel der Philosophie auch esoterische Karrieren – oft verbunden mit der aggressiven Klage, wer bei diesen Lehren und Eröffnungen vorschnell den Kopf schüttele zeige nur, dass er selbst wichtige Grundlagen seines Lebens und Denkens nicht (mehr) kenne. Das Schweige-Spiel wird zur verkehrten Welt: Das Schweigen berge den höheren Sinn, den Worte nicht fassen. Der werde vom ergriffen Schweigenden und seinen Nacheiferern jenseits der Sprache vorgetragen, gern mit kunstvollen Metaphern, in andeutender Rede und mit eloquenter Rhetorik. Sie schweigt, indem sie eine Unmenge von Worten ins Leere laufen lässt. Das Heil besteht aus einfachen wie auch aus doppelten Verneinungen, es meidet alle positive Aussagen. Man wird also nichts sagen, aber doch etwas „wissen“, ganz ohne zu wissen, was. Der Adressat der Botschaft wird tatsächlich zum Schweigenden. Er erbt eine gute Portion Wort- und Ratlosigkeit. Er kann die „Botschaft" zwar weder im landläufigen Sinn begreifen, noch wird er das Schweigen durch Fragen stören wollen und durch Mitreden schon gar nicht. Einer der allzu Geschwätzigen will er nicht sein, denen das Geheimnis des Schweigens nie offenbart würde. Der vehemente Aufklärer Georg Christoph Lichtenberg hat in seinen Sudelbüchern zwei treffende Geistesblitze dazu hinterlassen: „Immer Stillschweigen gebietend und nie verschwiegen" und „Hinlänglicher Stoff zum Stillschweigen."[11]

Diese kommunikative Schweigepraxis ist auch einigen philosophischen Traditionen nicht fremd; sie hat ihnen das ursprünglich religiöse Etikett des „Quietismus" eingetragen. Man könnte es als Hinweis auf eine innerphilosophische Kommunikationsstörung ansehen. Das wäre zu einfach. Man würde Zusammenhänge übersehen, die gerade heutzutage jeden beunruhigen sollten. Grob gesagt: Die Philosophie und die Demokratie haben wesentliche Grundlagen gemein. Eine davon ist die Notwendigkeit, dass jeder selbst und für sich denke und frei mit jedem rede, mit wem immer er reden will. Der geteilte Imperativ der Philosophie und der Demokratie ist die Meinungs-, Rede-, Versammlungs- und Pressefreiheit. Wo sie sanft oder rüde eingeschränkt werden, selbst wenn das nur wenige Kritiker oder Außenseiter beträfe, sind wir alle verletzt. Wenn Kritiker schweigen müssen, reden Propagandisten umso ungehemmter. Gelenkte Worte verdrehen den Kopf. Die ununterbrochene Berieselung mit immer plakativeren, auf Entrüstung gepolten und selten hintergründig recherchierten „Informationen" lähmt auf Dauer die Aufmerksamkeit, während Schlagworte zur Aktion anstacheln.

In all dieser schrillen Hektik übersieht man die sozialen und politischen Karrieren des Schweigens. Die Verbreitung von Wortmasken für Wirklichkeiten wird zum Handelsgut. Das geht weg wie warme Semmeln, es wird medial und gratis an jeder Ecke bequem zugeliefert. Schweigen ist da keineswegs mit behaglicher Ruhe verbunden, sondern eher mit einer galoppierenden Ruhelosigkeit, die als bedrohlich empfunden wird. Wer mit ihr geschlagen ist, lässt sich kaum darauf ein, mit Zeit zuzuhören oder zu lesen. Das Ohr ist verstopft, der Daumen ist ans schnelle Weiterscrollen gewöhnt. Die Konzentrationsspanne reicht kaum mehr für mehrere Buchseiten aus. Gespräche verarmen und mit ihnen die Sprache, die auf die Wechselseitigkeit gelingender Kommunikation abzielt. Das aktuelle Artensterben der Worte beängstigt merkwürdigerweise kaum jemanden. Die schweigende und ruhige

Konzentration beim Lesen, Reden und Zuhören ist inzwischen seltener als gute unbelastete Luft.

Wie anders klang es in den Sätzen von Karl Jaspers, geschrieben vor fast hundert Jahren: „Schweigen hat eine eigentümliche Aktivität, als die es Funktion im Kommunizieren selbst wird. Schweigenkönnen ist Ausdruck einer Stärke des zur Kommunikation bereiten Selbstseins."[12] Unser zeitgenössisch lautes Schweigen findet nicht zu dieser sowohl selbstbestimmten als auch dialogischen Position zurück. Das nämlich ist die Crux: Schließt man das Schweigen aus, das zum freien Denken, Reden und Zuhören gehört, wird der Schutz gegen permanente Einflüsterungen brüchig. Am Ende erntet man das Schweigen, dessen despotische Züge heute leicht zu erkennen sind. Es tritt an die Stelle eines Schweigens, in dem sich die Kommunikation wohlfühlte und in dem Gedanken geboren wurden, für die die Philosophie die passende Welt darstellte.

11. Kapitel
Fake philosophy hunting

Das war doch bloß ein kleiner Moment der Lust, verzeihlich und kein echter Missgriff. Der Kleine hat die Schokolade und eine Unmenge an Keksen gemopst. Nun tut er, was er üblicherweise unterlässt: Er macht sauber und beseitigt die verräterischen Krümel. Anders als sonst, greift er beherzt zur Zahnbürste, um Schokoladenreste auf den Zähnen loszuwerden. Überhaupt ist er sehr freundlich und aufmerksam, als die Tür aufgeht und seine Eltern hereinkommen. Ökonomisch gesehen, war der Missgriff für ihn kostspielig. Die Vertuschungsaktionen sind aufwändig. Zuerst ist die Lüge des bloßen Verschweigens das rettende Zauberwort. Schon ist man einer dummen Situation entflohen. Das ist verständlich und hat, wenn es gut gemacht ist, sogar eine gewisse Eleganz für sich.

Auf lange Sicht überwiegt für den Lügner der Schaden den kurzfristigen Nutzen. Er wird allerdings in so kleinen Dauerbeträgen fällig, dass er glaubt, leicht darüber hinwegzukommen. Natürlich muss er ständig aufpassen, sich nicht zu verplappern oder verräterische Details liegen zu lassen. Ein Kontrollradar kreist permanent über das eigene Verhalten und beobachtet Mitmensch und Umwelt, um verräterische Spuren und Hinweise schneller als andere zu entdecken und sie sofort zu beseitigen. Jeder aufkeimende Verdacht ist im Keim zu ersticken. Ein jeder könnte dem Übeltäter auf die Schliche kommen. Ständig freundliche Miene zu machen und dennoch argwöhnisch zu bleiben – das geht nicht zum Nulltarif. Die Folgen der Lüge belasten, sie werden zum Dauerbrenner in den Nerven oder im Magen. Kurzum: Lügen liefern eine verheerende Energie- und Umweltbilanz ab.

Es gibt also ganz praktische Gründe, bei der Lüge zur Vorsicht zu raten. Weit ausholende philosophische Gründe gibt es natürlich auch. Sie haben in der Regel einen anderen, weniger pragmatischen Fokus. Platon erklärt, dass der Lügende die Wahrheit verspielt. Er ist klug, aber verschlagen. Der Lügner baut bewusst eine Scheinwelt auf, dass bald niemand mehr die echte erkennt. Er betrügt andere, aber auch sich selbst um jede Chance, ein weises und gutes Leben zu führen.[1] Geradezu Monströses fürchtet Immanuel Kant: Wo immer die Lüge auf den Plan tritt, wackelt das ganze moralische Universum. Selbst die gutmütige

Lüge oder jede noch so banale Notlüge muss kategorisch ausgeschlossen bleiben. Denn der Lügner hintergeht die Verbindlichkeit des Wortes. Auf nichts kann man sich mehr verlassen, wenn das Lügen erlaubt ist oder mit Nachsicht toleriert wird. Wer dafür Verständnis aufbringt oder Rechtfertigungen erfindet, hintergeht die Grundfeste der Moral, denn Wahrhaftigkeit ist unbedingte Pflicht.[2] Die strikte Ablehnung jeder Lüge fällt Platon und Kant leicht. Ihr Blick geht gen Olymp oder in den biblischen Himmel. Gott hat es gar nicht nötig zu lügen, erklärt Platon. Für Immanuel Kant ist das biblische Gebot *Du sollst nicht als falscher Zeuge gegen deinen Nächsten auftreten* (Ex. 20.16) die Vorlage.[3] Das setzt unverrückbare Maßstäbe.

Aber halt! Bevor wir unsere kleine Lügenkeks-Idylle ins Prinzipielle weiterspinnen, schauen wir doch besser noch einmal, welche Fäden wir bislang hineingesponnen haben. Die Tat war simpel und motiviert durch ein Quäntchen Lust zu viel. Gibt es da viel zu deuteln? Die Übertretung geschah spontan, auch hier erübrigt sich weitere Nachfrage. Die übertretene Norm war allen Beteiligten bekannt, wurde aber nicht allgemein akzeptiert, denn der Junge hatte wenige Bedenken, sie zu übertreten. Seine Lüge war defensiv und bestand nicht einmal darin, dass er etwas Falsches als Wahrheit behauptet hätte. Er wollte nur klug den Konsequenzen ausweichen. Die Machart seiner Vorstellung war konservativ und völlig unkreativ. Er setzte auf die schlichte peinlichkeitsverhindernde Vertuschung. Ein philosophischer Thrill des Ganzen ist kaum feststellbar und ein solches Beispiel lässt sich so erzählen, als verstünde sich alles von selbst, weil jeder etwas Ähnliches kenne. Dankenswerterweise haben Sigmund Freud und Koryphäen wie Jean Piaget oder Lawrence Kohlberg derartige Keksfälle in den Arbeitskatalog der Psychologie angenommen. Ihr philosophisches Gewicht ist seither gen Null abgemagert.

Das entlastet die Philosophie und ermöglicht uns einen freieren Blick. Die Eltern sollten ihrem Krümelmonster dankbar sein. Mit Bedacht und Umsicht hat der Kleine verhindert, dass Nichtigkeiten den Familienfrieden stören. Sein Urteil war ausgewogener als das kleinkarierte und moralinsaure, das er von den Eltern erwartete. Ihm ging es um Werte, die wirklich zählen. Das hat der Kleine sich etwas kosten lassen. Seine Säuberungs- und Zahnputzaktion beweist, dass ihm an gedeihlichen und verlässlichen Beziehungen zu Hause viel gelegen ist und wenig am kleinkarierten moralischen Kotau, mit dem er die Süßigkeiten liegengelassen hätte.

Anders, als die schlechte philosophische Presse uns weismachen will, ist die Lüge anscheinend nicht so unsozial und egoistisch, sondern gemeinschaftsdienlich und bisweilen bedacht auf Harmonie. Der Kleine ist sehr wohl in der Lage, die Urteils- und Gefühlslagen der Eltern richtig einzuschätzen. Dieses Wissen nutzt er, um ihnen die Laune nicht zu verderben. Dass für den Kleinen die Lust nicht mehr wie zu Kaisers Zeiten im Giftschrank steht, dürfte in unserer Gesellschaft inzwischen konsensfähig sein. Die Frage ist nicht rhetorisch gemeint: Hat der kleine Schokoladendieb etwa in vorzeigbarer Weise moralisch gehandelt und ethisch erheblich tiefer reflektiert, als er das von seiner Umgebung erwarten konnte?

Beinahe hätten wir ein donnerndes Ja hingeschrieben, wäre da nicht die noch offene Frage, wie wir die Heimlichkeit der ganzen Inszenierung einordnen sollten. Gewiss droht immer die Enttarnung, die zu verhindern ist. Die Lüge macht später eben Arbeit und keinen Spaß. Aber die Wahrheit macht auch keinen Spaß. Wann begann das, das nichts so richtig Spaß macht? Der lustvolle Griff zu Schokolade und Keksen mag eine Art Notwehrreflex darstellen, der das Auftauchen solcher Fragen begleitet. Er richtet sich gegen eine Welt, die man in diesem Moment anders möchte. Dafür nimmt man wohl oder übel in Kauf, ein Verbot zu übertreten und anschließend zu lügen – und das aus Gründen, die als gute und einfühlsame gelten können. Ganz nebenbei wird die lehrreiche Erfahrung vermittelt, wie zufrieden andere doch nicken, wenn ihnen eine Welt vorgespielt wird, die ihren eigenen Obligationen so schön entspricht.

Selbst wenn die Lüge gelingt und alles ruhig bleibt, kann sich in unserer Betrachtung der Kekskrümel zum philosophischen Elefanten auswachsen. Kein kategorischer Imperativ schützt vor dem Verdacht, dass der Belogene einen erheblichen Anteil an der Lüge hat. Der Adressat der Lüge ist zufrieden, dass die Welt so ist, wie ihm die Lüge das suggeriert und bestätigt – eben dafür musste der Lügner zuvor recht genau wissen, wann er wie lügen muss, auf dass der Empfänger damit glücklich wird. Die Lüge ist nicht allein ein Seismograph des emotionalen Klimas. Es steckt eine Unmenge analytischer Einsicht darin, die mehr vom anderen versteht, als die Fassade seines Alltagsgesichts offenbaren will. Erweitert wird sie durch ein strategisch versiertes Handlungswissen, das die

Lebensgestaltung und die Lebenshaltung des anderen gut einschätzen kann.

Der Lügende ist in der Regel so freundlich, den Belogenen moralisch vollständig zu entlasten. Die Lüge schützt ihre Adressaten davor, im Sinne ihrer engstirnigen Moral falsche Urteile zu fällen. Der Lügende nimmt das ganze schlechte Gewissen ganz auf sich. Fliegt die Sache auf, steht er dumm und vor allem ganz allein da. In der Regel werden ihm dann unmoralische Motive unterstellt, die völlig verkennen, dass er durchaus auch moralische hatte. Andere werfen sich zu seinen Richtern auf. Sie fühlen sich durch die moralische Entrüstung legitimiert, laut zu werden, Dinge zu tun und zu sagen, die ihnen hinterher leidtun müssten, wahrscheinlich aber nicht leidtun werden. Anders als der Lügner, der immer einen Berg von Konsequenzen vor sich herschiebt, scheint sich der moralisch (Ver-)Urteilende ohne zukünftige Belastungen zu entrüsten. Dieses Ergebnis entspricht der im Gefolge Platons und Kants aufgestellten Zusicherung, die Moral beschere ein sanftes Ruhekissen.

Wir müssen uns von unseren Keksen lösen, sonst verlieren wir unser Thema aus dem Kopf. Es geht in diesem Kapitel um die Frage, warum Menschen geradezu lügen wollen, und das in aller Öffentlichkeit und unterstützt durch eine Philosophie, die ihnen ihr lügenhaftes Tun als sinnvoll und moralisch bestätigt. Aristoteles eröffnet seine Metaphysik mit dem einfachen und entscheidenden Satz: „Alle Menschen streben von Natur aus nach Wissen.“[4] Die Lüge muss von irgendwo anders her ins Spiel kommen. Wir lügen ja nicht den Baum oder die Wiese an; Lügen sind immer an Menschen adressiert und insofern bis ins Mark sozial. Und noch etwas muss hinzukommen: ein Machtgefälle, dass die Lüge begünstigt oder geradezu provoziert.

Platon kann uns mit einer Erklärung weiterhelfen. Soeben hat er durch den Mund des Sokrates dargelegt, dass man immer bei der Wahrheit bleiben muss. Aber einige wenige Ausnahmen seien doch erlaubt. Für den Arzt ist die Lüge mitunter hilfreich und für den Patienten, meint Platon, nützlich. Die nächste Ausnahme folgt auf dem Fuße, diesmal ist es keine Kleinigkeit: „Den Regenten der Stadt also, wenn überhaupt irgendjemandem, kommt es zu zum Nutzen der Stadt die Unwahrheit zu sagen, kein anderer aber darf sich damit befassen [...].“[5] Der Regent darf also, der Bürger aber nicht; ihm bleibt das Lügen strengstens untersagt. Der Mächtige ist, das versteht sich, dem Bürger gegenüber auch nicht auskunfts- und rechenschaftspflichtig. Im Falle eines durch

Herrschaft diplomierten Lügenboldes wäre das ohnehin witzlos. Merkwürdigerweise ging Platons Gedanke nicht als schmutzige, sondern als „edle Lüge" in die Philosophiegeschichte ein. Was ist edel daran, wenn Mächtige das moralische Recht zugesprochen bekommen, nach eigenem Gutdünken lügen zu dürfen? Dass der Zweck die Mittel heiligt, klingt nicht gerade nach einer philosophischen Weisheit.

Wir blättern ein paar Seiten in der Denkgeschichte weiter und landen beim kleinen Einmaleins der Herrschaftskunst eines Niccolò Machiavelli. „Ein kluger Machthaber kann und darf sein Wort nicht halten, wenn ihm dies zum Schaden gereichen würde, und wenn die Gründe weggefallen sind, die ihn zu seinem Versprechen veranlasst haben."[6] Der Herrscher soll ein „Meister in der Heuchelei und Verstellung" sein; er muss und darf eigentlich keine der guten Eigenschaften besitzen, die er den anderen vorgaukelt. Es reicht, wenn er es irgendwie hinbekommt, dass andere glauben, er sei so, wie sie ihn gern hätten.[7] Sie binden sich an ihn, er nicht an sie. Schließlich ist er der Herrscher und Machiavellis Rat soll sicherstellen, dass er es auch bleibt.

Wir kramen da leider nicht in Museumsbeständen philosophischer Debatten, sondern sind traurigerweise in unserer Gegenwart gelandet. Hans Jonas hat in seinem *Prinzip Verantwortung* klargemacht, dass das „gefährliche Spiel der Massentäuschung (Platons ‚edle Lüge')", etwa angesichts drohender ökologischer Katastrophen, auf eine neue Karriere zusteuert. Während es die Aufklärung und der Idealismus oft nur zu fruchtlosen Lippenbekenntnissen brächten, käme mit Platons Lüge ein anderer, wesentlich praktischerer Politikstil zum Einsatz, getragen von einer „Elite mit geheimen Loyalitäten und geheimen Zielsetzungen".[8] Sie würden zum Besten aller lügen und hätten ein moralisch grundiertes Recht dazu. Diese Worte sind heute von einer gespenstischen Aktualität, deren Ausmaß und Bedeutung sich Hans Jonas Ende der 1970er-Jahre nicht hätte träumen lassen.

Je abstruser die Behauptung, desto mehr Wahrheitspathos lässt sich um sie herum organisieren. Die Jahre der Corona-Epidemie sind ein probates Lehrstück. Auch wer nicht in der Lage ist, die einfachsten Grundlagen der Virologie zu begreifen, wähnt sich umso mehr im Besitz höherer Wahrheit. Keine Beschäftigung mit einer Disziplin oder ihren Forschungen hat sein freies Urteil verdorben. Darum weiß der Ungebildete ganz genau, was die anderen nur heimtückisch verbergen wollen. Mit der Corona-Impfung würden Mikrochips verabreicht nach dem

Motto: heute Impfling, morgen ferngesteuert. Behauptungen, deren Plausibilität wenige Monate zuvor nicht einmal für einen schlechten Science-Fiction-Roman getaugt hätte, werden mit einer aggressiven Rhetorik aufgeladen. Das fachliche Niveau einer unteren Gymnasialklasse dürfte in der Mehrzahl der Fälle ausreichen, um die Revue kruder Fehler und Unsinnsbehauptungen rot am Rand zu markieren, Korrekturen anzumahnen und eine nicht gerade schmeichelhafte Note darunter zu schreiben.

Geht es darum? *Fake News* dieser Art sorgen für einen enormen Zusammenhalt unter Leicht- und Gleichgläubigen. Zusätzlich verstärkt wird diese Kohäsion durch die Fiktion, nur besonders qualifizierte Menschen – dazu gehören allerdings kaum qualifizierte Wissenschaftler oder Fachleute aller Art – könnten diese „Wahrheiten" überhaupt erkennen. Wer zu der so quer daherkommenden Message ja sagt, gehört schon zu den Guten, von denen es nur wenige auf der Welt gibt. Diese Wenigen hätten sich glücklicherweise gerade in dieser Blase getroffen und politisch eng zusammengefunden, was niemand für möglich gehalten hätte, der das Spektrum ihrer langjährig vertretenen Ansichten kennt. Auch das ist ein Zeichen. Also besteht noch Hoffnung für die Welt, die soeben in die Katastrophe trudelt. Verschworene Eliten aus Fachleuten, Politikern und anderen Strippenziehern trachten sie in der Manier von Hinterzimmergangstern zu zerstören. Sie lügen fachlich versiert und im vollen akademischen Ornat. Sie tun es einfach, worüber Platon nur schreibt: Sie lügen, weil sie die Macht haben und ganz in sie vernarrt sind. Wer in dieser schönen neuen Welt die Wahrheit sucht und dafür über Generationen belastbare Kriterien und ein gutes Handwerkszeug entwickelt hat – nehmen wir Wissenschaftler und gewissenhafte investigative Journalisten durchaus als Vorbild –, der kann nach der neuen Blasenmeinung nur lügen. Im harmlosen Fall gibt er die Lügen weiter, die ihm aufgetischt wurden. Kriminell wird es, wenn er mit „denen" unter einer Decke steckt.

Jede Lüge funktioniert nur, wenn sie glaubhaft machen kann, die Wahrheit zu sein. Folglich ist der Lügner auffallend stark an der Wahrheit interessiert – was ihn verdächtig macht. Die will er verwalten, kontrollieren, monopolisieren und seinen Plänen anpassen, dass sie zu seinen finsteren Absichten passt. Wer die Wahrheit gar nicht suchen muss, beweist damit zur Genüge, dass ihn keine Lüge dazu zwingt. Ein Journalist recherchiert ja nur, weil er nichts weiß und doch über irgendetwas schreiben muss. Findet dieser Dumme etwas, will er es gar nicht wissen; darüber schreibt er eben alles Mögliche, was sich bequem zur herrschenden Meinung umlügen lässt.

Wer selten bis nie eine anspruchsvolle Zeitung liest, ist selbstredend qualifizierter, ein solches Urteil zu fällen, als der vorgeblich wohlinformierte Leser. Denn er ist unparteiisch. Kein Abonnement bindet ihn an den Meinungsterror einer Zeitung. Er lässt seine Weltsicht an keine Zeitungsleine legen und zahlt dann noch dafür. Um seine Ausgewogenheit zu bestätigen, braucht er keine andere Meinung; eine richtige reicht. Dieser überzeugte Informationsabstinenzler allein darf deshalb aus eigener Expertise verkünden, wir würden alle nur belogen. Volkes Meinung ist folglich klüger als die „Lügenpresse". Die Würfel sind gefallen. Letzteres hat selbst ein Caesar ins Stammbuch der Sprüche geschrieben, als sein Heer den Rubicon überschritt und alles blutiger Ernst wurde.

Hat diese offensichtliche Verrücktheit die Philosophie überhaupt zu interessieren, oder wären nicht doch vorrangig Gutachten gefragt, die aus den Bereichen der Medienwissenschaften, der politischen Psychologie oder der Psychiatrie kommen müssten? Es wäre bestimmt kein Fehler, solche Analysen mit einzubeziehen, aber die Philosophie kann sich dennoch nicht einfach durch die Hintertüre davonschleichen und diesen Debatten entgehen. Es geht ja nicht nur darum, dass Menschen mit Hilfe von *Fake News* oder sogenannten alternativen Fakten getäuscht und über fachlich recht banal aufzuklärende Zusammenhänge angelogen werden. Sie sollen sich selbst täuschen und die Täuschung viral weitergeben, um, verbunden mit dem Testat ihrer persönlichen Glaubwürdigkeit, andere einzubinden. Ihre Meinung soll als freie erscheinen und damit das eigenständige Urteil suggerieren, das dem Großteil der Gesellschaft abgesprochen, dem eigenen Meinungsfeld aber gratis attestiert wird. Die Aneignung von Begriffen mit philosophischer Tradition und deren eigenwilliger Gebrauch ist konstitutiv für diese Praxis. Wären es Worte und Begriffe aus religiösen oder theologischen Sprachspielen, wäre es nicht falsch, von Sektenbildungen zu reden; hierzu existiert eine reiche kritische Literatur.

Philosophische Begriffe tragen, gerade fern ihres verantwortbaren Gebrauchs, erheblich dazu bei, in der Öffentlichkeit Legitimität vorzugaukeln und ein gewisses Niveau an Klärung und Diskussion vorzutäuschen. Nun könnte man schulterzuckend sagen, es sei halt nicht überall Philosophie drin, wo ihr Name draufsteht. Das wäre fahrlässig, wollte die Philosophie darauf verzichten, eigene Gefährdungspotenziale zu reflektieren. Ihre Worte sind vor Missbrauch nicht gefeit. Der Gang in die Freiheit etwa wurde im Laufe der Geschichte nicht nur als einmaliger Ausrutscher mit Marschmusik orchestriert, er landete oft in schlimmster Unfreiheit. Dass zwischen der Deklaration der Menschenrechte und dem Terror nur wenige Monate liegen, ist eine der Lehren nicht nur aus der Französischen Revolution. Worte können in ihr Gegenteil umschlagen. Darum benötigen auch unsere kritischen Worte unsere kritische Aufmerksamkeit.

Grund genug für die Philosophie, sich nicht nur zu fragen, was Wahrheit und Lüge überhaupt seien und warum Menschen sich eigentlich täuschen können. Sie muss das konkrete und praktische Denken kritisch begleiten, dazu gehört eben auch die Selbstkritik des eigenen Denkens. Als Francis Bacon zu Beginn des 17. Jahrhunderts eines der bedeutenden Programme schrieb, wie die Wissenschaft zu betreiben und zu fördern ist, stand für ihn eine ganz andere Untersuchung am Anfang: Was hält uns eigentlich davon ab, die Wahrheit zu erkennen? Bacon forschte den Erkenntnishindernissen nach. Er wurde fündig, den reichen Ertrag formulierte er in einer beunruhigenden Zusammenstellung. Vier Hauptarten dieser weit verbreiteten Täuschungen nennt Bacon, der sie insgesamt als „Idole" bezeichnet: Er traut den Sinnen eher als dem Geist, der wie ein unebener Spiegel die Wahrnehmungen verzerrt. Jeder Mensch verfügt über eigene Wahrnehmungen und Gedanken, die niemals bruchlos mit denen aller anderen übereinstimmen werden. Es gibt Fehlurteile, die die Sprache, die die Erziehung und vor allem die Mehrheitsmeinung in uns legen.

Die Philosophie tritt hier nicht allein als Aufklärerin in Aktion, denn Francis Bacon reserviert ihr die vierte Art der „Idole". Dogmatische Behauptungen philosophischer Lehrmeinungen hätten den Verstand verhext und damit vernebelt, wie man forschen kann, Beobachtungen sammelt und auswertet, Thesen aufstellt und beweist und am Ende die Wahrheit feststellt. Diese unrühmliche Hinterlassenschaft der Philosophie scheint Bacon mit dem Wort „Idole des Theaters" am besten bezeichnet zu sein: „Denn so viele Philosophien angenommen oder erfunden worden sind, so viele Fabeln sind nach meiner Auffassung damit geschaffen und für wahr unterstellt worden, welche die Welt als unwirklich und erdichtet erscheinen lassen."[9] Die angebliche Wahrheit einer philosophischen Position kann die ganze Welt zu *Fake News* abstempeln. Nicht immer wird sie dabei als Philosophie sichtbar. Sie steckt in den Erzählungen, in den Weisen der alltäglichen Kommunikation und in den Rollenspielen, mit denen wir uns alle durch unsere sozialen Welten bewegen. Die Suggestion bleibt stets dieselbe: Du musst die Wahrheit gar nicht suchen, du hast sie eigentlich längst gefunden. Falls nicht, wird sie irgendwo angeboten – schau doch mal nach und greif einfach zu!

Francis Bacon gilt als einer der Begründer der „Ideologiekritik". Durch die Philosophien von Holbach und Helvetius wurde sie zur treibenden Kraft der Französischen Revolution. Eine zentrale Bedeutung kommt ihr im Denken von Karl Marx zu. In der Philosophie der Frankfurter Schule war und ist sie ein roter Faden der Werke von Theodor W. Adorno, Max Horkheimer, Jürgen Habermas oder Axel Honneth. Nicht weit von der Position und Wortwahl von Francis Bacon entfernt gelang es Karl Marx und Friedrich Engels, ihr Anliegen in nur wenigen Worten zu skizzieren. „Die Ausgeburten ihres Kopfes sind ihnen über den Kopf gewachsen. Vor ihren Geschöpfen haben sie, die Schöpfer, sich gebeugt. Befreien wir sie von den Hirngespinsten, den Ideen, den Dogmen, den eingebildeten Wesen, unter deren Joch sie verkümmern. Rebellieren wir gegen die Herrschaft der Gedanken."[10]

Ideologien dieser Art betrügen uns nicht einfach um die Welt. Fatal ist, dass sie uns selbst zum engagierten Akteur dieses Betruges machen und somit erschweren, in den eigenen Gedanken die täuschenden Ideen zu erkennen. Francis Bacon hätte geraten, sich selbst mit einer recht einfachen Prüfung auf die Schliche zu kommen. Der Mensch glaubt gern, etwas sei wahr, wenn er sich davon bestätigt fühlt, vor allem aber, wenn es hilft, Schwierigkeiten zu umgehen, Anstrengungen zu meiden und natürlich, wenn es sich insgesamt gut anfühlt. Wir stimmen dann gern zu und übersehen die unbewusste Drift, die uns subtil zum Nicken antreibt.

Das Entstehen von *Fake News* lässt sich da als mehrfacher Gewinn verbuchen. Die Wahrheit hat man quasi nebenbei gefunden. Sie lief einfach über den Weg, forderte keinerlei Anstrengung und kam all unseren Komfortbedürfnissen wunderbar entgegen. Da ausgewiesene Wissenschaftler elende Verkomplizierer sind und allesamt im fremden Auftrag lügen, musste man sich beim zufälligen Rendezvous mit der Wahrheit weder komplexe Fragen stellen noch eigene Antworten suchen, die man selbst zu verantworten hätte. Das Feld für inhaltliche Debatten ist leergefegt, der Weg ist frei. Die neue, ungemein handliche und für den lauten Vortrag bestens geeignete „Wahrheit“ kommt gratis von irgendwo daher – ist es nicht wie eine Verkündigung, nur auf virologisch? Die „Wahrheit“ wird wunderbarerweise zur Eintrittskarte in die Gemeinschaft der wenigen Auserwählten. Nur sie sind überhaupt in der Lage, diesen Fund zu teilen und auf den Schild zu hieven – und dies auf allen Medienkanälen und auf den Straßen mit maximaler Phonstärke.

Was lehrt uns das über unseren kleinen Keksdieb, den wir zu Beginn kennengelernt haben? Dass wir die Frage umdrehen sollten. Was lehrt uns der kleine Keksdieb über den Unterschied, wenn wir versuchen, eine Lüge im Sinne der Moralphilosophie oder im Sinne der Ideologiekritik zu verstehen? Kaum steht diese Frage im Raum, werden unsere Worte tapsig und unsicher. War es denn überhaupt eine Lüge? Der Kleine hat nicht bewusst die Unwahrheit gesagt. Er hat keine These in die Welt gesetzt im Sinne alternativer Fakten. Er hat sauber gemacht und sich die Zähne geputzt. Damit hat er nur die Welt wiederhergestellt, wie sie vorher war. Dass er sich eigentlich vorbildlich im Sinne der unterstellten Moral der Eltern verhalten hat, sollte nicht vergessen werden. Niemals hat der Keksdieb seinem Verhalten ein Freund-Feind-Schema zugrunde gelegt. Er hat die passende Gelegenheit genutzt und es war lecker. Sein Verhalten hat danach den sozialen Zusammenhang deutlich intensiviert.

Es ließe sich behaupten, das Verhalten des Jungen sei geradezu diametral dem von Verschwörungsideologen entgegengesetzt – wenn nicht der kleine wunde Punkt bliebe: Was ist mit der fehlenden Offenheit? Der Junge hat doch irgendetwas vertuscht. Er wollte sich nicht in die Karten gucken lassen. Fraglich ist, wie wir das bewerten sollen. Eine engstirnige Moral würde es dem Kleinen ankreiden. Ziehen die Bewertungen aber weitere Kreise, streifen sie etwa die Sphäre der Ideologiekritik, sähe die Beurteilung anders aus. Ohne eine eigene moralische Position aufzubauen oder die moralischen Dispositionen der Eltern kritisch in Grund und Boden zu diskutieren – was man von einem kleinen Jungen füglich nicht erwarten kann – hat der Junge erstaunlich viel aus der Situation gemacht. Er hat ganz einfach die Maßstäbe der andren bestehen lassen, sie für sich aber außer Kraft gesetzt. Das zeugt von einer gewissen ideologiekritischen Ader. Auch hier wäre der Grund für sein Verhalten eher in der Sympathie und der Orientierung am Familienfrieden zu suchen.

Dem Jungen war die emotional starke Gemeinsamkeit wichtig, in der jeder Beteiligte – trotz unterschiedlicher moralischer Positionen – ein gutes Leben finden kann. Moral kann trennen und vereinen – es kommt darauf an, was man mit ihr anstellen will. Wiederum müssen wir betonen, dass es dem Keksdieb gelungen ist, das Gegenteil des Verhaltens zu praktizieren, mit dem Verschwörungsideologen und Fake-News-Propagandisten Tag für Tag den sozialen Frieden ramponieren und die Meinungs- und Informationsfreiheit in Frage stellen, die eine offene Gesellschaft wie die Luft zum Atmen braucht.

12. Kapitel
Der philosophische Pakt

Ein philosophischer Satz ist ein merkwürdiger Begleiter. Eine gute Freundin sagt ihn irgendwann oder liest ihn vor. Auf immer kann in diesen Worten das Echo ihrer Stimme präsent bleiben. Über Jahre kann der Satz den einen Moment bewahren. Auf gespenstische Weise bleibt und hat er etwas Besonderes, das ihn von anderen Sätzen abhebt. Auch Bücher, die uns wichtig wurden, können Augenblicke, so unscheinbar sie waren, für lange konservieren: Es lag da an diesem Nachmittag in dieser Buchhandlung inmitten dieser Zeit mit ihren Menschen. All das fließt in die Atmosphäre um dieses Buch und diese Sätze ein. Ein griffiges Argument steht uns nicht im Kopf, das erklärt, warum diese vereinzelten Sätze und Bücher immer etwas Einmaliges für uns sein werden. Das undefinierbare Etwas stellt sich beiläufig, etwa beim Bücherkauf, ein, nur kaufen kann man es nicht. Wie sollen wir das bloß nennen?

Ohne Worte ist schlecht philosophieren. Ich schlage vor, wir nennen es Freundschaft. Mir schwant, sofort muss eine Erklärung her, mit dieser Freundschaft sei doch etwas anderes gemeint als wir üblicherweise mit dem Wort verbinden. Zuerst wollte ich es Freundlichkeit nennen, weil mir ein Vers von Bertold Brecht in den Sinn kam.[1] Das schien mir zu einseitig, das klang nur nett. Freundschaft kann nah und fern sein, ruppig wie sanft. Freunde täuschen und belügen sich nicht. Wenn es sein muss, fällt das eine oder andere Wort, das schmerzt. Freunde kennen sich so gut, dass sie sich nicht immer ihre Geschichten in elegischer Länge erzählen müssen; die auf den Punkt zugesprochene Kurzform reicht. Sie genießen unscheinbare Momente, in denen sie ihre Seelenverwandtschaft erkennen. Sie sind verschwiegen und müssen die Indiskretion des anderen nicht fürchten. Man kennt sich und vertraut sich. Wird die Welt immer fremder und abweisender, wird Freundschaft zum gelebten Protest und zum Zeichen, dass es hier und jetzt auch anders ginge, wie Ernst Bloch in seinem *Prinzip Hoffnung* mit Blick auf die Tradition schreibt: „Wo die Gesellschaft zweifelhaft geworden, tauchte gleichzeitig mit dem Wunschbild Einsamkeit das der Freundschaft auf: nicht als Flucht, sondern als Ersatz der Gesellschaft, als ihre bessere Gartenform.“[2]

Wir reden tatsächlich über Bücher. Die Unterschiede zwischen Büchern und Menschen sind leicht aufzuzählen. Die Liste ist zu lang, um hier alles zu nennen: Bücher antworten nicht, Freunde sehr wohl; Büchern kann man keine Witze erzählen, sie laden uns nicht zum Essen ein und holen uns Nachts nicht vom Bahnhof ab. Dafür versetzen sie uns auch nicht, sie stehen immer im Regal; wir finden sie bloß nicht, weil wir sie verlegt oder verliehen haben. Der andere Pol, von dem Ernst Bloch sprach, die Einsamkeit, scheint das heimische Revier der Bücher zu sein. Wir alle suchen zum gedeihlichen Lesen das gute Quäntchen Einsamkeit, zumindest aber Ruhe – gern auch in der „Gartenform". Aber wie kommt die Freundschaft ins Spiel?

Ganz einfach: Sie ist schon da, bevor wir das Buch aufgeschlagen haben. Warum liegt das Buch da? Wenn wir nicht aufgrund von Beruf oder Ausbildung zum Lesen gezwungen werden, versprechen wir uns etwas von der Lektüre. Das Buch samt Klappentext und Besprechungen in den Medien verspricht uns auch etwas. Ist es als eine Autobiographie etikettiert, steht der Autor dafür ein, dass es sich nicht um ein frei erfundenes Phantasiestück handelt. Der Autor ist Erzähler, Hauptfigur und Zeuge in einer Person. Schreibt er seinen Namen auf den Titel, beglaubigt er das Geschriebene und seine eigene Stellung. Der Autorenname hat die Bedeutung einer Unterschrift. Sie bindet den Autor an gewisse Regeln, die implizit gegeben, aber nirgends ausformuliert sind. Philippe Lejeune nannte das den autobiographischen Pakt: „Sobald man das Titelblatt samt Autorennamen zum Bestandteil des Textes macht, verfügt man über ein allgemeines Textkriterium, die Identität des Namens (Autor – Erzähler – Figur). Der autobiographische Pakt ist die Bestätigung dieser Identität im Text […]."[3] Handelt es sich um einen bekannten Autor, fällt es uns meist leichter, ihm zu trauen. Wir schließen eigentlich aus, dass er uns und die vielen anderen nur an der Nase herumführen will.

Wer liest ein anspruchsvolles philosophisches Buch nicht in der Erwartung, dass der Autor seine guten Gründe haben wird, uns einen schwierigen Erkenntnisparcours zuzumuten? So lesen wir auch Seiten, die etwas anstrengend sind, im Vertrauen darauf, dass es sich lohnen dürfte. Aber wenn der Autor auf der letzten Seite die Katze aus dem Sack lässt und einfach zugibt: Entschuldigung, das war alles nur Theater? Das Kartenhaus bricht in einer Sekunde zusammen, Zorn steigt auf. Die nachgeschobene Erklärung würde uns kaum besänftigen, dass solche Ent-Täuschungen nun einmal zur Philosophie gehörten wie der Blitzer zur roten Ampel. Wir fühlen Erwartungen verletzt, mit denen wir das Buch gelesen hatten. Höchstwahrscheinlich hatten wir implizit sowohl die Redlichkeit des Autors als auch eine gewisse Freundschaft vorausgesetzt. Wir gewähren einen kräftigen Vertrauensvorschuss, denn der Freund will das Gute für den Freund. Diese Gesinnung vereint beide; sie bilden gemeinsame Tugenden aus. Man kann sich aufeinander verlassen und muss nicht damit rechnen, vom Freund übel getäuscht zu werden. Die Ausführungen aus Aristoteles' Nikomachischer Ethik zur Freundschaft sind in unserem Alltag geläufig.[4] Was bedeuten sie für unser Problem?

Wer schätzt es schon, wenn ein Autor sich ins Fäustchen lacht und einen schadenfrohen Tanz aufführt, weil ihm der dumme Leser so schön auf den Leim gegangen ist? Dahinter vermutet der Vorgeführte zu Recht eine bewusste Absicht und eine perfide Strategie. Er fühlt sich arglistig getäuscht – und nicht im philosophischen Sinne ent-täuscht, was immerhin das Überwinden einer vorher bestehenden Täuschung anspricht. Aus den Erwartungen solcher Leser folgt keineswegs, ein Autor würde in einen rigiden Arbeitskäfig gesperrt, in dem er zu schreiben hätte, was Kunden gefällt.

Wir hegen keinerlei Bedenken, einem Autor zu trauen, der uns nach bedeutenden und aufwühlenden Schriften vernehmlich an seinen bohrenden Selbstzweifeln teilhaben lässt. In dunklen Momenten heißt es bei Nietzsche schlicht und demaskierend: Nur Hanswurst, nur Narr, nur Dichter![5] Nietzsches Schriften sind dadurch kein bisschen entwertet worden oder in den Ruf geraten, hier werde ein billiger Maskenzauber inszeniert. Ganz im Gegenteil: Die qualvolle Selbstsezierung des Autors hat die Lektüre vielschichtiger gemacht. Das Interesse am Autor und Mensch Friedrich Nietzsche ist stärker in den Mittelpunkt gerückt. Diese Erweiterung der Aufmerksamkeit ist ein deutlicher Hinweis, dass in der Philosophie implizite Beziehungen zwischen Autoren und Lesern bestehen, natürlich in unterschiedlichster Ausprägung. Mitunter sind sie intensiv, dann wiederum kaum von Gewicht oder sie laufen im Sinne von flankierenden Narrativen nebenher wie der Hund an der Leine. Für das individuell geprägte Verständnis eines Werks kann diesem Beziehungsaspekt eine zentrale Bedeutung zukommen.

Bezeichnen wir diese impliziten Beziehungen als einen „philosophischen Pakt", so scheint er um einiges gehaltreicher als der „autobiographische Pakt", der sich kaum vom Autorennamen auf dem Titel zu lösen vermag. Die Erwartungen an die philosophische Kommunikation haben ein eigenständiges Profil. Es gibt keine Philosophie, ohne dass jeder Beteiligte selbständig denkt und eben nicht nur Gedanken eines anderen wiederholt. Selbstdenken bringt Autoren und Leser erst philosophisch zusammen. Eine Philosophie zu verstehen ist niemals Sache einer reinen Informationsweitergabe. Jeder Teil bringt dafür eigene Voraussetzungen mit. Niemand kann sich vom anderen vertreten lassen. Autoren, die dem Publikum lediglich verkaufsträchtig nach dem Maul schreiben, missachten diesen philosophischen Pakt wie auch solche, die ihre Gedanken mit allen suggestiven Mitteln den Lesern direkt in den Kopf diktieren möchten.

Philosophie bedeutet die gemeinsame Suche nach der Wahrheit. Weil Leser und Autoren nicht direkt miteinander sprechen können, kommt dem Buch eine komplexe Rolle in ihrem stummen Dialog zu. Beim Schreiben weiß kein Autor, was der Leser denken wird. Das Buch kann für den Leser wiederum keinen Verstand haben, wie Immanuel Kants berühmter Essay *Was ist Aufklärung?* ausführt: „Es ist so bequem, unmündig zu sein. Habe ich ein Buch, das für mich Verstand hat [...] so brauche ich mich ja nicht selbst zu bemühen. Ich habe nicht nötig zu denken, wenn ich nur bezahlen kann; andere werden das verdrießliche Geschäft schon für mich übernehmen."[6] Kein philosophischer Gedanke kann für mich wahr sein, wenn ich ihn nicht verstehe, wenn ich ihn nicht selber denken, kritisch prüfen und letztlich gutheißen kann.

Im Gemeinschaftsunternehmen namens Philosophie werden Autoren und Leser zu kooperierenden Urhebern von Ideen. Nicht weil sie am runden Tisch säßen und etwas zusammen ausheckten, sondern insofern es dem Leser gelingt, jeden Gedanken für sich selbst und doch im Kontext des Buches und seines Autors zu denken. Gut 50 Jahre nach Kants Aufklärungs-Essay vertraute der junge Karl Marx in Paris seinen Notizheften die recht poetischen Worte an: „Wenn du die Kunst genießen willst, musst du ein künstlerisch gebildeter Mensch sein; wenn du Einfluss auf andre Menschen ausüben willst, musst du ein wirklich anregend und fördernd auf andere Menschen wirkender Mensch sein."[7] Entscheidend ist, dass die Äußerung des wirklichen individuellen Lebens den Austausch und eine menschliche Gegenseitigkeit bewirkt, die für beide produktiv ist.

Nehmen wir dies als die Grundbedingung philosophischer Kommunikation an: Sie würde jedem Autor, der ein philosophisches Buch vorlegt, eine Reihe impliziter „Versprechen" nahelegen. Dazu zählt, mit den Positionen seines Buches nicht bloß öffentlich posieren zu wollen und sie beim nächsten Trendwechsel kommod umzuschreiben, während er vor Lesern alles für bare Münze erklärt und vorgibt, ihn treibe ganz persönlich um, was er da schreibt. Man kann Bücher verkaufen, aber keinen Sinn: Ein philosophisches Buch hat seinen Ladenpreis, der Inhalt allerdings ist nicht monetär aufzuwiegen und darf es nicht sein. Das geschieht aber, wenn ein Autor seine Meinung nach Bestellung konfektioniert, wenn er sich seine Meinungsmache gut bezahlen lässt oder wenn er sie strategisch als Eintrittskarte in lukrative Kreise zusammenschreibt. Er inszeniert seine Philosophie, um auf dem Rücken getäuschter Leser seine Karriere zu machen. Die werden als die Herde des Autors oder die Schar seiner Follower werbewirksam mitverkauft. Dadurch hintergeht der Autor sowohl die Würde jedes einzelnen Lesers als eigenständig denkendem Menschen als auch die Würde anderer Autoren, deren Spielregeln ein solches Verhalten strikt ausschließen.

Freundschaft gibt freiere Luft zum Atmen, die die philosophische Kommunikation braucht. Der philosophische Pakt kann diese Luftzufuhr für alle Beteiligten schützen. Das ließe sich zuspitzen zu der These, die philosophische Autorenschaft beginnt geradezu damit, dass eine solche Verpflichtung bewusst wird und in einer Weise übernommen wird, die erheblich zur Identität eines philosophischen Autors beiträgt. Er übernimmt für das Geschriebene eine weitreichende Verantwortung, die wenig mit Urheberrechts- und Mediengesetzen zu tun hat.

Im philosophischen Pakt ist das Versprechen des Autors zentral, das ich mit Paul Ricœur als ein „Versprechen vor dem Versprechen" verstehe. Warum bindet ein Versprechen überhaupt? Weil der, der es abgibt, nur derselbe bleiben kann, wenn er es hält. Ein Versprechen verspricht damit, dass der Mensch, der es abgibt, der Mensch sein wird, der morgen noch ansprechbar ist. Er wird sein Versprechen nicht leugnen und sichert dem anderen zu, ihn daran erinnern zu dürfen. Der Charakter seines Selbst ist somit an dieses Versprechen gebunden. Der Wille zur Beständigkeit wird konstitutiv für dieses Selbst. Der Betreffende setzt sein Siegel nicht vorschnell oder wahllos auf die eigene Lebens- und Denkgeschichte, denn das Versprechen wird zum Prüfstein für das, was er jetzt und in Zukunft tut und ist. Paul Ricœur betont:

„Es ist das, was man in der Freundschaft Treue nennt.“[8] Sie besteht eben nicht darin, zum Zitat seiner selbst zu werden oder immer gleiche Floskeln zu recyclen. Es geht darum, frische und vitale zu finden. Wer etwas verspricht, steht in der Beziehung. Wer ihm vertraut, steht in derselben Beziehung.

„Den Vertrauensaspekt hat das Versprechen mit dem Zeugnis gemein“, erinnert uns Paul Ricœur.[9] Das Versprechen des Autors bindet zunächst einseitig, macht dadurch aber eine wechselseitige Bindung möglich.[10] Die Gegenseitigkeit dieser Bindung wird bewusst, wenn der philosophierende Autor an einen Punkt gelangt, an dem er seine früheren Positionen als irreführend erkennt und sie offen und schonungslos revidiert. Der Leser verzeiht es ihm in der Regel. Womöglich nutzt er die seltene Gelegenheit gern, die Dynamik der Gedankenentwicklung durch die Wandlungen des Autors intensiver und teilnehmend zu verstehen. Er fühlt sich gerade dann nicht getäuscht, wenn er Grund zu der Annahme hat, dass für den Autor die zuvor eingegangene Verpflichtung zur Aufrichtigkeit die Veränderung seiner Ansichten erst ermöglicht hat. Dass der Autor sie offen kommuniziert, ist im Sinne einer auf Freundschaft gegründeten Beziehung lesbar. Wenn der Autor befürchten müsste, lediglich Schmähungen oder Regressforderungen zu ernten, würde das auf das Fehlen einer solchen Beziehung hinweisen.

Der Autor fühlt sich keiner falsch verstandenen Treue verpflichtet, die den begründeten Wandel der eigenen Gedanken und Positionen ausbremst oder Revisionen kategorisch abweist, weil sie sich angeblich nicht mit der Kontinuität des Selbst vertrügen. Die Authentizität seines Denkens bestätigt im selbstkritischen Wandel, dass er den Lesern nichts vormachen, sondern sie aktuell an seinen tatsächlichen Gedanken beteiligen will. Der Umbruch untergräbt deshalb weder das Selbst des Autors noch dessen implizit gemachte Versprechen an die Leser. Er fördert die Anerkennung einer gewissen Gleichheit. Sie kontrastiert wohltuend mit dem Kompetenzgefälle, das über Jahrhunderte zwischen Autoren und Lesern vorausgesetzt wurde. Eine prinzipiell schwer zu überwindende Ungleichheit belastet ihre Beziehung, lässt kaum an Freundschaft denken und stellt beide auf verschiedene Ebenen, zwischen denen ein philosophischer Pakt in unserem Sinne kaum vermitteln könnte.

Unsere These eines philosophischen Paktes betrifft im Wesentlichen die Werke, in denen der Autor selbst und auf eigenes Risiko philosophiert, nicht aber die Bücher, die lediglich als philosophische etikettiert werden, weil Namen wie Hegel, Husserl oder Heidegger darin vorkommen und die ihre Meriten vor allem als Sachbuch, Nachschlage- oder Nachhilfewerk suchen. Im Unterschied zu diesen Büchern, die geistig aus zweiter oder dritter Hand leben, steht der hier gemeinte Autor in erheblich umfangreicherem Sinne persönlich für die Inhalte seines Buches ein. Er kann und wird nichts einfach auf die Faktenlage, den Stand der Wissenschaft oder die herrschende Meinung seines akademischen Kreises abschieben wollen, sollten sich Konflikte ergeben. Denkt er im Horizont von Wissenschaften und Fachmeinungen, dann denkt er immer über sie hinaus und wird dies als eigenes Denken ausweisen.

Zum philosophischen Pakt gehört somit ganz wesentlich die eingestandene Unmöglichkeit, definitive Beweise oder abrufbare Wahrheitsbelege für die aufgestellten Behauptungen beizubringen. Autor und Leser tragen zusammen jedes Risiko, am Ende doch mit leeren Händen dazustehen. Der Autor irrt sich vielleicht, ist aber in seinem Irrtum dann nicht mehr allein. Die beteiligten Leser können sich mit ihm irren oder auch nicht. Fremd- wie Selbstkritik hilft ihnen wie dem Autor, Irrtümer zu vermeiden oder zu korrigieren. Im Sinne eines philosophischen Paktes ist Kritik nicht nur erwünscht. Wo sie niveauvoll geübt wird, weist sie deutlich auf ein gemeinsames Anliegen hin. Man könnte die Kritik als eine – wenn auch distanzierte – Form der Freundschaft verstehen. In der Freundschaft ist es nicht egal, was der andere denkt, denn man erlebt, dass die eigenen Gedanken in Beziehung zu dem Denken des anderen stehen.

Die moderne Form philosophischer Freundschaft, die wir im „philosophischen Pakt“ auf die aktuell dominierende Kommunikation zwischen Autoren und Lesern beziehen, nimmt Teil an einem antiken Vorbild. Es tritt uns in der bereits vorgestellten Passage von Platons *Siebentem Brief* entgegen: „Wenigstens gibt es von mir selbst keine Schrift darüber und wird auch keine geben. Denn es steht damit nicht so wie mit anderen Lehrgegenständen; es lässt sich nicht in Worte fassen, sondern aus lange Zeit fortgesetztem, dem Gegenstande gewidmeten wissenschaftlichen Verkehr und aus entsprechender Lebensgemeinschaft tritt es plötzlich in der Seele hervor wie ein durch einen abspringenden Funken entzündetes Licht und nährt sich dann durch sich selbst.“[11]

Zur philosophischen Freundschaft gehört ein Vorverständnis, dass und wie sie die Beteiligten verbindet. Der philosophische Pakt baut auf einem impliziten Bild, was Philosophie sein soll, und auf entsprechenden Regeln und Annahmen auf. Freilich sind sie vage und nirgends ausformuliert. Das implizite Verständnis der Regel, die die Freunde verbindet, geht dem expliziten Wissen um die Regel voraus, betont Jürgen Habermas.[12] Konkret wird es darin, wie der Autor dieser Zeilen meint und beobachtet hat, dass man zu unterschiedlichen philosophischen Autoren keine Standardbeziehung hat, wobei es dann unerheblich wäre, ob es um Platon oder um Derrida, um Kant oder um Cioran, um Fichte oder um Sloterdijk geht.

Es sind nicht allein die differierenden Zeiten und Lebenswelten dieser Autoren, die den Unterschied machen. Zentral sind die Inhalte der Werke und ihr Stil, aber auch Faktoren, die auf Seiten der Leser zu suchen sind. Oft regiert der Zufall, welches Buch sie zuerst gelesen haben oder in welches kommunikative Klima die Lektüre eines Autors eingebettet war. Im Laufe der Jahre entstehen in jedem Leser Profile von Autoren, die explizit und anschaulich machen können, was sich in dem impliziten philosophischen Pakt im Laufe der Zeit entwickelt hat. Dazu gehören besondere Loyalitäten, die man Autoren gegenüber pflegt, mit denen man sich verbunden weiß, obwohl lediglich Bücher die Brücke darstellten.

Diese Beziehungen zwischen Autoren und Lesern lassen mitunter eine gewisse Großzügigkeit erkennen. Autoren werden als Quasi-Personen im Leben der Leser zu Gesprächspartnern von einer auffälligen Konstanz. Man vergisst nicht einfach, was man einst gelesen und wer es geschrieben hat. Man erinnert sich auch aktiv und blättert die eine oder die andere Stelle nach. Ein aktuelles Interesse lässt uns Seiten durchblättern und Stellen suchen; einigen Texten schenken wir immer wieder unsere punktuelle Aufmerksamkeit. Freigiebig ist auch die andere Seite, die der Autoren. In einer Zeit, in der Patente mit juristischen Schutzwällen umgeben und Ideen urheberrechtlich ausgeschlachtet und monetarisiert werden, versteht es sich keinesfalls von selbst, dass Menschen beinahe gratis Erkenntnisse abliefern, hinter denen jahrelange Denk- und Lebenserfahrungen stehen. Oft bezahlen sie dafür mehr als sie jemals zurückerhalten werden.

Die einen nennen es Dummheit, die anderen Freundschaft, begründet in einem philosophischen Pakt. Anders als in früheren Zeiten, ist die Beziehung zu Werk und Person eines philosophischen Autors nicht durch den Zwang gelähmt, scheu auf Distanz zu gehen. Man muss keine Bewunderung für größere oder kleinere Genies hegen oder einwilligen, kein Jota der sakrosankten Texte im eigenen Kopf zu verändern. Zudem wäre man nicht mit jedem Philosophen gern befreundet, den man als Autor durchaus schätzt. Aufgrund ihrer speziellen Persönlichkeit oder Lebensweise liegt es nahe, um einige einen größeren Bogen zu machen.

Der Autor dieses Buches hätte sich gefreut, einem Arthur Schopenhauer mitsamt Pudel auf seinen Frankfurter Spaziergängen zu begegnen. Er hätte freundlich den Hut gezogen, aber gewisse Gesprächsthemen tunlichst vermieden, um bloß keine grantelnden Tiraden über Politik, Frauen oder missliebige Schriftsteller anhören zu müssen. Er schätzt auch den Ort von Heideggers Hütte mit dem Blick über die Berge, Wiesen und Wälder im Schwarzwald, wäre aber nicht eingetreten, selbst wenn Heidegger gerade am Ofen gesessen und dem „Wind weisender Wende“[13] nachgelauscht hätte. Und wenn ihn Platon höchstpersönlich eingeladen hätte, ihn auf dem Weg nach Syrakus auf einem antiken Segelschiff durch die Wellen des sauberen Mittelmeers zu begleiten, er hätte abgelehnt – denn das Ziel der Reise war, dass der Philosoph sich dem Diktator Dionys als Consultant anbieten wollte.

Die im philosophischen Pakt grundierte Freundschaft ist für alle daran Beteiligten wählerischer, selbstbewusster und variantenreicher geworden. Im Vergleich zu früheren Epochen schließt sie einen unvergleichlich stärkeren kritischen Grundton ein. Schwärmerei und Adeptentum sterben glücklicherweise aus. Einiges verschmerzt diese distanziertere Beziehung, über anderes geht sie kommentarlos hinweg. Dass der betreffende Autor im Hinblick auf sein Verhalten oder seine Marotten keineswegs vorbildlich oder zumindest vorzeigbar ist, beendet den philosophischen Pakt nicht, weist ihm aber eine besondere Qualität zu oder limitiert ihn. Mitunter steht der Autor als eine beklagenswerte Existenz mit horrenden Defiziten da. Sie können Mitleid erregen oder als Lektion herhalten, dass der Leser aus des Autors Schaden klug wird, womöglich klüger als der Autor selbst. Welche Autoren hatten stets das Glück, in ihrem Leben die passenden Menschen für einen geistreichen und freundschaftlichen Dialog zu finden? Dann springt halt der Leser trotz aller Entfernung in die Bresche, aktuell oder auch posthum.

Bei nicht wenigen Autoren darf man vermuten, sie hätten vieles kaum oder nicht in der vorliegenden Form geschrieben, hätte es gesagt werden können und wäre es gehört worden. Glück bringt Worte in Bewegung, Unglück vielleicht noch mehr, auch wenn für garstige Töne die Ohren der anderen häufig verstopft sind. Bevor die Betroffenen ihre Gedanken in sich ersticken, wollen sie sich lieber vor einer Bildsäule oder einem Gemälde aussprechen – wenn sie nicht gar zur Feder greifen und das Wort an Abwesende richten.[14] Das Wissen um die Hintergründe ihrer Texte ist aufschlussreich und beeinflusst die Lektüre. Es weckt Sympathie und Mitleid, Bewunderung oder Abscheu. Ein gelegentliches Kopfschütteln zeigt manchmal, dass wir das Werk trotz des Autors schätzen.

In einer freundschaftlichen Beziehung hat man Recht und Grund genug, Fragen an den andern zu richten. Schon Montaigne meinte: Freundschaft hat auf nichts als auf sich selbst zu sehen.[15] Dadurch passt sie exzellent zur Freiheit des Denkens, die sie in Richtung auf den anderen erweitert und vertieft. In einer auf Freiheit basierenden Freundschaft kommt allen Würde und Gleichheit zu, versichert uns Aristoteles.[16] Die Emanzipation des Lesers ist die Voraussetzung dafür, dass der philosophische Pakt in der hier skizzierten Form in Kraft bleibt.

Die Freiheit des Lesers erschöpft sich nicht darin, dass er das Buch einfach weglegen kann oder dessen Inhalt für eigene Sprüche und Zitate ausschlachtet. Er wird nicht souverän, indem er sich eine philosophische Position zu eigen macht oder in Konversationen mit eingesprengten Geistesstückchen brilliert. Der philosophische Pakt ist auf den Rollenwechsel angelegt. Die Gedanken des einen werden zum Sprungbrett für die Gedanken des anderen. Der Leser denkt weiterhin im Kontext der Lektüre, allerdings sind es seine eigenen Gedanken, die von den gelesenen Gedanken leicht oder deutlich abweichen. Gerade deshalb bestätigen sie das Gelesene, indem sie es modifizieren. Die Gedanken des Lesers stellen weder eine Kopie noch ein Plagiat des Werkes dar. Je reger sie sind, desto mehr geraten sie in das Spiel wechselnder Nähe und Distanz. Die Beziehung zum gelesenen Werk und dessen Autor wird eine andere. Die Erfahrung ist alt und bleibt lehrreich: Ein wieder gelesenes Buch bleibt selten dasselbe Buch. Sein Wert für den Leser kann dadurch dramatisch gewinnen, manchmal auch verlieren.

Es liegt ein Fall vor, der eindrucksvoll beleuchtet, wie der Übergang von der begeisterten Lektüre zur Entwicklung eigenständiger Gedanken den philosophischen Pakt prägt. In seinen Jugend- und Studienzeiten war Sigmund Freud ein unermüdlicher Leser der Werke von Spinoza, Arthur Schopenhauer, Friedrich Nietzsche oder Eduard von Hartmann. Im Brief an den Berliner Kollegen Wilhelm Fließ vom 2. April 1894 bekennt der junge Wiener Arzt: „Ich habe als junger Mensch keine andere Sehnsucht gekannt als die nach philosophischer Erkenntnis, und ich bin jetzt im Begriffe, sie zu erfüllen, indem ich von der Medizin zur Psychologie hinüberlenke."[17] Freud glänzte mit seinen umfangreichen philosophischen Kenntnissen auf den Mittwochstreffen der Wiener Psychoanalytischen Gesellschaft. Philosophische Werke muss er förmlich aufgesogen haben, in denen das Unbewusste, die Verdrängung, die Traumdeutung oder die Rolle der Lust und der Sexualität Jahre vor der Psychoanalyse breit diskutiert wurden.[18]

Als Freud die Psychoanalyse entwickelte, schienen ihm diese philosophischen Vorläufer sowohl behilflich als auch hinderlich. Ihm lag wenig daran, die Priorität anzuerkennen, wer zuerst den entscheidenden Gedanken gedacht oder publiziert hatte. Er wollte seine Unabhängigkeit bewahren; schließlich ging es ihm nicht um philosophische „Ahnungen", sondern um die Etablierung einer neuen Wissenschaft.[19] Die Philosophie führte bei Freud fortan eine merkwürdige Schattenexistenz. Kam die Sprache auf die nicht zu übersehenden Ähnlichkeiten zentraler Passagen bei Schopenhauer und Nietzsche, entschuldigte sich Freud mit seinem schlechten Gedächtnis. Er litt den betreffenden Philosophen gegenüber bald unter einer quälenden „Doppelgängerscheu". Später achtete er auf eine gewisse Distanz.

Das kündigt den philosophischen Pakt nicht auf. Es definiert ihn für den eigenen Fall und führt gewissermaßen Umgangsregeln ein. Ein philosophisches Werk und dessen Autor können auf unterschiedliche Weise im Denken und Leben des Lesers präsent sein und bleiben. Die Spannbreite reicht von einer wortgetreuen Aktualisierung durch Zitat oder Lektüre bis hin zu einer vagen Idee, die das Werk und den Autor eher unscharf und atmosphärisch vergegenwärtigt. Ob man als Schüler, Epigone, gleichberechtigter Denker, hartnäckiger Kritiker oder Dissident agiert, macht einen entscheidenden Unterschied – dennoch steht der philosophische Pakt unter dem Strich im Nenner.

Am 28. Juni 1931 schreibt Freud, längst zur internationalen Berühmtheit avanciert, an den Psychoanalytiker und Spinoza-Forscher Lothar Bickel: „Meine Abhängigkeit von den Lehren Spinoza's gestehe ich bereitwilligst zu. Ich habe keinen Anlass genommen, seinen Namen direkt zu erwähnen, weil ich meine Voraussetzungen nicht aus seinem Studium holte, sondern aus der von ihm geschaffenen Atmosphäre. Und weil es mir um eine philosophische Legitimation überhaupt nicht zu tun war."[20] Weist die von Freud genannte Atmosphäre nicht auf eine gewisse

Intimität hin, in der seine Gedanken auf die eines anderen bezogen sind? Deswegen hängen noch lange keine Bleigewichte an ihren Füßen, die sie daran hindern, eigene Wege zu gehen. Ihre Bewegungsfreiheit wäre die beste Bestätigung für einen produktiven philosophischen Pakt.

13. Kapitel
Spaß – im Ernst jetzt?

Ganz genau weiß man es nicht, aber schon sein Vater soll ein Geldfälscher gewesen sein. Der Sohn betreibt dasselbe Geschäft viel anspruchsvoller: Er pilgert zum Apollontempel auf der Insel Delos und kommt mit der frohen Botschaft zurück, die Götter hätten nichts dagegen. Die Athener Obrigkeit aber doch. Nach einiger Zeit der Verbannung ist er wieder da und mischt sich unter die Gefolgschaft des Sokrates. Er denkt sehr scharf und folgerichtig: „Den Göttern gehört alles; nun sind aber die Weisen Freunde der Götter, unter Freunden aber ist alles gemeinsam; also gehört alles den Weisen.[1] Wozu soll er bei dieser philosophisch konstatierten Sachlage noch Geld fälschen? Die Philosophie bietet ganz andere Aussichten.

Die Athener fragen die herumwandelnden Philosophen alles nur Denkbare – wann man etwa frühstücken sollte. „Der Reiche mag frühstücken, wenn er Lust hat, der Arme, wenn er etwas zu beißen hat."[2] Diogenes hat scharfe Augen im Kopf für die Athener Gesellschaft. Will ihm partout niemand zuhören, weiß er sich selber guten Rat. Er trällert wie ein Vogel. Das lockt Leute an, die dann zu hören bekommen, solche Töne reizten sie wohl, weise Worte aber nicht. Ohne Provokation kommt die Vermittlung seiner philosophischen Erkenntnis anscheinend nicht aus. Jeder seiner Gesprächspartner steht mit Haut und Haar auf dem Prüfplatz dieses Philosophen. Er scheut den Einsatz seiner eigenen Existenz nicht. Bei hellstem Sonnenschein läuft er mit einer Lampe durch Athen und ruft: „Ich suche einen Menschen."[3] Sollen sie lachen? Sollen sie doch lachen, aber bitte auch begreifen, wer eigentlich worüber lacht! Dass er mit seiner Laterne an ihnen vorbeiläuft, weil er bei ihnen nicht findet, was er sucht. Zu früh gelacht, das ist nicht schlimm, denn die Einsicht folgt auf dem Fuße. Diogenes weiß, was die anderen nicht einsehen wollen. „Ich übe mich in der Kunst, mir etwas abschlagen zu lassen", antwortet Diogenes den Athenern, die sich fragen, warum er wohl eine Bildsäule anbettelt.[4]

Das Lachen ist ein wunderbarer Köder. Gern schnappt man zu. Ihr Lachen verstrickt die Athener spontan in ein philosophisches Spiel, aus dem sie sich liebend gern rausgehalten hätten. Plötzlich ist nichts mehr, wie es soeben noch schien: Der banale Ratschlag des Diogenes offenbart eine ätzende Analyse der Gesellschaft, die skurrile Aktion mutiert zu blankem Ernst und die lächerliche Zurschaustellung der eigenen Person macht die Umherstehenden lächerlich, noch während sie lachen. Ganz schnell und ohne bewusste Kontrolle leistet das Lachen einiges an Gedankenarbeit, worüber sich der Philosoph aufrichtig freuen kann. Kaum ist es verklungen, kommt den Lachern die Frage in den Sinn: Wenn dieser Verrückte mit seiner Laterne keinen Menschen findet – was bin dann ich? Ein Nichts, durch das er schaut, als wäre ich Luft? Bin ich denn kein Mensch?

Das Lachen ist zur Wechselstube geworden. Der lachende Athener Bürger geht die Gefahr ein, selbst lächerlich und damit zum Objekt des Lachens anderer zu werden. *Ridiculus sum*: Davor haben die Bürger nicht weniger Angst als viele Philosophen. Platon wurde in seiner *Politeia* grundsätzlich. Den Dichtern will er im Entwurf seines Staates verbieten, sich der „Lachlust" hinzugeben. Selbst ein Homer kriegt einen saftigen Rüffel für eine Zeile, in der er ein unermessliches Lachen unter den seligen Göttern ausbrechen lässt. Lachen heißt für Platon, die Zügel schießen zu lassen. Das tut Menschen nicht gut, das verändere sie in einer schädlichen Weise, argumentiert Platon[5] – ganz im Unterschied zu Diogenes von Sinope. Der braucht die Metamorphosen des Lachens so dringend zum Philosophieren wie ein Sokrates seine berühmte Hebammenkunst für seine Dialoge. Es gibt frappierende Ähnlichkeiten.

Wer über einen anderen lacht, hat einen impliziten Vergleichsmaßstab im Kopf: Das ist der „gute" Bürger, das tut er und das lässt er tunlichst. Und das bin ich. Als ein „guter" Bürger halte ich mich an die Regeln und fühle mich berechtigt zu entscheiden, ob andere das auch tun oder eben nicht. Einige verletzen die Regeln aggressiv und schamlos; sie hintergehen ihre Mitbürger und werden ihre gerechte Strafe schon bekommen. Verrückte oder Spaßvögel wie dieser Diogenes sorgen bestenfalls für Spott und Heiterkeit. Sie kommen mit einem kollektiven Auslachen davon. Reicht das nicht aus, kann man den Witzbold ja wieder in die Verbannung schicken.

Die Gesellschaft wird jeden Tag aufs Neue von einer Unmenge ungeschriebener Verträge dieser Art zusammengehalten. Man hält sich an sie, ohne dass man sich ihrer bewusst wäre, ohne dass man irgendeine dieser Regeln im Wortlaut formuliert oder begründet. Ein einziger Akt des Lachen spüle diese unbewussten Voraussetzungen ans Tageslicht.

Wenn das Philosophie ist, dann beginnt sie für den, der allzu früh gelacht hat, mit einer Blamage. Sein spontanes Lachen hat ihn bloßgestellt und seine engen Maßstäbe publik gemacht. Die Pointe wechselt ihren Ort. Nun trifft sie den Bürger, der eben so laut gelacht hat. Der vordem lächerliche Philosoph ist fein raus: Wer zuletzt lacht, ist der Philosoph. Wie jeder gute Provokateur muss er schon zuvor gewusst haben, wie die anderen sich verhalten werden und in welche Fettnäpfchen sie blind hineintappen werden. Zu wissen, was andere im Kopf haben und ihnen zu helfen, es auch zu wissen – das ist im Besten Sinne Philosophie.

Das philosophische Lachen betreibt immer ein riskantes Spiel. Lachen kann befreiend wie auch aggressiv sein, es kann Menschen verbinden und sie unendlich trennen, es kann den einen bis auf die Knochen bloßstellen und dem anderen ein liebevolles Verständnis entgegenbringen – sind wir nicht alle Sünder? Lachen ist so wenig planbar wie man Witze nicht am Reißbrett produzieren kann. Eine Pointe sucht sich keine Gründe, sie findet sie wie der Blitz, der aus der Wolke fährt. Sie ist der Augenblick einer Transformation und von daher das blanke Gegenteil der Nachdenklichkeit. Nachdenklichkeit hat Zeit. Sie wiederholt Gedanken, spinnt sie weiter oder kappt am Ende den Faden. Die Pointe gleicht dem Floh: Er hüpft und wer weiß, wohin. Entscheidend ist ein spontanes Moment. Mit der Plötzlichkeit von Intuitionen und Geistesblitzen stellt sie sich ein. Eine kitzelnde Lust stößt die Tür auf. Bei Diogenes winkt dahinter eine philosophische Erkenntnis. Man kann sie durchaus wie eine plötzliche Bewusstwerdung verstehen. Im Lachen über andere hat man urplötzlich und spontan eine Position bezogen. Ungewollt macht sie das eigene Denken und die eigene Lebensweise transparent. Muss man am Ende über sich selbst lachen, dann versteht man, warum.

Hat Diogenes seine Athener philosophischer gemacht? Der nur brüskierte Bürger weiß es nicht, wohl aber, dass dieser freche Sonderling wusste, wie er seine braven Mitmenschen in die Falle lockt. Wir können alles genüsslich bei Diogenes Laertius nachlesen, haben uns selbst nicht blamiert und verkünden, unbeschwerter als die belämmerten Athener, das Fazit: Wer zuletzt lacht, ist Philosoph. Und sind gleich bei einer Anschlussfrage gelandet: Warum ist die Philosophie generell nicht erheblich lustiger und humorvoller? Anscheinend setzt sie darauf, ihre Interessenten in ganz anderen Lebenslagen zu gewinnen: Sie liebt Tragödien und moralische Dilemmata, Aporien der Erkenntnis und

Sackgassen des Denkens, die Herausforderungen von viel Unglück und wenig Glück, das unvermeidliche Alter und den drohenden Tod. Wie gern bietet sie Orientierung und Trost bei Zusammenbrüchen aller Art an, inklusive allgemeinen Sinnzweifeln und Liebeskummer. Ergo: Geht's dir gut, brauchst du die Philosophie nicht. Die Frage nach dem guten Leben stellen die, die gerade ein weniger gutes haben.

Gesicherte Bilanzen über derartige Verteilungen von leichtem Spaß und schwerer Denktätigkeit liegen natürlich nicht vor, dennoch wagt der Autor zu behaupten, die Stimmungslagen der meisten Philosophien liebäugeln mit dem Farbspektrum zwischen Grau und Halbschwarz. Ganz entschieden meiden sie das festliche D-Dur, mit dem wir zu Bachs Klängen festlich die Brandenburger Schlosstreppe besteigen. Ein leicht gedämpftes f-Moll und eher piano, das passt besser. Ein lautes Lachen passt eben nicht. Wahrscheinlich herrscht ein gewisser Konsens, die philosophische Erkenntnis sei prinzipiell eher klang- und geräuschlos – und humorlos.

Der Körper schüttelt sich im Lachen, das Gesicht schneidet Grimassen dazu, der Atem geht stoßweise und es wird ganz unschön laut. Der Großteil der philosophischen Tradition hielt es eher mit dem stillen Geist. Ob des Krachs pocht der Philosoph genervt mit dem Besenstiel auf den Fußboden, auf dass die lärmenden Untermieter endlich Ruhe geben. Das Lachen war den Denkern immer eine Spur zu expressiv, zu laut und zu unbeherrscht, vor allem aber zu körperbetont. Dass der Körper dem Geist im Lachen einiges voraus hat, sagt gerade Immanuel Kant, ansonsten bekannt für seinen rigiden Alltag mit streng vernünftigen Regeln, die heutige Neurotiker vor Neid erblassen lassen. „Er lebte ein mechanisch geordnetes, fast abstraktes Hagestolzleben", erklärt Heinrich Heine seinen französischen Lesern. „Ich glaube nicht, dass die große Uhr der dortigen Kathedrale leidenschaftsloser und regelmäßiger ihr äußeres Tagewerk vollbrachte, wie ihr Landsmann Immanuel Kant."[6] Der findet nun aber, dass der Körper im Lachen eine ganz eigene Intelligenz einbringt – eine, die dem Philosophen eigentlich wenig Freude machen sollte. Sein Verstand hätte lieber nicht gelacht. Letztlich hat das Lachen aber doch die besseren Gründe für sich – hier folgt Kants außerordentliche Erklärung der komplizierten Angelegenheit:

„Es muss in allem, was ein lebhaftes erschütterndes Lachen erregen soll, etwas Widersinniges sein (woran also der Verstand an sich kein Wohlgefallen finden kann). *Das Lachen ist ein Affekt aus der plötz-*

lichen Verwandlung einer gespannten Erwartung in nichts. Eben diese Verwandlung, die für den Verstand gewiss nicht erfreulich ist, erfreuet doch indirekt auf einen Augenblick sehr lebhaft."[7] Der Verstand wäre wohl lieber bei seiner unauflösbaren Spannung geblieben, aber da hat er Glück gehabt. Jemand anderes hat das Steuer übernommen und dann hat es doch Spaß gemacht.

Wer saß da am Steuer? Kant findet den Verdächtigen: „Also muss die Ursache in dem Einflusse der Vorstellung auf den Körper und dessen Wechselwirkung auf das Gemüt bestehen [...]."[8] Wenn der Körper sich in die Gedankengänge einmischt, riecht Kant üblicherweise Sabotage. Hier aber nicht. Der Körper nutzt die Gelegenheit, um dem Überdruck der vernünftigen Lebensregeln befreiende und vitalisierende Häkchen zu schlagen. Diese Ausreißer haben ihren therapeutischen Nutzen. Der schwer unter dem vernünftigen Dienst leidende Körper stellt sein ramponiertes inneres Gleichgewicht wieder her. Im Lachen schüttelt er sich vernünftige Verkrampfungen aus Nerven und Muskeln. Lachen ist also gesund und macht locker.

Mehr nicht? Mehr doch, aber da geht es schon um ein anderes Lachen. Eines, das leiser daherkommt, ironischer, nachdenklicher. Eines, das tiefer in das hineinführt, worüber man gerade gelacht hat, und das bei aller Distanz Sympathien begründet. Heinrich Heine findet, der schwerfällige, graue, trockene Packpapierstil der Werke Kants habe viel Schaden angerichtet und die Meinung unters Denk- und Lesevolk gebracht, Philosoph sei nur jemand, der so grässlich schreibt.[9] Was tut Heine, der durchaus Sympathien für Kant und sein Werk hegt? Er leiht ihm seinen eigenen Stil. Das klappt natürlich nur, wenn er sich selbst einbezieht, quasi neben Kant stellt – in aller Bescheidenheit übrigens. Aus dem Lachen wird ein Lächeln, und das scheint nicht den Körper zu schütteln, sondern wie nach innen gerichtet zu sein.

Stellen wir zwei der glänzenden Stellen nebeneinander, in denen Heine und Kant zu literarischen Dialogpartnern werden. Es geht um Gott; Heine eröffnet die Partie mit einem seiner Träume: „Einst im Traume, erinnere ich mich, sah ich Gott, ganz oben in der weitesten Ferne. Er schaute vergnüglich zu einem kleinen Himmelsfenster hinaus, ein frommes Greisengesicht mit einem kleinen Judenbärtchen, und er streute eine Menge Saatkörner herab, die, während sie vom Himmel niederfielen, im unendlichen Raum gleichsam aufgingen, eine ungeheure Ausdehnung gewannen, bis sie lauter strahlende, blühende, bevölkerte Welten wurden, jede so groß, wie unsere eigene Erdkugel."[10] Ein schöner Traum mit einem unüberhörbar ironischen, aber zarten Aroma. Leider hat sich Heines Traum aufs falsche Terrain verlaufen und ist in Königsberg gelandet. In der Philosophie Kants weht ein rauerer Wind. Kant hat die althergebrachten Gottesbeweise pulverisiert. Für naiv daherkommende Träume à la Heine hat seine Philosophie keinen Platz vorgesehen. Und nun scheint es, als inszeniere Heine eine kleine Lämmerparade vor dem hungrigen Wolf. Er lässt seine unschuldigen Traumlämmer vor den Augen und Zähnen der Kant'schen Religionskritik vorbeidefilieren. Was macht die Vernunft mit seinem Traum, der mit der Poesie eines Märchens daherkommt?

Heine stellt Kants Religionskritik kurz dar und kommt schnell zu einem anderen, zu seinem Thema, nämlich zur Philosophie im Leben des Philosophen. Heine erzählt sich und seinen Lesern, was nach der „Tragödie" von Kants Religionskritik weiter geschah: „Nach der Tragödie kommt die Farce. Immanuel Kant hat bis hier den unerbittlichen Philosophen traciert, er hat den Himmel gestürmt, er hat die ganze Besatzung über die Klinge springen lassen, der Oberherr der Welt schwimmt unbewiesen in seinem Blute, es gibt jetzt keine Allbarmherzigkeit mehr, keine Vatergüte, keine jenseitige Belohnung für diesseitige Enthaltsamkeit, die Unsterblichkeit der Seele liegt in den letzten Zügen – das röchelt, das stöhnt [...]."[11]

Das Gemetzel hat dem christlichen Himmel mehr geschadet als Heines Traum, in dem von diesseitiger Enthaltsamkeit und jenseitiger Belohnung gar nicht die Rede war und in dem eher die Sterne funkelten als dass die Unsterblichkeit der Seele lockte. Er, Heine, ist eigentlich nicht der hauptsächliche Leidtragende von Kants Säuberungsaktion. Wer ist es aber dann? Heine schiebt einen in diese Position, der dort lächerlich und deplatziert ist: Es ist Kants alter Diener Lampe, der den Philosophen über Jahrzehnte begleitete und kurz vor Kants Tod so sehr dem Alkohol verfiel, dass Kant ihn – mit nachhaltigen Gewissensbissen – vor die Tür setzte. Lampe bekommt nun seine welthistorisch bedeutsame Rolle: Er rettet Gott und das geht so:

Der unbewiesene Gott liegt noch röchelnd in seinem Blute „und der alte Lampe steht dabei mit seinem Regenschirm unterm Arm, als betrübter Zuschauer, und Angstschweiß und Tränen rinnen ihm vom Gesichte. Da erbarmt sich Immanuel Kant und zeigt, dass er nicht bloß ein großer Philosoph, sondern auch ein guter Mensch ist, und er überlegt, und halb gutmütig und halb ironisch spricht er: ‚Der alte Lampe muss einen Gott haben, sonst kann der arme Mensch nicht glücklich sein – der Mensch soll aber auf der Welt glücklich sein – das sagt die praktische Vernunft – meinetwegen – so mag auch die praktische Vernunft die Existenz Gottes verbürgen.‘“[12]

Das war nicht schlecht zusammengetragen, doch so eigenwillig kombiniert, dass jeder gewissenhafte Philosophiehistoriker ein heftiges Bauchgrimmen verspüren dürfte. Der Wahrheit dieser Passage tut das keinen Abbruch. Ihr Humor ist keineswegs bloßstellend, sondern voller Sympathie. „*Sym-pathie*“ bedeutet, dem Wortsinne nach, zusammen fühlen, mitfühlen zu können. Den Weg öffnet Heines Humor, der, mit den schönen Worten von Vladimir Jankélévitch, das „Lächeln der Vernunft“ darstellt. Dieser Humor des leisen Lächelns vermeidet jeden Vorwurf wie auch jeden harten Sarkasmus.[13] Er öffnet die Tür zur einer anderen Art der Erkenntnis als sein lautes und eruptives Pendant.

Die Philosophie denkt weitgehend in Begriffen oder sie nutzt sie, um zu argumentieren. Ein Argument macht idealerweise deutlich, auf welchen Voraussetzungen es aufbaut und was es darstellen, erklären oder beweisen will. Dazu gehört die Diskussion, welche Beweiskraft ihm zukommt und was daraus folgen würde, wäre es als zutreffend anerkannt. Kurzum: Argumente brauchen Klarheit und Kritik. Ohne sie könnten sie ihr Ziel, die Anerkennung durch andere, nicht erreichen. Diese eng miteinander verzahnten Ebenen und Prozesse scheint der Witz lachend zu überspringen. Er will seine „Erkenntnis“ ganz anders, nämlich in Windeseile vermitteln, ohne Begründungen mitzuliefern und gern auch als Lieferung durch die Hintertür. Der Witz spricht unzählige Sprachen und passt sich an alle Dialekte an. Da ist er flexibler als die philosophische Diskussion, die sich an die Regeln eines vernünftigen Diskurses hält, um ihren Wahrheitsanspruch nicht aufs Spiel zu setzen.

Witze werden in jeweils wechselnden und einmaligen Situationen geboren. Sie sind kommunikative Highlights. Die Spontaneität, die ihr Lebenselement ist, täuscht darüber hinweg, dass der Witz die Spitze des Eisbergs ist. Bringt er nicht, wie wir an so grundverschiedenen Formen bei Diogenes und Heinrich Heine sehen, eine wache Urteilskraft ins Spiel, die auf vielen Ebenen gleichzeitig denken kann? Gelungene Pointen lassen Welten umschlagen. Ein Diogenes weiß, was die Mitbürger denken und zu denken unterlassen, wie sie gegen die Einsicht leben, die der Philosoph ihnen nicht aus purem Übermut zu vermitteln gedenkt. Der Witz ist hier provokativ, auch aggressiv. Bei Heine ist er sensibel. Er zeugt von einem melancholischen Mitgefühl, das einen kindlich anmutenden Traum und die Naivität eines versoffenen Dieners mit hochkomplexen Gedankengängen der Transzendentalphilosophie eines Immanuel Kant auf engste Tuchfühlung bringt. Diese Gedankengebäude entstehen wie in einem Windhauch und können alsbald im Lachen vergehen. Welche Form, welche „Logik" hält sie zusammen?

Witze lassen sich aus einem sehr einfachen Grund nicht mit Argumenten vergleichen – sie argumentieren einfach nicht. Beide verhalten sich wie Teufel und Weihwasser: Die gehören zwar demselben frommen oder unfrommen Genre an, nur stehen sie auf der jeweils anderen Seite. Wer lacht, will und braucht keine Erklärungen dafür. Eine erklärte Pointe wäre geistlos. Beide können sich gegenseitig nur korrumpieren. Andererseits fällt kein Argument ohne jede Begründung aus heiterem Himmel in eine Diskussion ein, wie es dem Witz belieben würde. Kein Witz sichtet zunächst seine Voraussetzungen, um sich mit starken Positionen zu gegebener Zeit vor aller Welt zu präsentieren, die dann endlich, nach unumgänglichen Prüfungen, doch lacht.

Also sollte man eine eigenständige Erkenntnistheorie des Witzes schreiben, die schwer denen widersprechen müsste, an die wir in der Philosophie gewöhnt sind. Probieren wir das einfach mal in nur einem einzigen (zugegebenermaßen etwas lang geratenen) Absatz zu skizzieren. Den Grundsatz unserer Erkenntnistheorie des Witzes entnehmen wir Spinozas Ethik: *veritas est index sui et falsi* – die Wahrheit ist Zeichen ihrer selbst und des Falschen.[14] Dies sehen wir im Witz beispielhaft erfüllt, obwohl er gern die Plätze tauscht und, bis das Lachen ihm auf die Schliche kommt, das Falsche für das Wahre ausgibt. Der Witz steht für sich und für seine Wahrheit ein, im selben Atemzug demaskiert er das Falsche, worüber eben gut lachen ist. Der Witz befindet sich damit in Opposition zu den üblichen Methoden philosophischen Argumentierens, aber das ist in seinem Falle glücklicherweise eher lustig und selten tragisch. Wir dürfen uns auf Blaise Pascal stützen. Er hat der Philosophie einen Satz hinterlassen, der nur auf den ersten Blick wie ein leichtsinniges Bonmot daherkommt: „Sich über die Philosophie lustig machen, das heißt in Wahrheit philosophieren."[15] Denn Pascal diskutiert innerhalb des Textfragments zwei unterschiedliche Wege der Erkenntnis. Einer ist der Intuition und Gefühl zugeordnet, der andere dem Geist und der Wissenschaft. Wenn die Philosophie also über sich lacht, machen sich Intuition und Gefühl über die Regeln des Geistes und der Wissenschaft lustig. Warum tun sie das? Weil sie selbst keine Regeln haben – was übrigens nicht bedeutet, dass es ein philosophisches Unding wäre, vernünftige Regeln zu haben und sie zu befolgen. Wem nun jede Freiheit abgeht, andere Standpunkte einzunehmen und oppositionelle Verstandeskräfte zu nutzen, ist in Summe ein jämmerlicher Philosoph. Ein Pedant, ein Prinzipienreiter. Da sei der Witz vor! Dieses Steife, Mechanische, Eingefahrene im Denken bringt gerade den Witz auf Trab, wie Henri Bergson in seinem Buch *Das Lachen* so schön zeigte.[16] Es knirscht im Getriebe, weil der Witz der Sand ist und keine Getriebe mag.

Wäre es nicht das Armutszeugnis für die Philosophie, wenn der Witz in ihr nichts mehr zu lachen hat? Die Norm philosophischer Debatten ist in der Regel außerordentlich humorfrei. Das ist nicht erst heute so. Bereits Hegel sinnierte in seinen *Vorlesungen über die Ästhetik* über die Gründe, warum der Tübinger Verleger Cotta und der Weimarer Dichterfürst Goethe ein Preisausschreiben für satirische Texte lancieren und daraufhin rein gar nichts bei ihnen eingeht. Der Seufzer des Philosophen: „Heutigentags wollen keine Satiren mehr gelingen."[17]

Hegel findet seine philosophisch weitreichenden Gründe dafür. Wir schlagen vor, den naheliegenden Schmerz nicht zu vergessen, den Philosophen empfinden, wenn der Witz in ihren Texten Wirbelwind spielt. Mit einem Male reißt er zwischen Anschauung und Begriff Fallgruben auf. Waren es alte, übersehene, oder hat der vorlaute Witz sie dort platziert? Fragen beantwortet er nicht, der Witz macht die Zeit für alle knapp, weil er sich in den Umschlagspunkten der Pointen am liebsten aufhält. Schwebt er lauernd über Denklandschaften, dann reißt er alsbald Gräben auf und huscht sofort auf abstrusen Brücken über sie hinweg. Er baut Momentwelten aus allem Zusammenhanglosen, was der Augenblick hergibt. Er trennt, er verbindet, er gibt zu lachen und zu denken. Disparates kommt zu Gebilden zusammen, deren Stabilität außer Frage steht – für den Bruchteil einer Sekunde. Da schlägt das Ei das Huhn in die Pfanne, so einfach ist das!

Worte, die der Witz sich aneignet, in die er sich hineinversetzt, um mit ihnen einen kleinen Moment im Wind zu surfen, die berührt er wie mit einem Zauberstab. Sie werden doppeldeutig. Helmuth Plessner hat das trefflich beobachtet: „Diese Entdeckung, die der Mensch mit jeder witzigen Wendung und Bemerkung aufs Neue macht, ist es, die ihn überrascht und ihm sein doppeltes Verhältnis zur Sprache offenbart: in ihr zu reden und gegen sie zu reden."[18] Die Hochzeitsformel des Witzes dreht die übliche mehrfach um: Was der Mensch vereint, wird der Witz trennen – und umgekehrt und dann wieder zurück.

Ja, das macht Spaß. Wir haben im Kopf (Kant meinte: im Körper) einen Saboteur an Bord. Glücklicherweise ist Lachen ansteckend. Der Witz baut soziale Choreographien in Nichts und aus Nichts – wer kann das sonst? Wildfremde Menschen finden im Nu Gemeinsamkeiten. Lachen tänzelt manchmal auch ganz individuell daher. Da legt sich der Lachende nicht fest und fordert das auch von niemand anderem ein. Der nächste Satz kann ganz anders sein, der nächste Witz auch. Das Lachen kann Menschen allerdings auch in einen bösen Moment einschließen, aus dem sie nicht mehr heil herauskommen – wie versteinert erwarten sie eine verheerende Reaktion der anderen, die im Kreis um sie lachen. Auf dem ganz anderen Pol aller Spektren kann Lachen so feinhörig sein, dass wir das Ohr weit nach innen richten müssen, um seinen fernen Klang und dessen Resonanzen zu hören. Lachen befreit und schlägt manchen Knoten durch. Es ist der schnellste und mitunter eleganteste Weg, gravitätische Dekorationen abzubauen, in denen sich Philosophen und Philosophien oft verschanzen und merkwürdigerweise ganz wohl fühlen.

Ein jedes Lachen hätte eine sensible eigene philosophische Diskussion nötig und auch redlich verdient. Die heute wohl wichtigste sei wenigstens kurz angesprochen: Sage mir, worüber du lachst, und ich liefere dir, was du soeben bestellt hast! Der geplante und zielgenau produzierte Witz stellt heute den verkaufsträchtigen Aufstand dar gegen die Grundbedingung des Lachens: seine Unverfügbarkeit. Einsicht fällt frisch vom Baum wie auch jeder Witz; als abgestandene verliert sie Aroma, Vitamine und die Mineralien der Erde, auf denen sie gewachsen ist. In Konservenbüchsen eingeschweißt, ruft sie die falschen Kunden auf den Plan. Lachen ist heute auf allen Kanälen verfügbar. Wer nicht unter Niveau lachen will, muss lange suchen. Das ergeht der Philosophie und ihren Sympathisanten im Grunde nicht anders. In makro- und mikromedialen Zeiten sitzen der Witz und die Philosophie im selben Boot. Sie schaukeln durch die konfektionierten Strömungen aller Kanäle. Beiden bleibt das Bewusstsein zu eigen, dass ihr Ort eigentlich der zwischen den Stühlen ist. Solange dieser Ort nicht selber zum bösen Witz wird.

14. Kapitel
When the music's over …

Wir erinnern uns. Bilder und Bröckchen von Erlebtem, Gehörtem und Gesagtem ziehen durch den Kopf; auch Bücher und Zitate können sich da reinmogeln. Sie gehören einer Zeit vor dem Jetzt an; eine Zeit, die unsere gewesen ist und sich wieder in die Gegenwart einmischt. Erinnerungen machen uns zum Zeugen unserer selbst und unserer Zeit. Der Satz: *Ich habe gelebt* bündelt eigentlich eine unendliche Komplexität. Nicht ein Ich hat einzeln und isoliert gelebt. Da gab es viele, da lebte alles gleichzeitig und Welten änderten sich. In der Erinnerung sehen wir gern Standbilder. Beim alten Sessel funktioniert das gut. Aber es ist etwas anderes, sich an ein Möbelstück zu erinnern, das längst ein Müllauto verschluckt hat, oder an einen philosophischen Gedanken, der uns einst vertraut und wichtig war. Noch nach Jahren können wir uns vorstellen, in diesem Sessel Platz zu nehmen. Von ganz allein fallen uns Gedanken ein, die schon früher durch unseren Kopf zogen. Können wir ein altes Gedankengebäude wieder beziehen, als machten wir es uns auf dem alten Sessel bequem?

Jein, könnte man vorsichtig antworten. Gewiss gibt es Gedanken, auf denen wir es uns so bequem gemacht hatten wie auf dem Sessel oder in einer Hängematte. Manche haben in luxuriösen Gedankengebäuden gelebt, einige sogar mietfrei. Ab und zu haben wir uns das auch einiges kosten lassen. Vieles war komfortabel, anderes mied jeden Luxus. Wie auch immer: Wäre unsere alte Adresse immer noch die aktuelle, dann hätten wir wenig aus der Ferne der erinnerten Zeiten zu beziehen. Die Erinnerung liefert uns alte Päckchen frei Haus. Man packt sie aus und wundert sich über Vergangenheit und Gegenwart zugleich. Schon setzt dieses merkwürdige Fremdeln ein, von dem Georg Christoph Lichtenberg berichtet: „Wenn ich zuweilen in einem meiner alten Gedenkbücher einen guten Gedanken von mir lese, so wundere ich mich, wie er mir und meinem System so fremd hat werden können, und freue mich nun so darüber, wie über einen Gedanken eines meiner Vorfahren.“[1]

Woher das Fremdeln mit den alten Gedanken? Sie ziehen sich aus den aktuellen Netzen des Denkens zurück, wenn man sie einige Zeit links liegen lässt. Sie mögen es nicht, wenn man sie nur aufschreibt, um sie in die Kiste zu packen und irgendwann auf dem Dachboden zu deponieren. Ihr Tag wird kommen, sagen wir und glauben es selber nicht. Da existiert ein gehöriger Unterschied zum Sessel. Der lässt sich für Jahre wegstellen und bleibt, wenn wir ihn abstauben und wieder herausziehen, der alte bequeme Sessel. Der Sessel ist fertig. Die Gedanken niemals. Sie büßen etwas Substanzielles ein, wenn man sich nicht ständig um sie kümmert. Hat man mit ihnen ein Gedankengebäude gebaut, dann steht es durchaus für einige Zeit da. Trotzdem traut man sich bald nicht mehr recht hinein. Mit der Zeit verzichtet man darauf, in ihm zu leben, später meidet man die Nachbarschaft der bröckelnden Fassade. Die Fundamente sind porös, die Pfeiler wackelig, die Decken hängen durch und durch das Dach regnet es. Ein Gedanke, der wirklich unser Gedanke bleiben will, produziert erhebliche Kosten für seinen Unterhalt und die dauernde Sanierung.

Nun steht nicht jeder erinnerte Gedanke vor dem geistigen Auge wie ein Gedankengebäude im Sonnenlicht. Er huscht vorbei. Man heftet sich an seine Fersen und landet nicht selten in einem unterirdischen Fuchsbau. Er verfügt über mehrere Ein- und Ausgänge, bis man zu der eigentlichen Wohnhöhle gelangt. Nach all den Jahren findet man sich nicht immer auf den ersten Blick gleich wieder zurecht, zumal das Licht sehr dämmerig sein kann. Einige Zeit brauchen wir, damit sich der erinnerte Gedanke aus dem Dornröschenschlaf wachküssen lässt und sich wieder frisch bewegen kann. Glückt das, dann wundert man sich, dass Gedanken überhaupt nicht altern. Sie legen an Vitalität sogar noch erheblich zu. Diese alten und doch so frischen Gedanken transportieren die Aromen und Melodien einer anderen Zeit direkt in unsere Gegenwart.

Im philosophischen Fuchsbau geht es polyphoner zu als zur Zeit seiner Entstehung. Ideen, die uns damals beschäftigten oder Gedanken der Zeit, für oder gegen die wir gedacht haben, schließen sich zu einer Atmosphäre zusammen. Manchmal entsteht sogar eine Art von Melodie, die auch ihre Gegenstimmen vernehmen lässt. Aus späterer Distanz gelingt es zuweilen und ganz ohne Mühe, ein komplexes Stück im Ohr zu haben und im Kopf aufzuführen. In die eine oder andere Passage lässt sich einstimmen; wir kennen den Refrain, die kommende Strophe und sogar die späteren Nachfolger der Melodie.

Gleichzeitig nehmen wir in der philosophischen Erinnerung eine besondere Position ein: Auf vielfältige Weise können wir uns beim

Denken beobachten. Einige Gedanken ziehen uns wie Senkblei in die alte Zeit hinein und machen es uns beinahe schwer, den Ausgang aus dem Fuchsbau zu finden. Dann wiederum gehen wir mit distanziertem Gang auf alten Denkpfaden. Ideen fallen uns wieder ein und auf einige Augenblicke können uns sogar Flügel wachsen. Vogelperspektiven sind erreichbar, deren Panoramablick in früherer Zeit undenkbar war. Wir können alte Gedanken kritisch prüfen und nach Herzenslust revidieren. Wir können ihnen scheu gegenüberstehen, als seien sie in Stein gemeißelt und würden jede Veränderung abweisen, wenn nicht sogar verbieten. Was stellen wir mit solchen Felsblöcken voller Epigramme an?

Kann ein philosophischer Gedanke jemals abgeschlossen sein? Immer bleibt entscheidend, was wir mit unseren erinnerten Gedanken tun und wollen. Da stellen sich Fragen. Warum ist es nicht einmal unseren alten philosophischen Ideen möglich, endgültig Ruhe zu geben? Eine zweite Frage rückt die erste in ein grelleres Licht. Sie betrifft die praktische Konsequenz für das Hier und Jetzt: Kann ich aus der Philosophie jemals wieder aussteigen?

Verstehen wir die Philosophie als ein freies und eigenständiges Denken, so wäre definitionsgemäß rein gar nichts unter Philosophie zu subsumieren, das in irgendeiner Weise abhängig macht. Wer sich wie ein Junkie aufführt, der vom täglichen Schuss Philosophie nicht mehr loskommt, wäre nie ein Philosoph gewesen. Wir müssen frei kommen und gehen können, wie es uns beliebt. Der Philosoph kann die Philosophie auch Philosophie sein lassen. Die Idee ist simpel und gibt eine unverzichtbare Orientierung. Zugegebenermaßen ist die Angelegenheit etwas komplizierter.

Was bedeutet es, dass philosophische Gedanken nach Jahren ihre Vitalität bewahrt haben? Kaum hat man sie aus der Kiste alter Aufschriebe gezogen, stehen sie nicht mehr still. Wer sich erinnert, wird zum Teilnehmer in ihrem Spiel und befindet sich mit einem Mal in Fuchsbauten oder Wackelgebäuden. Der aus alten Tagen bekannte Spielverlauf mitsamt seinem Ergebnis zählt wenig. Die Partie ist neu eröffnet. Hier herrschen andere Regeln als die vom Sportplatz. Dort steht nach Beendigung der festgesetzten Spieldauer ein definitives Ergebnis fest. Entscheidungen des Schiedsrichters gelten. Im philosophischen Gedankenspiel gibt es kein Ergebnis mit Basta!-Garantie. Nicht einmal definierte Startpunkte und Ziellinien sind vorhanden.

Die Frage wird selten gestellt, ihre Berechtigung ist leider nicht von der Hand zu weisen: Muss ich als Philosoph dann ewig meine Runden drehen? Kann ich einen vernünftigen Schlussstrich ziehen? Oder, falls Nerven und Kräfte beim philosophischen Dauereinsatz zeitweise nicht mehr mitspielen wollen: Kann ich als Philosoph meinen Gedanken kurz mal den Hahn abdrehen? Drei berühmte philosophische Schlussstriche geben drei unterschiedliche Antworten. Jede läuft auf eine verständliche, aber grandiose Selbsttäuschung heraus.

1. Der junge Sören Kierkegaard erfindet in seiner Dissertation *Über den Begriff der Ironie* einen ungewöhnlichen Sokrates. Der fragt und redet ununterbrochen, weil er eigentlich schweigen will. Er redet sich gewissermaßen das Reden vom Leibe, um zur anschauenden Ruhe zu kommen.[2] Der Umfang der Sokratischen Dialoge, die Platon und Xenophon hinterlassen haben, beweisen eigentlich zur Genüge, dass daraus nichts geworden sein kann. Stand hinter dem Versuch, die Philosophie zugunsten des Schweigens abzubrechen, vielleicht kein Sokrates, sondern der Herr Kierkegaard?

Der ältere Kierkegaard, selbst ein emsiger Arbeiter im blühenden Weinberg immer neuer Schriften, startet einen eigenen Versuch: „Die Erfahrung hat gezeigt, dass es für die Philosophie keineswegs besonders schwierig ist, anzufangen. Weit entfernt; sie fängt ja mit nichts an und kann somit jederzeit anfangen. Was hingegen der Philosophie und dem Philosophen schwerfällt, ist das Aufhören."[3] Unser Kopenhagener Sokrates hatte immer einen besonderen Sinn für die Stille. Die vereitelte irgendein Herr Kierkegaard, der sich selbst im Nacken saß. Nicht umsonst war unser Philosoph Dialektiker und wusste kunstvoll, in Thesen und Antithesen zu denken. Wenn etwas nun absolut nicht auf seine Philosophie und sein Philosophieren zutrifft, dann die Sätze, den er – zur Selbstberuhigung ? – hinschreibt: „Ich höre nämlich nicht jetzt auf, sondern ich habe bereits damals aufgehört, als ich anfing. Meine Philosophie hat deshalb die vortreffliche Eigenschaft, dass sie kurz und dass sie unwidersprechlich ist [...]."[4] Ist sie eben nicht, muss man sagen und staunen, dass Kierkegaards Gedankenproduktion nie abriss und einsame Höhen erklimmen konnte.

2. Friedrich Nietzsche lässt sich darauf ein, mit der Feder in der Hand zu leben und Gedanken zu notieren, die nicht planvoll, sondern unversehens zu einem Buch anwachsen.[5] Das Manuskript von *Der Wanderer und sein Schatten* schickt er am 11. September 1879 aus St. Moritz an

den Freund und Bewunderer Heinrich Köselitz nach Venedig. Nietzsche glaubt, mit Abgabe des Manuskripts sein „Lebenswerk getan" zu haben.[6] Er ist völlig erschöpft und zieht sich ins heimatliche Naumburg zurück.

Dort mietet er ein kleines Türmchen am alten Stadtwall und will Gärtner werden. Vor allem will er nichts von dem weitertreiben, was zu diesem Manuskript geführt hat: „Hier in Naumburg will ich keine Gedanken haben und jedenfalls keine aufschreiben: letzteres wenigstens ist Sache des Willens."[7] Er setzt eine Art von Embargo in Kraft gegen die Philosophie im Kopf und gegen die Feder in der Hand. Nietzsche macht die „Gedankenlosigkeit" zu seinem Programm.[8] Köselitz soll den Stapel an Aufzeichnungen sauber abschreiben, „Allzumenschlichkeiten" korrigieren und das Ganze in eine Form bringen, aus der ein Buch werden kann. Nietzsche selbst erklärt sich für leidend und inkompetent; sein Kopf sei müde und darf es sein, schließlich glaubt er, sein Lebenswerk hinter sich zu haben. Womit er grottenfalsch lag – glücklicherweise, wie die Philosophenzunft in seltener Einmütigkeit urteilen dürfte.

3. Der junge Ludwig Wittgenstein notiert seine Gedanken, wo immer er ist. In der Heimatstadt Wien und in Cambridge, auf langen Reisen in Island und Norwegen, auf einem Wachschiff und in den Schützengräben des Ersten Weltkriegs. Mit einer ungeheuren Konzentration seiner Kräfte entsteht ein schmales, aber epochales Werk, der *Tractatus logico-philosophicus*. Das Selbstbewusstsein des Autors ist nicht gerade bescheiden. Keineswegs glaubt er, nur einen kleinen Diskussionsbeitrag vorgelegt zu haben. Sein *Tractatus* könne Schwierigkeiten beseitigen, unter denen die Philosophie seit Langem leide: „Ich bin also der Meinung, die Probleme im Wesentlichen endgültig gelöst zu haben."[9] Erst nach einigen Anläufen gelingt es, 1921 eine definitive englische Fassung zu publizieren.

Der Ruhm interessiert ihn nicht. Zu dieser Zeit arbeitet er bereits als einfacher Volksschullehrer im ländlichen Trattenbach. Dort ist er alles andere als glücklich, aber nach dem Krieg scheint ihm die Kultur untergegangen zu sein, die er für seine Gedankenarbeit braucht. Zunehmend beginnt er, an einigen seiner Gedanken zu zweifeln. Dem Briefträger wären die Augen übergelaufen, hätte er gewusst, dass er dem Herrn Lehrer Briefe weltbewegender Denker zustellte. Sie fragen sich, wo Wittgenstein bleibt und ob er sich denn auf immer verkriechen wolle. An John Maynard Keynes in Cambridge schreibt Wittgenstein ganz offen, wenn er nach England zurückkäme, dann nicht als Philosoph, sondern am liebsten als Schuhputzer oder als Straßenkehrer. „Alles was ich wirklich sagen musste, habe ich gesagt und damit ist die Quelle vertrocknet."[10] War das wirklich das Ende seiner Philosophie? Es dauerte noch fünf Jahre, da bezog Wittgenstein seine Dozentenwohnung in Cambridge, die philosophischen Notizhefte füllten sich wie eh und je und die Schüler waren begeistert.

Wir lernen aus diesem Dreiklang, dass die Chancen, die Philosophie zu beenden, nicht sehr groß sind. *Kierkegaard will nicht mehr* und entdeckt, dass er schon ganz zu Beginn nicht mehr wollte und ins Schweigen verliebt war. Er wird umso vehementer in wahre philosophische Abenteuer getrieben. *Nietzsche denkt, er muss nicht mehr*; sein Lebenswerk liege vor und er könne sich der Gärtnerei widmen. Diese Ansicht hatte ein sehr kurzes Haltbarkeitsdatum. *Wittgenstein kann nicht mehr*, denn der Geist spielt nicht in der vorherigen Verfassung und Intensität mit. Seine neue philosophische Karriere wird er mit einer Kritik seiner alten Ansichten einleiten.

Aus welchen Gründen auch immer sie zu philosophischen Deserteuren wurden: Es sollten drei richtige Abbrüche werden, nicht einfach Moratorien, in denen lediglich eine kurze Auszeit angestrebt wurde. Die drei Philosophen spekulierten nicht mit dem Anfängerglück, das ihnen außerordentliche Frühwerke beschert, ohne für kommende Zeiten eine Fortsetzung zu garantieren. Der kluge Glücksspieler streicht den frühen Gewinn ein, er misstraut jeder Glückssträhne und ist vorsichtig, im nächsten Spiel nicht alles zu verlieren. Sie hatten Gründe komplizierterer Art – wir dürfen mit ziemlicher Sicherheit annehmen, es waren philosophische.

Jeder der drei Schlussstriche entpuppte sich als voreilig. Niemand bemühte sich um eine Zwischenbilanz, in der das Haben dem Soll gegenübersteht und am Ende der Rechnung ein Urteil steht, ob die Dinge gut gelaufen sind und wie es nun weitergeht. Das bloße „das war's!" war letzten Endes kein Abbruch und sollte nicht einmal für klare Verhältnisse sorgen. Es sah nach einem Abgang durch die Hintertüre aus. Laut wird sie zugeschlagen, schon ist man wieder unterwegs und der Kopf heckt etwas Neues aus. Die musikalische Idee des Ganzen erinnert eher an eine klassische Sonate als an einen Soul voll expressiver Emotionalität. Munter geht es los, dann steht ein konfliktreiches Thema auf der Bremse, Dur und Moll tauschen ihre Plätze, und es bleibt spannend, wie es dann weitergeht.

Die Zäsur wurde den drei Philosophen zum Sprungbrett. Sie fanden neue Ausgangspunkte. Waren altbekannte darunter, führten sie plötzlich in eine völlig neue Richtung. Ihr verkündeter *point of no return* war, das müssen wir Kierkegaard, Nietzsche und Wittgenstein glauben, ernst gemeint. Das waren keine leichtfertig dahergeredeten Worte. Die Philosophie hatte sich allen dreien als eine existenziell höchst fordernde Tätigkeit offenbart, die nicht selten die Grenze zu einer absoluten Überforderung überschritt. Denken auf eigenes Risiko ist riskant. Die Unkosten trägt man im Zweifels-, aber auch im Erfolgsfall selbst.

Man kann es sich im Denken bequemer machen – wie auf einem gut eingesessenen Sessel, ist dann aber kein Philosoph nach ihrer Art. Sie wenigstens haben es nicht geschafft, in ihrem denkenden Leben dieses angenehm faule und heimelige Gefühl zu erzeugen. Weder als Kopenhagener Bonvivant, noch als Naumburger Kleingärtner oder als Volksschullehrer im niederösterreichischen Trattenbach. Ihre philosophische Produktivität ließ sich von der eigenen Kündigungsgeste nicht beeindrucken. Ihr Denken war, das soll nicht vergessen sein, mit seltenen, aber umwerfenden Glücksmomenten verbunden. Dazu kam ein Rückgrat, das ihren Kopf auch bei schwerem Wellengang über Wasser halten konnte und sowohl in geistigen Dürre- als auch in Flutzeiten für eine beispielgebende Frustrationstoleranz sorgte.

Im Nachhinein glaubt man zu verstehen, der Abbruch sei wie der Wechsel eines der vielen Gänge im Fuchsbau oder der Etagen im Gedankengebäude gewesen. Er schließt nicht aus, andere wieder zu betreten und zu nutzen in all der Zeit, die vor dem Denker liegt. Jede Zeit aber lässt an ihr Ende denken, das unterscheidet sie von der Zeitlosigkeit. Wie stellt sich das Philosophieren dar, wie fühlt es sich an, wenn der Philosoph meint, nicht mehr unendliche Zeit zu haben oder gar sein Wandeln auf Erden als so begrenzt empfindet, dass er das große schwarze Loch vor sich sieht? Betreibt er dann lediglich nostalgische Besichtigungen, wenn er auf sein Denkleben zurückschaut?

Wir hatten den jungen Jean-Jacques Rousseau auf seinem Weg in die philosophische Schriftstellerei begleitet. Am Anfang war die große, im Moment kaum aufzuarbeitende Vision. Sie schickte Rousseau auf seine Reisen durch die Philosophie und gab ihm die Feder eines richtigen Autors in die Hand. Was steht am Ende? Wir lernen eine andere

Geschichte kennen, denn am Ende steht die Autobiographie, die dem geplagten Denker aus Querelen heraushelfen und endlich Ruhe verschaffen soll.

Jean-Jacques Rousseau schreibt seine Erinnerungen gegen die böswilligen Verleumdungen und Schriften vor allem aus dem Kreis von Voltaire und dessen Freund Doktor Tronchin: Rousseau, dieser philanthropische Autor und Kinderfreund, soll seine eigenen fünf Kinder herzlos in ein Waisenhaus abgeschoben haben. Er täte besser daran, sich zu diesen Schandtaten zu bekennen und öffentlich seine Beichte abzulegen. Diese öffentliche Bloßstellung droht Werk und Autor zu vernichten. Dagegen mobilisiert Rousseau seine eigene Wahrheit. In die soll ihm niemand hereinreden. Er selbst ist der beste und der einzig zuverlässige Zeuge, der wirklich weiß, was in seinem Leben geschehen ist und was in seinem Kopf vor sich geht: „Ich will meinesgleichen einen Menschen in der ganzen Naturwahrheit zeigen, und dieser Mensch werde ich sein.“[11]

Nein, er rede nichts schön. Rousseau erinnert sich und reklamiert, dass ihn nur lautere Motive leiten. Üble Menschen werden sie ihm absprechen, nicht so der höchste Richter: „Mag die Posaune des Jüngsten Gerichts wann immer erschallen, ich werde mit diesem Buch in der Hand mich vor den obersten Richter stellen. Ich werde laut sagen: ‚Sieh, so handelte ich, so dachte ich, so war ich!‘“[12] Will ihm fortan jemand widersprechen, muss er sich erst an dieser Biographie abarbeiten und mühsam seine Gründe suchen.

Die *Bekenntnisse* sollen Rousseau und seine Einsamkeit schützen. Zunächst war sie die Erbin seiner Schüchternheit, dann wurde die Einsamkeit zur selbst gewählten, um bis zur literarischen Mode stilisiert zu werden und in die Salons als Schäferidylle einzuziehen – woran viele Federn, nicht nur die Rousseaus, eifrig mitgeschrieben haben. Rousseau fühlt sich inmitten der Revolutionen, die seine Gedanken mit entfacht haben, falsch verstanden und massiv verfolgt. Auch Wahnideen stellen sich ein. Welch eine himmelschreiende Ungerechtigkeit, dass ihm das gerade geschieht, ihm, dessen Philosophie die segensreiche Zeit eines tugendhaften Naturzustandes verkündet. Der Mensch ist gut, die Gesellschaft erst macht ihn zu dem hinterhältigen und kalt berechnenden Schurken, der er geworden ist. Kein Besitz- und Machtstreben ist dem fremd, der sein eigenes Wesen nicht mehr kennt; er verachtet nun die „Lehren der Natur“ und überhört die leise Stimme seines Gewissens. Mit solchen Menschen ist gut Staat zu machen, aber dieser Staat ist nicht der gute, den Rousseau im Kopf hat.

Rousseau ist weit davon entfernt, mit seinen *Bekenntnissen* ein Exempel für seine Philosophie in die Welt zu setzen. Er schreibt sie nicht aus dem Geist der Gemeinsamkeit und der Gemeinschaft heraus, die seine Philosophie im Naturzustand verkündet und den ihr Autor in kleinen Schweizer Bergdörfern sucht. Den Leser erwartet gleich auf der ersten Seite das blanke Gegenteil seiner emphatisch vorgetragenen Philosophie: „Ich allein. Ich lese in meinem Herzen und kenne die Menschen. Ich bin nicht wie einer von denen geschaffen, die ich gesehen habe; ich wage sogar zu glauben, dass ich nicht wie einer der Lebenden gebildet bin. Wenn ich nicht besser bin, so bin ich wenigstens anders."[13] Rousseau hält sich bei aller Offenheit bedeckt. Wer könnte schon in sein „Herz" sehen und seine Erinnerungen verstehen! Allein Rousseau kann das. Er ist so freundlich, den Lesern mitzuteilen, was sie nicht sehen.

Rousseau dreht das Spiel um: Nicht die Leser inspizieren seine verschwiegenen Gefühle, er schaut direkt in ihre. Die Leser werden vom Autor gelesen. Rousseau entziffert den Text ihres Gedächtnisses und die ungeschriebenen Botschaften ihrer Gefühle. Indem er in seinem eigenen Herzen liest, lernt er die Menschen kennen und versteht die Leser viel besser, als es ihnen selbst möglich wäre. Man könnte diese Sätze als Ausdruck einer außerordentlichen Arroganz missverstehen. Dadurch würde man Rousseau übersehen, den Außenseiter, den Sonderling, den verarmten Schriftsteller, der seine Kinder nicht zu ernähren weiß, endlich auch den Eremiten und den Flüchtling, dem vor seiner Flucht mitten in der Nacht die Fensterscheiben eingeworfen wurden. Das Unglück des Vereinsamten besteht ja gerade im Fehlen gemeinsamer Erinnerungen, die durch andere Menschen getragen und bestätigt würden.

Mit allen Mitteln seiner literarischen Künste will Rousseau die Menschen seines Lebens wieder auferstehen lassen. Er schreckt erst davon zurück, weil er nichts verzärteln will, schreibt aber doch mit seinen *Bekenntnissen* einen Roman.[14] Die Menschen werden in Szenen präsent, in denen sie wie im Leben mitspielen. Rousseau kann sie auf seinen eigens errichteten Bühnen agieren lassen. Er sieht ihnen dabei zu bis in ihr Herz. Sie bringen Tugenden und Mängel zur Aufführung, die er kennt und lange schon an sich selbst wahrnimmt.[15] Schmerzhaft bleibt die Stille dieser aktiv erinnerten Szenen, denn die Stimmen der anderen fehlen ihm.

Der Sand der Erinnerungen rinnt ihm durch die Finger, die Sanduhr läuft unerbittlich ab. Die Zeit wird knapp und immer deutlicher pocht der nahende Tod ans Tor. Leise kündigt er sich von Ferne an; die Erinnerungen werden fremd, er reißt Löcher in ihr vordem so festes Gewebe. Augenblicke vergangenen Glücks sind auf dem Papier nicht festzuhalten; der Versuch macht ihr lebendiges Angesicht zur Fratze. Rauschhafte Schimären stellen sich ein und geben vor, Statthalter dieses Glücks zu sein. Von Rousseaus altem philosophischen Loblied auf die Natur und auf die Tugend wollen sie wenig wissen. Die Suche nach dem vergangenen gemeinsamen Glück raubt im letzten Akt das Glück und die Gemeinsamkeit. Beide werden zu bloßen Vorstellungen. Rousseau kann sie immerhin schreibend in Besitz nehmen. Er macht sie zu einer Frage literarischer Kunstgriffe, um ihnen zurückzugeben, was sie verloren haben. Das bleibt nicht ohne Folgen für das Gedächtnis. Unmerklich büßt es seine selbstbestimmte Produktivität ein. Der ferne Glanz eines vergangenen Erlebnisses verblasst. Immerhin bleibt sein letzter Schimmer in dem Augenblick aufbewahrt, in dem die Feder über das Papier kratzt und neue Farben erfindet.

Rousseaus Bekenntnisse sollen ein helles Licht auf seinem Weg anzünden: Ein wahres Selbst will er werden und die geheimen Triebkräfte seines Lebens durchschauen. Im Kontext seiner philosophischen Werke zeigt das einen dramatischen Richtungswechsel an. Es ist zunächst ein Blick zurück, dennoch ist er auf die Zukunft gerichtet. Rousseau schreibt die Geschichte seiner Seele im Vorgriff: „Ich will meinesgleichen einen Menschen in der ganzen Naturwahrheit zeigen, und dieser Mensch werde ich sein."[16] Die Floskel, dass sich alle Welt selbst neu erfindet, hört man heute an jeder Ecke. Hier ist sie keine Floskel, sondern mit philosophischer Dignität zum Programm geworden.

Das Futur der eigenen Person, die Rousseau sein wird, widerspricht jedem Bestreben, einen Schlusspunkt zu setzen, nachdem er mit sich schreibend ins Reine gekommen ist. Es gibt ein Leben nach der Biographie. Für Rousseau, den einsam träumenden Spaziergänger, setzt es sich als Biographie nach der Biographie fort. Das Geschriebene wird zum Grund und Inhalt neuen Schreibens. Bald kommunizieren Erinnerungen mit Erinnerungen. Alte und neue mischen, trennen und widersprechen sich. Rousseau fühlt sich geradezu belagert: „Als ich mich dann sorgfältiger erforschte, fand ich zu meiner großen Verwunderung eine Menge erdachter Dinge, die ich mich erinnere für wahr ausgegeben zu haben, und das zu einer Zeit, da ich innerlich stolz auf meine Wahrheitsliebe war [...]"[17] Geplant war das nicht. Rousseau wollte als „süßes Gespräch mit meiner Seele" nur fortsetzen, was die Bekenntnisse begonnen hatten.[18]

Was er jetzt liefern will, wird eine biographische Erzählung mit einer besonderen philosophischen Note. Rousseau sieht sich keineswegs in der Pflicht, einen Tatsachenbericht vorzulegen, um der schlichten Wahrheit Genüge zu tun. Zu seiner Entlastung führt er Fabeln an. Sind sie denn kein legitimes Mittel moralischer Diskurse? Ihre Wahrheit liege in der moralischen Pointe und nicht in der Behauptung, Tiere könnten sprechen. So begründet er sein philosophisches Recht, die „Wahrheit der Tatsachen durch die moralische Wahrheit zu ersetzen."[19] Bloße Erinnerungen verschweigen oft das Wichtigste. Sie bedürfen der tiefblickenden Ergänzungen, durch die sie als eine reine Zeugenaussage fraglich werden. Das Gefühl von Rechtschaffenheit ist für den Autor über den Verlust der reinen Faktentreue erhaben. Rousseau schreibt und das Gewissen führt ihm die Feder.

Das Gewissen sucht den Autor, der wiederum das vergangene Leben sucht. Es sind gar nicht die „Zeiten des süßesten Genusses und der lebhaftesten Freuden", die Rousseaus Gedächtnis am meisten anziehen und beschäftigen.[20] Das Glück ist flüchtig, der Autor schwankend, das Gewissen allein bleibt stetig. Der Autobiograph Rousseau lebt in verschwiegenen Geheimnissen. Findet er deutliche Spuren seines Glücks, dann hinterlässt es in der Welt der anderen nur eine Leere. Was gibt es gemeinsam zu genießen, wenn das Glück ihn einsam macht? Nichts, was außerhalb von uns ist, nichts außer uns selbst und unser eigenes Dasein.[21] Nur einmal war es anders. Die Erinnerung der Liebe zu Frau von Warens erscheint Rousseau als die einzige Zeit, „da ich ganz mein war, ohne Beimischung und ohne Hindernis [...]. Ich habe siebzig Jahre auf Erden zugebracht, und sieben davon habe ich gelebt"[22] Die Jahre des autobiographischen Schreibens gehörten nicht zu den sieben seligen. Es waren Zeiten, in denen der Erbauer von Gedankengebäuden und Fuchshöhlen sich selbst in den Blick geriet.

Ein letztes Wort hat Rousseau nicht gefunden, eine definitive Position ließ sich nicht beziehen. Am Anfang stand eine Vision. Sie erschütterte Rousseaus Leben. Einige sicher geglaubte Fundamente des philosophischen Denkens verloren ihre Standfestigkeit, nicht nur für die Epoche der Aufklärung. Rousseau hat Richtungen und Ebenen gewechselt, seine philosophischen Gänge aber nie verlassen. Man kann nur spekulieren und findet durchaus Indizien dafür, dass es in Treue zu dem frühen Erlebnis geschah, das ihm die Möglichkeit eines Gedankengebäudes blitzhaft aufzeigte. Rousseau konnte einiges, aber längst nicht alles in seine Philosophie umsetzen.

Auf der Suche nach der verlorenen Zeit: Es ist keinesfalls ausgemacht, dass die folgende Passage von Marcel Proust zur Geschichte des Denkens eines Jean-Jacques Rousseau passt. Ausgeschlossen ist es nicht. Sie legt eine Interpretation nahe, die dem Autor überaus sympathisch wäre. Träfe sie zu, so hätte sie den Vorteil, dass sie uns das ganze Stück hören lässt: „Also lag dieses Klingen immer noch in mir und zudem zwischen ihm und dem gegenwärtigen Augenblick die ganze, unendlich breit entfaltete Vergangenheit, von der ich gar nicht wusste, dass ich sie in mir trug. [...] Ich durfte nicht einen Augenblick lang aufhören zu existieren, zu denken, meiner selbst mir bewusst zu sein, da dieser Moment von einst noch an mir festhaftete und ich noch wieder in ihn zurückkehren konnte allein dadurch, dass ich mich tiefer in mich hinabbegab.“[23]

Sanfter Abschwung und ein Schuss *street philosophy*

Irgendeiner schrieb das Wort, dem du glaubst. Ich aber künde dir, dass die Wahrheit draußen in den Straßen ruft …

Nikolaus von Cues, Idiota de sapientia[1]

Während wir uns im Landeanflug befinden und die letzte Seite unweigerlich ins Blickfeld gerät, bauen wir immer noch unser Flugzeug um und erfinden den neuen, den besseren Treibstoff. Was bringen wir von den vierzehn Reisen mit? Ein Fazit, was wir uns oder anderen in die Tasche stecken können, wird es kaum sein. Eine gemeinsame Denktätigkeit sollte es werden unter Einschluss von Texten und Erzählungen, die andere Philosophen an unserem Gespräch beteiligen. Wir wollten keine ihrer Zitate heranziehen, um darunter die eigenen Gedanken scheu zu verstecken. Philosophie ist heute nur noch möglich, wenn man sich nicht von der Übermacht der Gedanken dumm machen lässt, mit der die traditionsschwangere Philosophie jeden begrüßt, der gerade beginnt, eigene zarte Gedankenpflänzchen hochzupäppeln.

Nein, auch das ist Philosophie: Dass man sich die Frechheit herausnimmt, fern von legitimierenden Zitaten das zu denken, was man will und für nötig hält. Es ist ein Denken, das nicht darauf schielt, sofort respektable Positionen beziehen zu müssen. Jeder, der denkt, kann, darf und muss sein Denken ausprobieren. Das erfordert eben nicht, jede Idee, die durch den Kopf zieht, unter die Pflicht zu stellen, abgeschlossen, ausgewogen und verbindlich zu sein. Auf der anderen Seite empfiehlt es sich nie, einfach kritiklos hinzunehmen, was immer uns durch den Kopf geht. Wer denkt, muss nicht alles für bare Münze nehmen und braucht genug Luft, um aus seinen Gedanken etwas zu machen. Assoziationen stehen nicht im Giftschrank. Experimente müssen sein, damit Philosophie nicht am Zwang erstickt, alles für jeden richtig zu machen und dabei nur Altbackenes aufzuwärmen. Die destruktive Seite dieses untergründigen Zwanges zur Konformität spürt man an der Versuchung, Gedanken, die uns neu und wichtig erscheinen, gleich mit einer Inkompetenzerklärung zu versehen: Wir wollten ja nur sagen!

Keineswegs hatten wir vor, wirklich zu behaupten, was wir sagen! Ja doch, wir wissen, dass unsere tapsigen Ideen den Kriterien eines akademischen Dialoges nicht entsprechen. Wir sind ja nicht Kant, Hegel oder Sloterdijk, wer denkt denn sowas! Also haben wir nur so nebenbei gedacht.

Dieses „nur so nebenbei gedacht“ muss in den Ohren einer etablierten Philosophie fremd klingen, die sich heute gern als Dienstleister sieht in Bezug auf die Planung von sogenannten Ethik-Knöpfen in High-Tech-Maschinen oder beim Consulting in bioethischen Fragen, wenn es um Leben und Tod geht. Ganz falsch ist das nicht. Auf diesen Feldern hat das lockere, auf Kreativität und Sensibilität setzende Denken unserer Denkerfahrungen selten das letzte Wort. Wir fragen und denken hier etwas anders als die akademisch geprägte Philosophie, die sich für Beratungen, Dienstleistungen, Prüfungen und Zertifizierungen aller Art eignet und das durchaus auch soll. Der Philosoph und Soziologe Georg Simmel hat in seinem letzten Werk, verfasst wenige Monate vor seinem Tod, den roten Faden offengelegt, der sich auch durch unseren Versuch zieht: „Unsere Gedanken b e d e u t e n nicht nur etwas, was man mit Begriffen […] ausdrücken kann, sondern sie s i n d etwas, sind reale Pulsschläge realen Lebens.“[2]

Das mag schön klingen. Was ist damit eigentlich gesagt? Am Ende unserer Reise dürfen wir uns auf die gemeinsame Wegstrecke beziehen. Der erste Schritt war die Einladung eines Satzes aus Ludwig Feuerbachs Tagebuch, der Philosoph müsse die Dinge nicht bloß erkennen, er muss sie vor allem *erleben*. Nun hat jedes unserer Erlebnisse die Perspektive seines Augenblicks. Wer wollte bezweifeln, dass andere möglich sind und andere sich ereignen werden? Jeder Stein gehört in ein Puzzle, von denen gibt es unzählige und jeden Tag kommen neue hinzu. Der Moment, den wir als „Jetzt“ empfinden, ist durch viele Fäden mit umfangreichen Beziehungsnetzen verknüpft. Wir hatten die Bildung der Strudel im Fluss mit ihren vor- und rückwärtslaufenden Strömungen beobachtet.

So steckt die Welt voller Erkenntnisse, die sich keinem Blick in einer Gesamtschau detailliert öffnen. Viele Augen sehen mehr; was einer nicht weiß, weiß eben der andere. Das Wissen ist verteilt, steht jedem offen und stellt keinen Schatz mit privilegierten Zugangsrechten dar. Das nicht schriftlich niedergelegte Wissen, das sich verstreut unter Menschen finde, stelle das in Büchern festgehaltene „nach Menge und

Bedeutung“ weit in den Schatten, schrieb Gottfried Wilhelm Leibniz.[3] Der Denker der frühen Aufklärung von universeller Bildung und Interessen wäre sich nicht zu fein, jeden zu fragen. Das empfiehlt er seinen Lesern gleichermaßen: Aufmerksam zuzuhören, wenn Bauern, Jäger, Handwerker oder Händler ihre Kunstfertigkeiten und Kenntnisse beisteuern. Auch Mediziner sollten nicht nur mit Hilfe ihrer Instrumente sehen lernen, sondern „Marktschreier und alte Weiblein“ befragen und nicht zuletzt üben, die verworrenen Empfindungen des eigenen Körpers genauer wahrzunehmen.[4] „Sogar in den Spielen der Kinder gibt es Dinge, die den größten Mathematiker interessieren könnten.“[5]

Warum nur andere fragen und nicht uns selbst? Wir sind ja nicht allein „Philosophen“ – auch wir sind mit unseren Erfahrungen und dem impliziten Wissen, das wir daraus gewinnen, Auskunftspartner ersten Ranges. Wer fragt und wer antwortet da? Wie treffen unsere Erfahrungswelten und unsere philosophischen Reflexionen aufeinander? Eine recht handgreifliche Antwort entnehmen wir den Schriften des unermüdlichen James Boswell, der sich an die Fersen der bedeutenden Schriftsteller und Denker seiner Zeit heftete, um selbst ein großer Denker zu sein. Er wusste, was er wollte und zu investieren gedachte: „Es hat keinen Sinn, mehr zu erleben, als ich aufzeichnen kann; man soll ja auch nicht mehr Getreide pflanzen, als man einbringen kann. Es heißt gute Dinge verschwenden, wenn man sie nicht hortet.“[6]

Unsere Versuche sollten freigebiger, ja verschwenderisch sein. Der Reichtum der Erfahrung mag über die Fassungskraft der Philosophie weit hinausgehen. Wir wollen eigentlich nichts dafür bekommen, weder Ruhm noch akademisches Schulterklopfen, dass wir unsere Erfahrungen weiterdenken und dies Philosophie nennen – gerade wenn wir diversen Assoziationen folgen und nicht mit der Strenge des begrifflichen Denkens unterwegs sind. Es ist keine üble Nachrede, wenn wir behaupten, dass in der Regel nicht die bewusste Gedankenarbeit, sondern spontan gewebte Assoziationsketten Erfahrung und Idee verknüpfen. Augenblick mal: Macht es uns nicht stutzig, dass wir bei aller Anstrengung des Begriffes eigene Erfahrungen locker und wie auf Zuruf beibringen? Wir ziehen sie souverän aus der Tasche und legen sie auf den Diskurstisch, als gehörten sie schon immer dahin. Erfahrungen werden zu schönen Beispielen. Die mittelalterliche Scholastik erklärte die Philosophie zur Magd der Theologie. Heute ist die Erfahrung der Butler der Philosophie.

Statten wir unseren Butler für seine stilvolle Aufgabe aus. Was braucht er? Verlässlich muss er sein im Auftreten und Benehmen. Ein Butler ist eigentlich ein Mensch, der nur nach Feierabend Subjekt ist. Redet er in Dienstzeiten, liefert er vorgestanzte Floskeln als eigenen Beitrag zu. Auch er hat Erfahrungen, die ihn geprägt haben. Der Ausdruck erinnert an einen Prägestempel: Die Erfahrung wird dem Menschen aufgedrückt. Sie brennt sich in seine Haut oder dringt in ihn ein. Das gestempelte Subjekt wird zum Objekt. Die Stempel, die der Butler durchs Leben trägt, sind allesamt vorzeigbar und diensttauglich. Er kann sie mit Stolz und professionellem Lächeln präsentieren. Sie sind sein Ritterschlag, den er anderen voraus hat. Welchen Anteil hat er selbst an diesen Prägungen genommen? Das bleibt sein Geheimnis. Übertreibt er ein wenig? Inszeniert er sich allzu gern? Er wird nichts dazu sagen. Seine steife Kluft und das routinierte Benehmen sind die Antwort. Selbst wenn sie nie ganz passen, werden sie mit der Zeit zum Wesen dessen, der drinsteckt. Er wächst in die geprägte Hülle und wird wunderbar einig mit ihr.

Ein Beispiel dieser Art suggeriert, wir wüssten, wovon wir reden. Der Realitätsgehalt dieses kleinen Narrativs ist voll erschwindelt. Der Autor dieser Zeilen hat noch nie einen Butler live erlebt und legt auch keinen Wert darauf. Unser Butler besteht aus keinem Fünkchen realer Erfahrung, für die wir einstehen könnten. Wir reihen Projektionen aneinander und bedienen uns im Fundus des Gelesenem. Rückt ein solches Beispiel in die Philosophie ein, um einen Gedankengang zu legitimieren, betrügen wir uns doppelt: Um den Gedanken und um die Erfahrung. Das Ergebnis heißt Philosophie, ist es aber nicht: Philosophie ist kein Denken und Leben aus zweiter Hand.

Scheinexistenz mit Schattenboxen: Ist das etwas Philosophie? Man sollte Verdacht schöpfen, wenn alles zu gut zusammenpasst. Beispiele müssen her, um zu untermauern, was begriffliches Denken nicht ganz plausibel machen kann. Sie dürfen nicht zu lang sein, brauchen Prägnanz und Eindeutigkeit, sollen kleine Pröbchen von höherer Realitätsdichte einstreuen und sollten beim Leser ein unbedachtes Nicken auslösen können. Wir suchen im Kontext begrifflichen Denkens handliche philosophische Beispiele und meiden unendliche Geschichten. Die Erfahrung soll den Begriffen einen Stoff liefern, den sie waschen, reinigen, konfektionieren und in ihre Schubladen aufnehmen, wo er mit anderen Stoffen zusammen gelagert wird und nach Belieben abrufbar ist. Erhalten bleibt eine homöopathisch gereinigte Restform von Erlebnissen. Sie erhält Zutritt zu den Welten philosophischer Begriffe und Diskurse.

Woher nehmen wir solche beispielgerechten Erfahrungen? Wir müssen den Spagat schaffen, die besondere Farbe einmaliger Erfahrung in der Verallgemeinerung zu bewahren. Bücher entstehen aus Büchern, da liegt das Wort griffbereit nahe und Themen pflanzen sich in Windeseile fort. Eine Erfahrung stammelt und stockt. Passende Worte, die ihr den Aufstieg in die Riege philosophischer Beispiele ermöglichen, werden selten auf den ersten Satz mitgeliefert. Die philosophische Karriere wertet eine Erfahrung unendlich auf, trotzdem wird immer ein kleiner Haken bleiben. Es braucht einige Anläufe, bis die Erfahrung in Gesprächen, Grübeleien, Notizen oder Schreibversuchen philosophisch flügge wird. Das dauert seine Zeit, der Weg ist selten gradlinig.

Hinken ist die Tugend der Erfahrung. Das Beispiel hinkt, wie das Sprichwort sagt, aber nur halb so viel, damit es den ganzen Betrieb nicht zu sehr aufhält. Es arbeitet der abstrakten Welt des Begriffes zu, in der bei widerspenstigen Beispielen sofort neue engagiert werden. Das klingt nicht gerade nach gleichberechtigter Partnerschaft. Andernfalls sollte man auch eine gewisse Nachsicht für den Begriff aufbringen. Kein anspruchsvoller Begriff kann sich von einer singulären Erfahrung vertreten lassen, so dass sich der Philosoph die Worte sparen kann, einfach mit dem Zeigefinger auf irgendein Geschehen weist und sagt: Da ist er ja, der Begriff! Diesmal im Verein mit der konkreten Erfahrung, da schau her!

Hat man Erfahrungen oder macht man sie? Manchmal sind sie wie eine Episode, in der eins nach dem anderen passiert. So eignen sie sich wunderbar dazu, in eine lineare Erzählung einzugehen. Dann wiederum dominieren isolierte Worte und herausgesprengte Momente. Sie werden zu Gravitationszentren, um die sich das Geschehen ereignet. Wie bringen wir das mit einem philosophischen Gedanken zusammen? Überblicken wir die Erfahrung, als säßen wir in einer Loge mit privilegiertem Blick auf die Bühne? Was hat sie gerade mit uns zu tun, die wir sie erleben und zur Sprache bringen? So wenig wie die vorüberziehenden Wolken, oder musste das alles gerade uns passieren? Warum springen uns einige Erfahrungen förmlich an, während andere uns kalt lassen? Fragen und Analysen dieser Art verkomplizieren unsere Erfahrungen nicht grundlos. In diesem Buch treten sie als eine originäre philosophische Tätigkeit auf. Auf dem Arbeitsmarkt herrscht allerdings eine andere

Nachfrage. Gerade im philosophischen Beispielgewerbe gibt es immens viele offene Stellen, langjährig unbesetzt trotz lukrativer Entlohnung. Händeringend gesucht werden vor allem diplomierte Erfahrungen.

Beste Karrierechancen haben sie als *Best-practice-Beispiele*, die eigene Erkenntnis- und Dienstleistungen ihrer Arbeitgeber erfolgreich bewerben sollen, oder als *Worst-case-Szenarien*, mit deren schockierender Hilfe man sich als den philosophischen Retter in der Katastrophe ins Gespräch bringen will. Gute Bespiele sind rar, die Regale qualifizierter Erfahrungen sind gähnend leer. Da erfindet man flugs Denkbeispiele, in denen der Leser aufgefordert wird zu überlegen, ob er eine Weiche umstellt. Tut er das, wird der Zug einen dicken Mann überrollen. Lässt er das, liegt eine Mutter mit Kind unter den Rädern, nur etwas später.[7] Der Leser braucht, um sich in solchen Erfahrungswelten philosophisch zu bewähren, über keinerlei Kompetenz in der Eisenbahnerei zu verfügen.

Man staunt, wie gut es das phantasievolle Beispiel geschafft hat, die Abstraktionen, die das begriffliche Denken notwendig prägen, in den Alltagswelten der Beispiele durchzuexerzieren. Ein Hebel, eine Weiche, ein rollender Zug: Das sind schönste Beispiele einfachster Handlungsketten. Wo hat man diese Klarheit, diese Übersichtlichkeit, dieses *High-Noon*-Gefühl jemals im eigenen Alltag? Hier zählt der Einzelne noch etwas! Alle schauen nur zu, aber er hat den Hebel in der Hand, was seiner Lebensrealität ansonsten wenig entsprechen dürfte. Und das alles vor dem Hintergrund von Spitz auf Knopf, der klar macht, dass jetzt die Philosophie ins Spiel kommt. Ist das nicht diese wunderbare Reduktion auf das Wesentliche, die sich viele von der Philosophie versprechen?

Niklas Luhmanns Begriff der *Komplexitätsreduzierung* trifft hier gleich zwei Punkte auf einen Streich. Wer etwas von der chaotischen Welt wissen will, befrage die Systeme unseres Wissens. Von dort aus, in systematischer Ordnung, gehe der Blick in die Welt hinaus. Bleibt etwas unklar, schaut man erst nach, welche Perspektiven das System zu bieten hat, denn das System prägt die Wahrnehmung und das Denken. Im System bezieht man sich auf das System und erst sekundär auf die Umwelt. Systeme „können nicht Punkt-für-Punkt mit Umweltzuständen korrespondieren; sie erzeugen und verändern statt dessen eigene Zustände und haben nur in Form von Selbstkontakt Umweltkontakt."[8] Man hätte Luhmanns Theorie nicht im Sinn ihres Ersinners, also ganz falsch verstanden, würde man die Komplexitätsreduzierung als Simplifizierung verstehen oder als Enteignung von Erfahrung beklagen, wie wir das hier die ganze Zeit tun.

Kann sich der leichtfertige Umgang mit Erfahrungen rächen, die erst zu einem willkürlich angeeigneten Beispiel und weiterhin zur philosophischen Verfügungsmasse werden? Wir nehmen das stark an. Aber Erfahrungen können auch rebellisch werden. Jede von ihnen hätte gute Chancen, die neue übergestülpte logische Form abzuschütteln, mit der sie für den philosophischen Diskurs fit gemacht wurde. Erfahrung hat eine starke Position, denn sie ist niemals isoliert. Leicht kann sie ihresgleichen zur Verstärkung herbeirufen. Ein ganzer Hof von Gedächtnisspuren steht ihr sofort zur Seite. Es riecht, es schmeckt, man hört Stimmen, sieht Szenen und Gesichter. Es wird geredet und gelacht, gefeiert, geträumt und gelästert.

Das gute Beispiel lebt von der Beschränkung auf eine symbolische Ebene, in der eine gewisse logische Stringenz die Vagheit und Buntheit der Erfahrung überdeckt. Macht der betroffene Mensch denn lediglich Jedermann-Erfahrungen, die als Muster ohne persönlichen Wert in fremden Dienst gestellt werden können? Unsere Erfahrung weiß es besser: Sie geht uns an und sie spricht uns an – wir sind gemeint! Sie ist keine zufällige Menge beliebiger Erlebnisse, auf die wir nur indifferent reagieren. Wir können sie einfach nicht abschütteln. Die Erfahrung ist aus gutem Grunde so wenig übertragbar wie unsere Gefühle, obwohl wir diese des Öfteren begeistert teilen und mitteilen wollen.

Die Philosophie kann auf einen Ausgleich zwischen Erfahrung und Begriff achten, mit dem beide Seiten nicht nur zufrieden sein können, sondern bisweilen sogar glücklich. Die begrifflich denkende und diskursiv argumentierende Philosophie hat der Erfahrung durchaus einiges anzubieten. Voneinander isoliert, würden beide nämlich in ihren Defiziten stecken bleiben. Immanuel Kants einfache Sätze aus der *Kritik der reinen Vernunft* eignen sich nach wie vor als Taschenkompass: „Ohne Sinnlichkeit würde uns kein Gegenstand gegeben, und ohne Verstand keiner gedacht werden. Gedanken ohne Inhalt sind leer, Anschauungen ohne Begriffe sind blind. Daher ist es eben so notwendig, seine Begriffe sinnlich zu machen […] als seine Anschauungen sich verständlich zu machen […].“[9] In dieser dialogischen Situation lebt die Philosophie auch im eigenen Kopf und Körper.

In seinen letzten Aufzeichnungen bringt es Ludwig Wittgenstein in einem Satz zusammen: „Ein innres Erlebnis kann es mir nicht zeigen, dass ich etwas *weiß*."[10] Die bloße Umkehrung spiegelt diese Wahrheit von der anderen Seite her: Mein Wissen kann mir das innere Erlebnis ebenso wenig zeigen. Eine der Kardinalfragen der Philosophie ist und bleibt, wie beide zusammenkommen. Fragen sind unverzichtbar. Es müssen Fragen sein, die uns und unsere Welt wirklich bewegen. Die gibt es. Tauchen sie auf, steht das Leben für einen winzigen Moment still und etwas ist anders geworden. Finden sie eine Antwort, macht sie einen wirklichen Unterschied und löst nicht bloß ein gelangweiltes Nicken aus. Bleiben solche Fragen stumm, wird die Luft stickig und das Atmen schwer. Der chilenische Nobelpreisträger Pablo Neruda hat dieses Blei in der Luft in zwei Zeilen eingefangen:

Ohne Fragen zu stellen, fragten sich alle
und man begann, im Gift zu leben [...][11]

Ungestellte Fragen verschwinden nicht einfach durch die Hintertür. Und die Philosophie? Einst war sie eine Weltmacht ohne Macht, einladender Treffpunkt des Denkens oder Zufluchtsort für Menschen, die ihr Denken wie eine Emigration erleben mussten. Bertrand Russell trommelte ab den 1960er-Jahren Denker und Personen der Zeitgeschichte zusammen, um Mächtige und Diktatoren vor öffentliche Tribunale zu stellen; sie vermittelten Informationen und machten Hintergründe sichtbar, die das verordnete Schweigen in vielen Ländern brechen konnten. Philosophisches Denken war bei vielen wie Simone de Beauvoir und Simone Veil, Jean-Paul Sartre und Albert Camus, Hannah Arendt und Martha Nussbaum, Theodor W. Adorno und Erich Fromm, Jürgen Habermas und Noam Chomsky mit der Verantwortung für das öffentliche politische Wort verbunden. Unsere Feuilletons fragen heute, wo die politischen und philosophischen Intellektuellen wohl abgeblieben sind.

Seltener wird gefragt, wo die Philosophie eigentlich geblieben ist: Die Philosophie, die sich bemerkbar machte in den Büchern, die ganze Jahrzehnte kommunikativ prägten. So still sie gelesen wurden, so unüberhörbar wurde ihr kollektives Echo im intellektuellen Klima und in politischen Debatten, in den Cafés und Büros, in Küchen und auf Marktplätzen, im Hörsaal und auf den Straßen. Die Philosophie vermittelte in diesen Zeiten nicht die Erwartung, der Leser bezöge mit seinem Buch wie Robinson Crusoe eine einsame Insel und werde dort schwerlich irgendeinen Gesprächspartner finden. Heute scheint die Lektüre philosophisch anspruchsvoller Texte eine aussterbende Kunst für Sonderlinge zu sein. Anscheinend haben diese Wenigen kaum Angst, für andere als Autisten zu gelten oder sich den Ruf zuzuziehen, sie wüssten schlichtweg nicht, wie und wo man sich so richtig amüsieren kann.

Inzwischen machen bereits minimale terminologische Ansprüche die Lektüre philosophischer Werke zur Zumutung. Öffentlich wird das laut beklagt, insgeheim folgt die Branche aber, gern oder nicht, dem Zug in die Versimplifizierung. Wissenschaftsverlage werben damit, dass Buch um Buch leicht verständlich ist, als handele es sich um verkappte Spaßlektüre für jedermann, die trotz aller Kurzweil das eigene Lesekonto um ein gediegenes Fachbuch bereichert. Unvorsichtigerweise setzt Philosophie seit jeher auf Reflexion und Konzentration; beide gehen der Gesellschaft gerade aus. Dem Format Buch treten derzeit anscheinend Masochisten nahe, die sich unnötig quälen. Wer's leicht und locker nimmt, vertraut auf kundengerecht zusammengestoppelte Reader, googelt den Rest, findet alles mit automatischer Stichwortsuche, nutzt *copy and paste* und lässt Programme wie *ChatGPT* für sich denken und schreiben. Am Ende hat er kein einziges Buch für Seminarscheine und Studienabschlüsse vollständig gelesen und erklärt noch stolz in kleiner Runde, wie der pfiffige Student den großen Philosophie-Leviathan ausgetrickst hat.

Das ist immerhin ehrlich. „Die Freiheit ist das Recht, nicht zu lügen", schrieb Albert Camus in sein Tagebuch.[12] Die Frage ist nur, ob die Abstinenz von der Philosophie, zu der die *Philosophie light* durch Verschlagwortungen und die mediale Präsentation von *Best-of*-Schnipseln anstelle von Texten beiträgt, Zeichen der Freiheit ist. Es könnte sich um die Folge einer Denkmüdigkeit handeln. Vielleicht übernimmt auch die Langeweile das Ruder, wenn die Konzentration nach zwei Buchseiten klein beigibt und der Daumen, ans emsige Scrollen gewöhnt, einfach automatisch vorblättern will. Schon ist der Faden gerissen. Bei Sachtexten ist das nicht so schlimm, da geht es halt ein paar Felder zurück wie im Mensch-ärgere-dich-nicht-Spiel. Ein philosophischer Text baut komplizierte Strukturen auf – etwa als rechne man im Kopf etwas aus, was fünf Rechenschritte braucht und verlangt, sich Zahlen zu merken; werden wir nach dem vierten gestört, können wie nochmals von vorne anfangen.

Gegen diese Kalamitäten hilft die Devise: Mache aus einem philosophischen Text einfach einen Sachtext. Kurz soll er sein, gern auch mit Bild und Graphik. Durch sein straffes und gut designtes Erscheinungsbild soll er zeigen, wie übersichtlich die Philosophie sein kann. Gesichtspunkte wie ein angeblicher *philosophischer Pakt* gehören hier wirklich nicht mehr hin. Sie wirken antiquarisch, was ihren Wert leider keinesfalls steigert. Aber warum sollten wir unzufrieden sein, wenn KI-Programme wie *ChatGPT* philosophische Texte automatisch generieren? Wir müssen sie ja nicht lesen, schließlich lesen wir nicht einmal konventionelle Bücher.

Erinnern wir uns: Der Reichtum der Philosophie bestand geradezu darin, alles sein zu können, ohne lügen zu müssen: das Denken in der einsamen Klause wie auch das ungeschützte Denken unterwegs, mitten in übelsten Wettern. Der Gestus der freien künstlerischen Schöpfung oder die methodische Akribie des an der Wissenschaft orientierten Konstruierens. Jeder dieser Diskurse prägte differenzierte Sprachwelten aus. Blaise Pascal beobachtete im 17. Jahrhundert, wie sehr die Zerstreuung den Menschen um sein Denken betrügt, ihn unruhig und geradezu zum Fremden in seinem eigenen Kopf macht. Er entdeckte, selbst in klösterlicher Ruhe lebend, „dass das ganze Unglück des Menschen aus einer einzigen Ursache kommt: nicht ruhig in seinem Zimmer bleiben zu können.“[13] Das war die Zeit der großen Entdeckungen, in denen die letzten weißen Flecken auf der Weltkarte farbig wurden und Revolutionen Welt und Mensch veränderten. Die Philosophie hat so ziemlich jeden dieser unterschiedlichsten Gedanken begleiten und kritisch reflektieren können, sie saß mit in der Klause, im Bug des Forschungsschiffs und in manch verschwörerischer Runde. Sagt uns das etwas – heute?

„Wer philosophiert?“ Die Frage steht am Anfang und am Ende dieses Buches. Müssen wir so verrückt sein wie Diogenes, bei helllichtem Tag mit der Laterne durch die Straßen gehen, um doch keinen Menschen zu finden? Sokrates und Diogenes sind die legendären Begründer der *street philosophy*. Ein Sokrates war aus den Athener Straßen gar nicht wegzudenken. Mancher wird seine Nähe gesucht haben, andere nahmen Reißaus, wenn er irgendwo auftauchte. Manche schlichen sich davon, die aufwühlenden Fragerunden gingen ihnen auf die Nerven. Da kommt man ins philosophische Gespräch, und was nimmt man mit nach Hause? Der Kopf brummt und der vordem sichere Boden wackelt. Der fromme Euthyphron kratzt die Kurve, um seine religiösen Überzeugungen zu retten. Charmides will allein weiterdenken, er vertagt das Gespräch. Kritias steigt lieber gleich aus. Im Dialog *Laches* wird die philosophische Untersuchung abgebrochen und damit endgültig beerdigt. Sokrates ist kaum um die (Diskurs-)Ecke, schon machen Gorgias, Kallikles, Hippias, Ion oder Menon weiter wie nach einem Gewitter, das glücklicherweise vorübergezogen ist. „Wo wäre der Gesprächspartner", fragt Alexander Nehamas, „der durch Sokrates eines Besseren belehrt würde?"[14]

Komisch, dass erst nach 2500 Jahren ein solche Bilanz gezogen wird. Sie rückt einiges zurecht, was uns Platon auftischt, der selber nur am Rande des Sokrates-Kreises auftaucht und erst nach dessen Tod mit seinen Büchern die eigenwillige Regie übernahm. Das literarische Echo der Gespräche auf der Agora ist seither nicht verstummt. Die miese Bilanz von Alexander Nehamas ist also falsch und natürlich auch richtig. Was hätten wir denn von der *street philosophy* erwarten sollen? Dass sie, ganz im Vorübergehen, Worte der Ewigkeit verstreut, woraufhin die Bürgersteige in bunten Blüten erstrahlen? Vielleicht hat sie das ja. Nur die unmittelbare Gegenwart wollte weniger davon wissen als spätere Zeiten. Die machten aus der bescheidenen Vorlage ein gravitätisches Unternehmen. Die Gesprächspartner des Sokrates stiegen posthum zu einer Art von philosophischen Aposteln auf – die einen so störrisch und unverständig wie die anderen. Sokrates hat in den Wind gesprochen. In einer Zeit, in der beinahe jeder Philosoph den Griffel spitzte und sie allesamt Werk um Werk zusammenschrieben, beschäftigte er sich mit dem abseitigen Satz: *Ich weiß bei mir, dass ich nichts weiß*. Und hinterließ keine einzige Zeile. Wahrlich schlechte Aussichten auf die Karriere in kommenden Zeiten, die ihn tatsächlich zu einem der Denker des Abendlandes machte.

Wir reden über die *street philosophy,* über Land- und Stadtstreicherei im philosophischen Sinne. Wie schön hat es Walter Benjamin im Passagen-Werk beschrieben: „Ein Rausch kommt über den, der lange ohne Ziel durch Straßen marschierte. Das Gehen gewinnt mit jedem Schritte wachsende Gewalt; immer geringer werden die Verführungen der Läden, der Bistros, der lächelnden Frauen, immer unwiderstehlicher der Magnetismus der nächsten Straßenecke [...]."[15] Wenn wir so denken könnten! Voller Neugier auf den nächsten Gedanken und was sich hinter dem zusammenbraut! Dass jeder Schritt ein neuer Gedanke werde, dass er alte wiege, dass er sie aufrühre und weiter mit sich forttrage, dass er neue Gesichter für sie finde und vor allem das Wort suche, das man sagt und das von einem anderen gehört wird und als ein ganz neues Wort zurückkommt.

Wo ist da ein Ende abzusehen? Wird nicht alles zum beliebigen Weg, auf dem man letztlich nirgendwo hinkommt? Die Philosophie hat seit jeher Schutzwälle gegen derartig vage Versuche aufgebaut. Bleiben sie nicht ohne jedes vorzeigbare Ergebnis? Hat es sich am Ende wirklich gelohnt? Die Philosophie formuliert anspruchsvolle Ziele und sie stellt in ihren Kanon beeindruckende Werke ein. Sie erhellt und konstruiert erstaunliche Zusammenhänge und hält ideelle Landkarten vor, die dem Denkenden zeigen können, wo er steht und wo er stehen könnte. Selten zeigen sie ihm seinen momentanen Ort oder seine Stadt mit ihren verwirrenden Straßen und Gassen, in denen er sich tatsächlich gerade bewegt und dabei denkt. Er kann die philosophischen Karten beiseitelegen und die Stadt verlassen. Er kann, wie einst Charlie Chaplin im Film *Modern Times*, die Landstraße mit ungewissem Ziel hinuntertippeln, das Stöckchen schwingend und mit einer liebenden Seele an seiner Seite im Glück eines Augenblicks wandelnd. Man ahnt, da kommt noch etwas und bestimmt nicht immer etwas Gutes. Spielt das jetzt eine Rolle?

Dass diese Filmsequenz eine unentdeckte Sternstunde der Philosophie darstellt, hat Vladimir Jankélévitch mit der ihm eigenen Sensibilität erkannt. „Es ist eher der Gang jemandes, der nirgendwohin geht und der auf jeden Fall weitergeht, der Gang jemandes, der nicht weiß, wohin er geht. [...] Das Abenteuer, das der Film uns erzählt hat, schließt nicht in einer Apotheose des Ideals und einer universellen Harmonie; es lässt uns am Rande des Weges stehen, es lässt uns, nach der schönen Formel von Rilke, *irgendwo im Unvollendeten.*“[16]

Wer auf diese Weise unterwegs ist, verzichtet auf kein einziges Wort, auf keines der vielen Panoramen und erst recht nicht auf die Erfahrungen, die immer nur hier und jetzt möglich sind. Da ist wirklich Zukunft vor Augen, aber er sieht sie nur bis zur nächsten Ecke, die ihn anzieht und ihm etwas verspricht. Er schreibt vielleicht einiges auf, kritzelt Notizbücher und Zettel voll. Sie stellen in ihrer unbeholfenen Vorläufigkeit noch längst kein Werk her. Er befreit damit die Philosophie von dem Alptraum, alles müsse sich lediglich ereignen, um zu einem definitiven Wort und möglichst bald gedruckt zu werden, ansonsten zerrinne jeder Sinn zu Sand.

Die Kunst, im Denken die Erfahrung nicht zu vergessen, lässt sich sehr leicht oder gar nicht lernen. Mit der notierenden Feder in der Hand geht das hervorragend. Die Notiz bleibt das Kind des Augenblicks. Sie muss nicht der Statthalter eines kommenden Werkes sein, das in der Gegenwart nur die Wahrnehmungen sucht und aufsammelt, die es für das große Finale gebrauchen kann. Alles versteift sich dadurch und wird unlebendig. Man ist zum Handlungsreisenden auf der atemlosen Jagd nach brauchbaren Beispielen geworden. Dagegen notierte Sören Kierkegaard in seinem Tagebuch: „Man müsste sagen können: ein *Gedankenzug*, gleichwie man sagt: ein Atemzug.“[17]

Die Philosophie kann diesem Denken sehr entgegenkommen. Eine Philosophie, die aufmerksam ist, die Humor hat, die sogar zuhören kann und will, die das Staunen liebt, die es mag, wenn etwas nicht den eigenen Erwartungen entspricht, die es lieber divers als gewohnt hat, die schweigen kann, um gemeinsame Worte zu finden, die lebensbegleitende Fragen erkennt und mit besonderer Achtung behandelt, die an Flüssen gehen und den Strudeln und Wellenmustern zuschauen kann, die sich etwas einfallen lassen kann, die nicht vorschnelle Weisheiten verkündet, sondern mit Lust Täuschungen abbaut und in der nicht der Philosophierende für sich allein klüger wird. Keiner kann stellvertretend für andere denken, aber jeder vom anderen lernen. Von dieser Philosophie sollte, Kapitel um Kapitel, in diesem Buch die Rede sein.

Wo es geschrieben steht

Aufbruch mit Rundblick

1 Ludwig Feuerbach, Tagebuch 1834–1836. Werke in sechs Bänden. Hg. Erich Thies. Frankfurt 1975 (Suhrkamp), Vol. IV, S. 206–216; hier: S. 210.
2 Epiktet, Handbüchlein der Moral und Unterredungen. Hg. Heinrich Schmidt. Stuttgart 1978 (Kröner), S. 27. Vgl. auch: Martha Nussbaum, The Therapy of Desires. Theory and Practice in Hellenistic Ethics. Princeton N.J. 1994 (Princeton University Press)
3 Vgl.: Epiktet, a. a. O., S. 32 und 46
4 Vgl.: Epiktet, a. a. O., S. 50
5 Vgl.: Michel Foucault, Die Regierung des Selbst und der anderen. Vorlesungen am Collège de France 1982/83. Übersetzt von Jürgen Schröder. Frankfurt 2012 (Suhrkamp), S. 429 f.; Pierre Hadot, Philosophie als Lebensform. Geistige Übungen in der Antike. Übersetzt von Ilsetraut Hadot und Christiane Marsch. Berlin 1991 (Mathias Gatza).
6 Karl Jaspers, Kleine Schule des philosophischen Denkens. München 1965 (Piper); der Band geht auf 13 Vorlesungen für das Bayerische Fernsehen zurück.
7 Ludwig Marcuse, Aus den Papieren eines bejahrten Philosophie-Studenten. München 1964 (List), S. 17.

1. Kapitel
Wie man im Café zum Philosophen wird

1 Gernot Böhme, Der Typ Sokrates. Frankfurt 1988 (Suhrkamp), S. 124 f.
2 Vgl.: René Descartes, Gespräch mit Burman. Lateinisch-Deutsch. Übersetzt und hg. von Hans Werner Arndt. Hamburg 1982 (Meiner), S. 5.
3 Vgl.: René Descartes, Gespräch mit Burman, a.a.O, S. 11; vgl. auch die Konsequenz, die Descartes aus diesem Umstand zieht, indem er Gott als den Garanten der Kontinuität der unverbundenen Momente aufruft: René Descartes, Meditationen über die Grundlagen der Philosophie. Hg. Lüder Gäbe. Hamburg 1960 (Meiner), S. 45.
4 René Descartes, Regulae ad directionem ingenii. Übersetzt und hg. von Heinrich Spingmeyer, Lüder Gäbe, Hans Günter Zekl. Hamburg 1973 (Meiner), R. III, 4, S. 16.
5 René Descartes, Regulae, a. a. O., R. III, 5, S. 19.
6 René Descartes, Meditationen über die Grundlagen der Philosophie, a. a. O., S. 43.

7 René Descartes, Regulae, a.a.O., R. X, 8, S. 67.
8 Immanuel Kant, Versuch, den Begriff der negativen Größen in die Weltweisheit einzuführen. In: Werke in sechs Bänden. Hg. W. Weischedel. Darmstadt 2016 (Wissenschaftliche Buchgesellschaft), Bd. I., S. 777–819; hier: S. 803, A 43.
9 Kant, ebd.

2. Kapitel
Darf ich Sie mal etwas fragen?

1 Immanuel Kant, Logik. Werke in sechs Bänden, a.a.O., Bd. III, S. 419–582; hier: S. 448, A 26.
2 Ludwig Wittgenstein, Vermischte Bemerkungen. Eine Auswahl aus dem Nachlaß. Hg. Georg Henrik von Wright. Unter Mitarbeit von Heikki Nyman. In: Werkausgabe. Frankfurt 1984 (Suhrkamp), Band VIII, S. 445–573; hier: S. 563.
3 Paul Valéry, Mediterrane Eingebungen. Übersetzt von Karl August Horst. In: Werke, Frankfurter Ausgabe. Hg. Jürgen Schmidt-Radefeldt. Frankfurt 1995 (Insel), Bd. VII. S. 453–469; hier: 463 f.

3. Kapitel
Theorie als Scheuklappe und Sehhilfe

1 Karl Raimund Popper, Die empirische Basis. In: Karl Popper Lesebuch. Hg. David Miller. Tübingen 1995 (J.C.B. Mohr (Paul Siebeck), S. 135–43; hier S. 137.
2 Johann Wolfgang Goethe, Sprüche in Prosa. Sämtliche Maximen und Reflexionen. Hg. Harald Fricke. Frankfurt/Leipzig 2005 (Insel), § 6.10.8, S. 328.
3 Vgl.: Sigmund Freud, Das Unbehagen in der Kultur. Gesammelte Werke. A.a.O., Bd. XIV, S. 419–506. Vgl. S. 433 f.: Freud geht in diesem Essay davon aus, dass die Frage nach dem Zweck des menschlichen Lebens auf der Ebene philosophischer Spekulationen wohl nicht zu beantworten ist, im anspruchsloseren Milieu des Alltags aber durch das Verlangen nach Glück ständig beantwortet wird, wobei diese Antwort aufgrund des massiven und allgemeinen Unglücks des menschlichen Lebens in der Kultur eben sein Scheitern einschließt, es aber kaum wahrhaben will.
4 Vgl.: Vor sechzig Jahren geschrieben und nachhaltig vergessen: Henri Lefebvre, Métaphilosophie. Prolégomènes. Paris 1965 (Editions de Minuit) dt: Metaphilosophie. Prolegomena. Übersetzt von Burkhart Kroeber. Frankfurt 1975 (Suhrkamp). Das Buch erfindet die Philosophie als neue Praxis und als Poiesis; dabei spielt eine entscheidende Rolle, das

vom Denken Ausgeschlossene, das Übersehene, das Missachtete in das philosophische Denken zurückzuholen.

5 Aristoteles, Nikomachische Ethik. Übersetzt von Eugen Rolfes. Sämtliche Dialoge. Hamburg 1985 (Meiner), Buch X, 1177a, S. 248 f.

6 Platon, Der Staat. Sämtliche Dialoge, a. a. O., Bd. V, 517 St, S. 272 f.

7 Robert Musil, Tagebücher. Hg. Adolf Frisé. Reinbek 1983 (Rowohlt), Heft 24: 1904/05; S. 117 f.

8 Ludwig Wittgenstein, Philosophische Untersuchungen. Werkausgabe. Frankfurt 1980 (Suhrkamp), Bd. 1., § 106; S. 297.

9 Edmund Husserl, Die Krisis des europäischen Menschentums und die Philosophie. Weinheim 1995 (Beltz), S. 45.

10 Theodor W. Adorno, Minima Moralia. Reflexionen aus dem beschädigten Leben. Frankfurt 1982 (Suhrkamp), § 34, S. 67.

4. Kapitel
Warum gerade Ich?

1 Tatsächlich sagt Georg Friedrich Hegel in seinen Vorlesungen über die Philosophie der Weltgeschichte (Hg. Johannes Hoffmeister. Hamburg 1970 (Meiner), S. 53): „Der Geist aber ist auf dem Theater, auf dem wir ihn betrachteten, in der Weltgeschichte, in seiner konkretesten Wirklichkeit."

2 Georg Wilhelm Friedrich Hegel, Vorlesungen über die Geschichte der Philosophie. Werkausgabe. Frankfurt 1982 (Suhrkamp), Bd. XX, S. 455.

3 Max Stirner, Der Einzige und sein Eigentum. Hg. Ahlrich Meyer. Stuttgart 1972 (Reclam), S. 3.

4 Max Stirner, ebd.

5 Voltaire, Abbé Beichtkind Cartesianer. Philosophisches Wörterbuch. Übersetzt von Erich Salewski. Frankfurt 1985 (Röderberg), S. 80.

6 Gilles Deleuze, Félix Guattari, Was ist Philosophie? Übersetzt von Bernd Schwibs und Jochen Vogel. Frankfurt 1996 (Suhrkamp), S. 8.

7 Gilles Deleuze, Félix Guattari, a. a. O., S. 11.

8 Heraklit, fr. 3 und 6. zit. n.: Wilhelm Capelle, Die Fragmente der Vorsokratiker. Stuttgart 1976 (Kröner), S. 130.

5. Kapitel
Ich hab' da so eine Idee ...!

1 Friedrich Nietzsche, Ecco homo. Kritische Studienausgabe. Hg. G. Colli und M. Montinari. München 1980 (Deutscher Taschenbuch-Verlag), Bd. VI, S. 255–374; hier: S. 339.

2 Vgl.: Reinhold Bernhart Jachmann, Immanuel Kant geschildert in Briefen an einen Freund. In: Immanuel Kant. Sein Leben in Darstellungen

von Zeitgenossen. Hg. Felix Groß. Darmstadt 1980, repr. Berlin 1912 (Wissenschaftliche Buchgesellschaft), S. 117–212; hier: S. 124.

3 Vgl.: Immanuel Kant, Was heißt: Sich im Denken orientieren? Werke in sechs Bänden, a. a. O., Bd. III., S. 267–283.

4 Vgl.: Denis Brian, Einstein–Sein Leben. Übersetzt von C. von Samson-Marck. Weinheim 2005 (Wiley-VCH), S. 113.

5 Jean-Jacques Rousseau, Brief an Guillaume Lamoignon de Malesherbes, Montmorency, den 12. Januar 1762. In: Jean-Jacques Roussseau, Ich sah eine andere Welt. Philosophische Briefe. Ausgewählt und übersetzt von Henning Ritter. München 2012 (Hanser), S. 122–128; hier: S. 124 f.

6 Vgl.: Jean-Jacques Rousseau, Die Bekenntnisse. Übersetzt von Alfred Semerau. München 1981 (Deutscher Taschenbuch Verlag), S. 345 f.

7 Rousseau, a. a. O., S. 346.

8 Johann Gottlieb Fichte an Karl Leonhard Reinhold, Osmanstädt am 2. Juli 1794; in: Johann Gottlieb Fichte, Briefwechsel. Hg. Hans Schulz. Hildesheim 1967 (Olms), S. 477.

9 Arthur Schopenhauer, Die Welt als Wille und Vorstellung. Sämtliche Werke, Bd. II und III. Wiesbaden 1972 (Brockhaus).

10 Arthur Schopenhauer, Brief an Johann Wolfgang Goethe, 11. November 1815. In: Arthur Schopenhauers Briefwechsel und andere Dokumente. Hg. Max Brahn. Leipzig 1911 (Insel), S. 31–4; hier: S. 31.

11 Schopenhauer, a. a. O., S. 32.

6. Kapitel
Vom Risiko, als weiser Philosoph zu gelten

1 Diogenes Laertius, Leben und Meinungen berühmter Philosophen. Übersetzt und Hg. von Otto Apelt. Hamburg 1976 (Meiner), I, 40; S. 22. Vgl. auch: Wolfgang Schadewaldt, Der Gott von Delphi. Frankfurt 1990 (Insel), S. 19 f.

2 Platon, Protagoras. Sämtliche Dialoge. Hg. von Otto Apelt. Hamburg 2004 (Meiner). Bd. I., 343 St, S. 90.

3 Diogenes Laertius, a. a. O.

4 Lucius Annaeus Seneca an Lucilius. In: Briefe des Altertums. Hg. und übersetzt von Horst Rüdiger. Zürich/Stuttgart 1965 (Artemis), S. 210.

5 Denis Diderot, Philosoph – Philosophe. In: Artikel aus Diderots Enzyklopädie. Frankfurt/M. 1985 (Röderberg), S. 658–664; hier: S. 659.

6 Denis Diderot, a. a. O., S. 662.

7 Denis Diderot, a. a. O., S. 662 f.

8 Platon, Siebenter Brief. In: Sämtliche Dialoge. Bd. VI, a. a. O., 341 St.; S. 72.

9 Platon, Siebenter Brief, ebd.

7. Kapitel
Denken divers

1 Diogenes Laertius, Leben und Meinungen berühmter Philosophen, a. a. O., I, 21; S. 12.
2 Aldous Huxley; ich zitiere diese Stelle aus dem eingangs vorgestellten Werk von Ludwig Marcuse, Aus den Papieren eines bejahrten Philosophie-Studenten, a. a. O., S. 9.
3 Marie-François-Pierre Maine de Biran, Tagebuch. Ausgewählt und übersetzt von Otto Weith. Hamburg 1977 (Meiner), S. 28.
4 Maine de Biran, a. a. O., S. 28 und 29.
5 Maine de Biran, a. a. O., S. 62.
6 Blaise Pascal, Gedanken. Nach der endgültigen Ausgabe übertragen von Wolfgang Rüttenauer. Birsfelden-Basel. o.J. (Schibli-Doppler), S. 161.
7 Vgl. zu dieser Tradition und zur Rolle des situativ schreibenden Denkens: Rainer Otte, Die philosophische Notiz. Stationen und Ansichten einer großen kleinen Denkform. Frankfurt 2023 (Humanities Online)
8 Friedrich Nietzsche, Die fröhliche Wissenschaft. Kritische Studienausgabe, a. a. O., Bd. III, § 298, S. 538.
9 Friedrich Nietzsche, Nachgelassene Fragmente 1880–1882. Kritische Studienausgabe, a. a. O., Bd. XI, S. 101.
10 Sören Kierkegaard, Entweder-Oder. Hg. Herman Diem und Walter Rest. Köln/Olten 1960 (Hegner), S. 466.
11 Heinrich von Kleist, Von der Überlegung. Eine Paradoxie. In: Sämtliche Werke und Briefe. Hg. H. Sembdner. 2 Bde. Darmstadt 1985 (Wissenschaftliche Buchgesellschaft), Bd. II, S. 337–338; hier: S. 338.
12 Heinrich von Kleist, a. a. O., S. 337.
13 Heinrich von Kleist, Über die allmähliche Verfertigung der Gedanken beim Reden. Sämtliche Werke, a. a. O., Bd. II, S. 319–324.
14 Heinrich von Kleist, a. a. O., S. 319 f.
15 Friedrich Nietzsche, Jenseits von Gut und Böse. Kritische Studienausgabe, a. a. O., Bd. V, § 4, S. 18.
16 Vgl. Andreas Dorschel, Nachdenken über Vorurteile. Hamburg 2000 (Meiner), S. 58, 60 und 65.
17 Elias Canetti, Die Provinz des Menschen. Aufzeichnungen 1942–1972. München 1982 (Hanser), S. 47.

8. Kapitel
Die Zeit flussaufwärts

1 Vgl. für meine Rekonstruktion: William James, The Principles of Psychology. Teilabdruck in: Robert E. Ornstein (Hg.), The Nature of Human

Consciousness. A book of readings. San Francisco 1973 (W. H. Freeman & Co.), 153-166.

2 Mir kamen Husserls Begriffe der *Protention* und der *Retention* in den Sinn. Zu Hause angekommen, habe ich die Stelle nachgeschlagen, die ich hier wiedergebe: „Auch ein Erlebnis ist nicht, und niemals, vollständig wahrgenommen, in seiner vollen Einheit ist es adäquat nicht fassbar. Es ist seinem Wesen nach ein Fluss, dem wir, den reflektiven Blick darauf richtend, von dem Jetztpunkte aus nachschwimmen können [...] Nur in Form der Retention haben wir ein Bewusstsein des unmittelbar [...] Abgeschlossenen [...]. Alle Gegebenheitsweisen und Unterschiede zwischen solchen, die wir in der Wahrnehmungssphäre finden, gehen in die reproduktiven Modifikationen, aber in modifizierter Weise ein." Edmund Husserl, Ideen zu einer reinen Phänomenologie und phänomenologischen Philosophie. Edmund Husserl, Gesammelte Schriften 5. Hg. Elisabeth Ströker. Hamburg 1992 (Meiner), S. 93.

3 Albert Camus, Der Mythos von Sisyphos. Ein Versuch über das Absurde. Übersetzt von Hans Georg Brenner und Wolfdietrich Rasch. Hamburg 1978 (Rowohlt), S. 100.

4 Vgl.: Benjamin Libet, Mind Time. Wie das Gehirn Bewusstsein produziert. Frankfurt 2005 (Suhrkamp), S. 57 und 181.

9. Kapitel
Wo dachten sie denn?

1 Vgl.: Annie Cohen-Solal, Sartre 1905–1980. Eine Biographie. Übersetzt von Eva Groepler. Reinbek 1988 (Rowohlt), S. 415–417.

2 Vgl.: Alexandre Astruc, Michel Contat, Sartre, Ein Film. Übersetzt von Linde Birk. Reinbek 1978 (Rowohlt), S. 61.

3 Den Sprechertext der Wochenschau zitiert: Alexandre Astruc, Michel Contat, Sartre, a. a. O., S. 60 f.

4 Jean-Paul Sartre, Königin Albemarle oder Der letzte Tourist. Hg. Arlette El Kaim-Sartre, übersetzt von Uli Aumüller. Reinbek 1994 (Rowohlt), S. 60.

5 Sartre, ebd.

6 Sören Kierkegaard, Die Tagebücher 1834–1855. Ausgewählt und übertragen von Theodor Haecker. München 1949 (Hegener), S. 200. Vgl.: hierzu auch: Rainer Otte, Die philosophische Notiz, a. a. O., S. 99–109.

7 Joakim Garff, Sören Kierkegaard. Biographie. Aus dem Dänischen von Herbert Zeichner und Hermann Schmid. München 2000 (Hanser), S. 361.

8 Umfangreiche Belege finden sich in: Rainer Otte, Die philosophische Notiz, a. a. O., S. 109–120.

9 Sigmund Freud, Brief an Romain Rolland. (Eine Erinnerungsstörung auf

der Akropolis). Gesammelte Werke. Frankfurt 1999 (Fischer), Vol. XVI, S. 250–257; hier: S. 251.

10 Einen exzellenten Überblick gibt das Buch von: Paola Traverso, „Psyche ist ein griechisches Wort …“ Rezeption und Wirkung der Antike im Werk von Sigmund Freud. Übersetzt von Leonie Schröder. Frankfurt 2003 (Suhrkamp).

11 Freud, ebd.

12 Freud, a. a. O., S. 255

13 Sigmund Freud, Die Zukunft einer Illusion. Gesammelte Werke. A.a.O., Bd. XIV, S. 347.

14 Sigmund Freud, Jugendbriefe an Eduard Silberstein. 1871–1881. Hg. Walter Boehlich. Frankfurt 1989 (Fischer), S. 60 und S. 104.

15 Sigmund Freud, Brief an Wilhelm Fließ vom 3.1.1899. In: Sigmund Freud, Briefe an Wilhelm Fließ 1887–1904. Hg. J. Moussaieff Masson. Deutsche Fassung von Michael Schröder. Frankfurt 1986 (Fischer), S. 371.

16 Sigmund Freud, Die Traumdeutung. Gesammelte Werke, a. a. O., Bd. II/III, S. 319.

10. Kapitel
Ohne Worte, ohne Schweigen?

1 Albert Camus, Tagebücher 1935–1951. Übersetzt von Guido G. Meister. Reinbek 1997 (Rowohlt), S. 324.

2 Jürgen Habermas betont, dass sein Ideal des herrschaftsfreien Diskurses ein kontrafaktisches sei, dessen Realisierung Solidarität voraussetze. Vgl.: Jürgen Habermas, Erläuterungen zur Diskursethik. Frankfurt 1991, S. 70.

3 Martin Buber, Das dialogische Prinzip. Heidelberg 1979 (Lambert Schneider), S. 141 f.

4 Vgl.: Axel Honneth, Das Ich im Wir. Studien zur Anerkennungstheorie. Frankfurt 2010 (Suhrkamp), besonders das Kap. *Anerkennung als Ideologie*, S. 103–130. Die psychosoziologische Dimension fasste der Medizinsoziologe Alain Ehrenberg in der These des „erschöpften Selbst“ zusammen, die seither aus den Diskussionen nicht verschwunden ist. Vgl.: Alain Ehrenberg, Das Unbehagen in der Gesellschaft. Übersetzt von Jürgen Schröder. Frankfurt 2012.

5 Karl Jaspers, Philosophie. Teil II: Existenzerhellung. Berlin/Göttingen/Heidelberg 1956 (Springer), S. 75.

6 Epiktet, Handbüchlein der Moral und Unterredungen, a. a. O.

7 Boethius, Trost der Philosophie. Übersetzt und hg. von Karl Büchner. Stuttgart 2005 (Reclam), S. 79.

8 Aurelius Augustinus, Bekenntnisse. Übersetzt von Herman Hefele. Düsseldorf/Köln 1958 (Diederich), S. 125 f.: Kap. VI. 3.
9 Diese Interpretation des Schweigens des Thomas von Aquin stellt heraus: Josef Pieper, Thomas von Aquin. Leben und Werk. München 1981 (Deutscher Taschenbuch Verlag,); vgl. auch ders., Was heißt Philosophieren? München 1973 (Kösel), S. 102.
10 Vgl.: Anthony Kenny, Aquinas. Oxford 1984 (Oxford University Press); dt.: Thomas von Aquin. Übersetzt von Bernardin Schellenberger. Freiburg o.J. (Herder), S. 48.
11 Georg Christoph Lichtenberg, Sudelbücher. Hg. Wolfgang Promies. München 2005 (dtv), Bd. I, S. 713 (J 402) und S. 718 (J 438).
12 Karl Jaspers, Philosophie. Teil II, a. a. O., S. 74.

11. Kapitel
Fake philosophy hunting

1 Frei nach: Platon, Der kleinere Hippias. Sämtliche Dialoge, a. a. O., Bd. III, 366 St; S. 26 ff.
2 Immanuel Kant, Über ein vermeintliches Recht aus Menschenliebe zu lügen. Werke in sechs Bänden, a. a. O., Bd. IV, S.635–643; hier: S. 641.
3 Vgl. auch: Bernard Williams, Wahrheit und Wahrhaftigkeit. Übersetzt von Joachim Schulte. Frankfurt 2003 (Suhrkamp), S. 156–168.
4 Aristoteles, Metaphysik. Schriften zur Ersten Philosophie. Übersetzt von Franz F. Schwarz. Stuttgart 1970 (Reclam), 980b, S. 17.
5 Platon Der Staat. Sämtliche Dialoge, a. a. O., Bd. V. 389 St, S. 91.
6 Niccolò Machiavelli, Der Fürst. Übersetzt von Rudolf Zorn. Stuttgart 1978 (Kröner), S. 72.
7 Machiavelli, a. a. O., S. 72 f.
8 Hans Jonas, Das Prinzip Verantwortung. Versuch einer Ethik für die technologische Zivilisation. Frankfurt 1979 (Insel), S. 266.
9 Vgl.: Francis Bacon, Das neue Organon (Novum Organon). Übersetzt von Rudolf Hoffmann. Berlin 1962 (Akademie-Verlag), S. 53. Das Werk des Schweizer Philosophen Hans Barth, 1945 erstmals erschienen, zeichnet die Entstehung des Begriffes der Ideologie von Bacon bis zu Marx und Nietzsche nach: Hans Barth, Wahrheit und Ideologie. Frankfurt 1974 (Suhrkamp).
10 Karl Marx, Friedrich Engels, Die deutsche Ideologie. Marx Engels Werke. Berlin 1978 (Dietz-Verlag); Bd. III, S. 13.

12. Kapitel
Der philosophische Pakt

1 Bertolt Brecht, Von der Freundlichkeit der Welt. Gesammelte Gedichte. Frankfurt 1976 (Suhrkamp), S. 205: „Hier auf Erden wart ihr unbekannt/Als ein Mann euch einst nahm an der Hand […].“
2 Ernst Bloch, Das Prinzip Hoffnung. Gesamtausgabe. Frankfurt 1977 (Suhrkamp), S. 1130.
3 Philippe Lejeune, Der Autobiographische Pakt. In: Die Autobiographie. Zu Form und Geschichte einer literarischen Gattung. Hg. Günter Niggl. Darmstadt 1989 (Wissenschaftliche Buchgesellschaft), S. 214–258; hier: S. 231.
4 Aristoteles, Nikomachische Ethik. Hg. Günther Bien. Hamburg 1985 (Meiner), 1156a, S. 184; 1156b, S. 186.
5 Friedrich Nietzsche, Also sprach Zarathustra. Kritische Studienausgabe, a. a. O., Bd. IV, S. 373.
6 Immanuel Kant, Beantwortung der Frage: Was ist Aufklärung? Werke in sechs Bänden, a. a. O., Bd. VI, S. 51–61; hier: A 482, S. 53.
7 Karl Marx, Ökonomisch-philosophische Manuskripte (1844). Marx Engels Werke, a. a. O., Ergänzungsband. Schriften bis 1844, 1. Teil. S. 465–588; hier: S. 567.
8 Paul Ricœur, Wege der Anerkennung. Erkennen, Wiedererkennen, Anerkanntsein. Übersetzt von Ulrike Bokelmann und Barbara Heber-Schärer. Frankfurt 2006 (Suhrkamp), S. 168.
9 Paul Ricœur, ebd.
10 Paul Ricœur, a. a. O., S. 169.
11 Platon, Siebenter Brief. In: Sämtliche Dialoge. a. a. O., Bd. VI, 341 St.; S. 72.
12 Vgl.: Jürgen Habermas, Kommunikatives Handeln und detranszendentalisierte Vernunft. Stuttgart 2001 (Reclam), S. 67 und 71.
13 Martin Heidegger, Aus der Erfahrung des Denkens. Gesamtausgabe. 1. Abteilung, Bd. 13. Frankfurt 1985 (Klostermann), S. 229.
14 Dieses Bild entnehme ich dem Essay *Über die Freundschaft* von: Francis Bacon, Essays. Ditzingen 1980 (Reclam), S. 88–97; hier S. 94.
15 Michel de Montaigne, Die Essais, a. a. O., S. 328.
16 Aristoteles, Nikomachische Ethik, a. a. O., 1158 b, S. 193.
17 Sigmund Freud an Wilhelm Fließ, Wien 2. 4. 1896. Sigmund Freud, Briefe an Wilhelm Fließ 1887–1904. Hg. Jeffrey Moussaieff Masson. Frankfurt 1986 (Fischer), S. 190.
18 Zum Überblick vgl.: Günter Gödde, Freud, Schopenhauer und die Entdeckung der „Verdrängung“. Psyche 52 (1998), Heft 2, S. 143–175; ferner: Rainer Otte, Freud. In: Christian Niemeyer (Hg.), Nietzsche-Lexikon. Darmstadt 2011[2] (Wissenschaftliche Buchgesellschaft), S. 113.

19 Vgl.: Sigmund Freud, Zur Geschichte der psychoanalytischen Bewegung. Gesammelte Werke, a. a. O., Bd. X, S. 43–113; hier: S. 53; ferner: Sigmund Freud, „Selbstdarstellung". Gesammelte Werke. Bd. XIV, S. 31–96; hier: S. 86.

20 Sigmund Freud, Brief an Lothar Bickel, Wien 28. 6. 1931. In: Spinoza in neuer Sicht. Hg. Leo Sonntag und Heinz Stolte. Meisenheim am Glan 1977 (Anton Hain), S. 169.

13. Kapitel
Spaß – im Ernst jetzt?

1 Diogenes Laertius, Leben und Meinungen berühmter Philosophen, a. a. O., I, S. 312.

2 Diogenes Laertius, a. a. O., S. 314.

3 Diogenes Laertius, a. a. O., S. 315,

4 Diogenes Laertius, a. a. O., S. 319.

5 Vgl.: Platon, Der Staat. Sämtliche Dialoge, a. a. O., Bd. V, S. 90 f.

6 Heinrich Heine, Zur Geschichte der Religion und Philosophie in Deutschland. In: Sämtliche Werke in vier Bänden. München o.J. (Winkler), S. 395–520; hier: S. 477.

7 Immanuel Kant, Kritik der Urteilskraft. Werke in sechs Bänden, a. a. O., Bd. V, B 225 f.; S. 437.

8 Kant, ebd.

9 Heinrich Heine, Zur Geschichte der Religion und Philosophie in Deutschland, a. a. O., S. 481 f.

10 Heine, a. a. O., S. 485.

11 Heine, a. a. O., S. 486.

12 Heine, ebd.

13 Vladimir Jankélévitch, Die Ironie. Übersetzt von Jürgen Brankel. Berlin 2012 (Suhrkamp), S. 171.

14 Vgl.: Baruch de Spinoza, Die Ethik nach geometrischer Methode dargestellt. Übersetzt von Otto Baensch. Hamburg 1976 (Meiner), II, Lehrsatz 23, Anm.; S. 92.

15 Blaise Pascal, Gedanken, a. a. O., § 702; S. 340.

16 Henri Bergson, Das Lachen, Übersetzt von Julius Frankenberger und Walter Fränzel. Wiesbaden 2014 (Marix)

17 Georg Wilhelm Friedrich Hegel, Vorlesungen über die Ästhetik. Theorie Werkausgabe in 20 Bänden. Frankfurt 1970 (Suhrkamp), Bd. XIV, S. 125.

18 Vgl.: Helmuth Plessner, Lachen und Weinen. In: Philosophische Anthropologie. Hg. G. Dux. Frankfurt 1970 (Fischer), S. 109.

14. Kapitel
When the music's over ...

1 Georg Christoph Lichtenberg, Sudelbücher, a. a. O., Vol. II, K 44; S. 404.
2 Vgl.: Sören Kierkegaard, Über den Begriff der Ironie mit ständiger Rücksicht auf Sokrates, Übersetzt von Emanuel und Rose Hirsch. Frankfurt 1976 (Suhrkamp), S. 32.
3 Sören Kierkegaard, Entweder–Oder. Übersetzt von Heinrich Fauteck. Köln/Olten1960 (Jakob Hegner), S. 51.
4 Kierkegaard, ebd.
5 Vgl.: Friedrich Nietzsche, Der Wanderer und sein Schatten. In: Menschliches, Allzumenschliches. Kritische Studienausgabe, a. a. O., Bd. II, S. 537.
6 Friedrich Nietzsche an Heinrich Köselitz, St. Moritz 11. September 1879. Sämtliche Briefe. Kritische Studienausgabe in 8 Bänden. Hg. G. Colli, M. Montinari. München 1986, Vol. V, S. 441.
7 Friedrich Nietzsche an Heinrich Köselitz, Naumburg 30. September 1879, a. a. O., S. 448.
8 Friedrich Nietzsche an Heinrich Köselitz. Naumburg 5. Oktober 1879, a. a. O., S. 450.
9 Ludwig Wittgenstein, Logisch-philosophische Abhandlung. Tractatus logico-philosophicus. Kritische Edition. Hg. Brian McGuinness und Joachim Schulte. Frankfurt 1989 (Suhrkamp), S. 2.
10 Ludwig Wittgenstein an John Maynard Keynes 4. Juli 1924 Puchberg am Schneeberg. Ludwig Wittgenstein, Briefe. Hg. B. McGuinness und G. H. von Wright. Frankfurt 1980, S. 141.
11 Jean-Jacques Rousseau, Die Bekenntnisse, a. a. O., S. 9.
12 Rousseau, ebd.
13 Rousseau, ebd.
14 Rousseau, a. a. O., S. 439.
15 Rousseau, a. a. O., S. 346
16 Rousseau, a. a. O., S. 9.
17 Jean-Jacques Rousseau, Träumereien des einsamen Spaziergängers, a. a. O., S. 56.
18 Rousseau, a. a. O., S. 12.
19 Rousseau, a. a. O., S. 69.
20 Rousseau, a. a. O., S. 89.
21 Vgl.: Rousseau, a. a. O., S. 91-93.
22 Rousseau, a. a. O., S. 177.
23 Marcel Proust, Auf der Suche nach der verlorenen Zeit. Übersetzt von Eva Rechel-Mertens. Frankfurt 2000 (Suhrkamp), Bd. III, S. 4193 f.

Sanfter Abschwung und ein Schuss *street philosophy*

1 Nikolaus von Cues, Der Laie über die Weisheit. Idiota de sapientia. Hamburg 1977 (Meiner), S. 43.
2 Georg Simmel, Lebensanschauung. Vier metaphysische Kapitel. München und Leipzig 1918 (Duncker & Humblot), S. 53 f.
3 Gottfried Wilhelm Leibniz, Abhandlung über die Methode der Gewissheit. In: Philosophische Schriften. Hg. und übersetzt von F. Herring. Frankfurt/Leipzig 1992 (Insel), Bd. IV, S. 207.
4 Gottfried Wilhelm Leibniz; vgl.: Fritz Hartmann, Felix Krüger, Directiones ad rem Medicam pertinentes. Studia Leibnitiana. Vol. VIII. Wiesbaden 1976 (Franz Steiner), S. 40–68; hier: S. 53.
5 Gottfried Wilhelm Leibniz, Abhandlung über die Methode der Gewissheit, ebd.
6 James Boswell, zit. n.: Fritz Güttinger, Einleitung. In: James Boswell, Dr. Samuel Johnson. Leben und Meinungen. Mit einem Tagebuch einer Reise zu den Hebriden. Hg. und übersetzt von Fritz Güttinger. Zürich 1981 (Diogenes), S. 33.
7 Das inzwischen ubiquitär verbreitete Denkbeispiel geht zurück auf: David Edmonds, Würden SIE den dicken Mann töten? Das Trolley-Problem und was uns Ihre Antwort über Richtig und Falsch verrät. Ditzingen 2015 (Reclam). In diesem Zusammenhang weist der Autor gern auf eine ältere Publikation hin, in der ein Modell für die medizinethische Kasuistik entwickelt und bewusst auf erlebte Erfahrung zurückgreift: Rainer Otte, Wenn Ethik der Fall ist. Narrative und Kasuistik in der Medizin. Frankfurt 2004 (Humanities Online).
8 Niklas Luhmann, Vorbemerkungen zur Theorie sozialer Systeme. In: Reden und Aufsätze. Hg. Oliver Jahraus. Stuttgart 2001 (Reclam), S. 7–30; hier: S. 20.
9 Immanuel Kant, Kritik der reinen Vernunft. Werke in sechs Bänden, a. a. O., B 75; S. 98.
10 Ludwig Wittgenstein, Über Gewissheit. Werkausgabe, a. a. O., Bd. VIII, S. 113–257, hier: § 569, S. 234.
11 Pablo Neruda, Das große Schweigen. In: Pablo Neruda, Viele sind wir. Späte Lyrik. Hg. und übersetzt von Erich Arendt. Darmstadt 1981 (Luchterhand), S. 254.
12 Albert Camus, Tagebücher 1935–1951, a. a. O., S. 300.
13 Blaise Pascal, Gedanken, a. a. O., S. 73.
14 Alexander Nehamas, Die Kunst zu leben. Sokratische Reflexionen von Platon bis Foucault. Hamburg 2000 (Rotbuch), S. 106; vgl. S. 68–70.
15 Walter Benjamin, Das Passagen-Werk. Gesammelte Schriften. Frankfurt 1980 (Suhrkamp), Bd. V1., S. 525.

16 Vladimir Jankélévitch, Béatrice Berlowitz, Irgendwo im Unvollendeten. Übersetzt von Jürgen Brankel. Wien 2008 (Turia + Kant), S. 154.
17 Sören Kierkegaard, Die Tagebücher 1834–1855, a. a. O., S. 90.

Der Autor

Dr. Rainer Otte (*1956) studierte an den Universitäten Marburg und Tübingen Philosophie, Vergleichende Religionswissenschaften und Kunstgeschichte und promovierte über die Philosophie des Leibes in der Aufklärung. Einige Jahre war er als Dokumentarfilmer unterwegs. Seit 1987 hat er als Wissenschaftsjournalist mit den Arbeitsbereichen Medizin, Psychologie, Wirtschaft und Philosophie für renommierte Zeitungen und Zeitschriften gearbeitet, Sachbücher und philosophische Werke vorgelegt. Er lebt heute als Publizist im Südharz.

Buchveröffentlichungen (Auswahl):
Der Stachel der Verantwortung – Nachhaltiges Denken und wirtschaftliche Vernunft (Frankfurt 1986); Thure von Uexküll – Von der Psychosomatik zur Integrierten Medizin (Göttingen 2001); Wenn Ethik der Fall ist – Narrative und Kasuistik in der Medizin (Frankfurt am Main 2003); Wenn weniger mehr ist – Philosophie der Bescheidenheit (Berlin 2012); Geistesblitz im Dämmerlicht – Was die Intuition in der Philosophie zu suchen hat (Berlin 2015); Also sprach der Rabe – Denken mit Tieren (Berlin 2017); Schweben. Denken. Eine andere Geschichte der Philosophie (Berlin 2018); Die philosophische Notiz – Stationen und Ansichten einer großen kleinen Denkform (Frankfurt am Main 2022).